COMUNICAÇÃO INTELIGENTE E STORYTELLING

PARA ALAVANCAR NEGÓCIOS E CARREIRAS

RAFAEL ARRUDA
JORNALISTA, EMPREENDEDOR E APRESENTADOR DE TV

COMUNICAÇÃO INTELIGENTE E STORYTELLING

PARA ALAVANCAR NEGÓCIOS E CARREIRAS

ALTA BOOKS
EDITORA
Rio de Janeiro, 2019

Comunicação Inteligente e Storytelling Para Alavancar Negócios e Carreiras
Copyright © 2019 da Starlin Alta Editora e Consultoria Eireli. ISBN: 978-85-508-0783-6

Todos os direitos estão reservados e protegidos por Lei. Nenhuma parte deste livro, sem autorização prévia por escrito da editora, poderá ser reproduzida ou transmitida. A violação dos Direitos Autorais é crime estabelecido na Lei nº 9.610/98 e com punição de acordo com o artigo 184 do Código Penal.

A editora não se responsabiliza pelo conteúdo da obra, formulada exclusivamente pelo(s) autor(es).

Marcas Registradas: Todos os termos mencionados e reconhecidos como Marca Registrada e/ou Comercial são de responsabilidade de seus proprietários. A editora informa não estar associada a nenhum produto e/ou fornecedor apresentado no livro.

Impresso no Brasil — 1ª Edição, 2019 — Edição revisada conforme o Acordo Ortográfico da Língua Portuguesa de 2009.

Publique seu livro com a Alta Books. Para mais informações envie um e-mail para autoria@altabooks.com.br

Obra disponível para venda corporativa e/ou personalizada. Para mais informações, fale com projetos@altabooks.com.br

Produção Editorial Editora Alta Books **Gerência Editorial** Anderson Vieira	**Produtor Editorial** Juliana de Oliveira Thiê Alves **Assistente Editorial** Illysabelle Trajano	**Marketing Editorial** marketing@altabooks.com.br **Editor de Aquisição** José Rugeri j.rugeri@altabooks.com.br	**Vendas Atacado e Varejo** Daniele Fonseca Viviane Paiva comercial@altabooks.com.br	**Ouvidoria** ouvidoria@altabooks.com.br
Equipe Editorial	Adriano Barros Bianca Teodoro Ian Verçosa	Kelry Oliveira Keyciane Botelho Maria de Lourdes Borges	Paulo Gomes Thales Silva Thauan Gomes	
Revisão Gramatical Alessandro Thomé Fernanda Lutfi	**Diagramação** Luisa Maria Gomes	**Capa** Paulo Gomes		

Erratas e arquivos de apoio: No site da editora relatamos, com a devida correção, qualquer erro encontrado em nossos livros, bem como disponibilizamos arquivos de apoio se aplicáveis à obra em questão.

Acesse o site www.altabooks.com.br e procure pelo título do livro desejado para ter acesso às erratas, aos arquivos de apoio e/ou a outros conteúdos aplicáveis à obra.

Suporte Técnico: A obra é comercializada na forma em que está, sem direito a suporte técnico ou orientação pessoal/exclusiva ao leitor.

A editora não se responsabiliza pela manutenção, atualização e idioma dos sites referidos pelos autores nesta obra.

Dados Internacionais de Catalogação na Publicação (CIP) de acordo com ISBD

A779c	Arruda, Rafael Comunicação Inteligente e Stoytelling: para alavancar negócios e carreiras / Rafael Arruda. - Rio de Janeiro : Alta Books, 2019. 256 p. : il. ; 16cm x 23cm. Inclui bibliografia e índice. ISBN: 978-85-508-0783-6 1. Storytelling. 2. Comunicação. 3. Negócios. 4. Carreiras. I. Título.
2019-275	CDD 658.421 CDU 65.016

Elaborado por Odilio Hilario Moreira Junior - CRB-8/9949

Dedicatória

Aos meus filhos, Pedro e Davi, à minha esposa, Gabriela, e aos meus pais, Paulo e Ruth.

Agradecimentos

Quem me conhece sabe da vida intensa que levo. Trabalhos com programa de TV, produtora de vídeo, agência de propaganda, eventos, palestras e viagens são algumas das atividades que realizo, além, é claro, das atribuições de pai, marido e filho. Os mais próximos me perguntam: "Rafael, como você ainda achou tempo para escrever um livro?" Pois é, tive que pagar o preço. Foi um desafio muito grande. Tive que acordar várias vezes mais cedo do que todos em minha casa e ser o último a ir para a cama. Em dias mais corridos, comia algo leve e aproveitava aquele precioso intervalo do almoço para escrever algumas linhas.

Tenho um grande sentimento de gratidão pelas pessoas que me ajudaram a chegar até aqui. A lista é grande, porém citarei os principais personagens que me ajudaram diretamente na conclusão deste meu primeiro livro.

Gratidão à minha esposa, Gabriela, que sempre me incentivou nesse projeto. Meu amor, naqueles momentos em que eu me perguntava "Será?", a sua resposta certeira com um "Claro que sim" fez toda a diferença e me serviu de estímulo para continuar, ir a fundo e dar o meu melhor. Obrigado por cuidar de nossos filhos com sabedoria e por dar segurança, colo e a atenção de que eles precisaram. Te amo.

Obrigado, meus filhos. Cada palavra, atitude, tudo aquilo que vocês me comunicaram nesse processo me serviu de inspiração. Espero que um dia (quando vocês estiverem lendo) este trabalho do papai sirva de inspiração para vocês. A Comunicação Inteligente abrirá portas incríveis na vida de vocês.

Gratidão aos meus pais. Pai e mãe, não tive uma infância farta de coisas, mas tive fartura no cuidado, na atenção e na educação de vocês. Lembro-me do dia em que quis seguir em busca de meus sonhos e vocês me disseram: "Dinheiro pra te ajudar não temos, mas casa, comida e roupa lavada você tem. Vá em busca dos seus objetivos". Isso me deu segurança, eu segui adiante, e hoje mais um de meus sonhos se concretiza.

Nos caminhos profissionais, tenho muita gente para agradecer. Mas neste espaço quero citar duas pessoas que estiveram presentes na realização desse livro. Agradeço ao meu grande amigo e escritor Marcelo Germano, um ser humano fora de série, generoso, empreendedor e apaixonado pelo que faz. Foi ele quem me apresentou os profissionais que me ajudaram na produção desse material (que adiante nomearei). Obrigado. Gratidão também ao amigo Ely Torresin. Quantas conversas, treinamentos e jornadas juntos. Agradeço por toda contribuição direta e indireta para a conclusão desta etapa. Sou muito grato ao Renato Fonseca de Andrade, grande escritor que admiro muito, e que gentilmente contribuiu e enriqueceu meu trabalho.

Estou borbulhando de gratidão neste momento. E tem mais. Agradeço a dois grandes amigos de infância: Rafael Lago e Fernando Gozi. São amigos do dia a dia. São eles que ouvem os medos, os primeiros projetos. São eles que aconselham, são eles que comemoram comigo. Vida longa à nossa amizade.

Gratidão à minha equipe da Arruda Produções. Vocês são demais. Obrigado por muitas vezes serem minhas "cobaias", por validarem minhas técnicas e projetos. Vocês estão construindo carreiras incríveis. Espero estar ao lado de vocês por muitos anos.

Agradeço a dois grandes profissionais que me ajudaram de forma ímpar na elaboração deste livro: Eduardo Villela e Leonardo Mourão. A entrega de vocês é algo que vai além do profissional. A leitura que faço é a de que isso faz parte da missão de vida de vocês. Obrigado por tudo. Sem vocês, seria muito mais difícil chegar até aqui.

E por fim, mas mais importante do que tudo e todos, agradeço a Deus. E não de uma maneira subjetiva. Acredito intensamente em uma força superior, e essa força para mim é Deus. Deus é para mim um pai que cuida, protege e dá sabedoria. Há coisas na vida que dependem somente de nosso esforço, mas há muitas outras que acredito receber porque é graça. É graça encontrar essas pessoas incríveis em minha vida, e por isso me torno alguém melhor. E de alguma forma quero retribuir, por meio deste livro, um pouco do que sei e aprendi. Espero que ele sirva verdadeiramente como ferramenta para melhorar a vida de muitos leitores.

Não quero ser injusto. Quantos amigos, familiares, profissionais passaram por minha vida e me ajudaram indiretamente na realização desse trabalho! Sou eternamente grato a todos vocês.

Apresentação

por Renato Fonseca de Andrade

Se imaginarmos um mundo sem comunicação, o que vem em nossa mente?

Provavelmente algo muito diferente daquilo que chamamos de sociedade tal qual a conhecemos. A comunicação está tão intrínseca em nosso modo de viver, que pensar sua ausência pode ser um exercício para poucos.

Exercemos a comunicação em todos os momentos, mesmo sozinhos, mesmo em silêncio. Até mesmo a tentativa de compreensão do universo que nos rodeia pode ser considerada uma forma de comunicação, pois sempre existirá um emissor e um receptor.

Mas será que praticamos a comunicação de forma plena em nossa vida? Será que conseguimos expressar a essência de nossa alma, nos fazendo compreender? Será que estamos abertos a captar o que as outras pessoas e o mundo tentam nos comunicar?

Essas são reflexões importantes e que muitas vezes nos esquecemos de fazer. Até porque nos acostumamos com a maneira como fazemos nossa comunicação, não conseguindo perceber os aspectos que poderiam evoluir.

No dia a dia, a comunicação se reflete nas relações sociais, familiares e profissionais. E, claro, na qualidade de vida gerada por essas relações.

Então, podemos dizer que a estratégia de comunicação que adotamos revela, em seu íntimo, as escolhas que fazemos para nossa própria vida.

É para entrar nesse universo de autoconhecimento e desenvolvimento que Rafael Arruda convida o leitor. De modo contemporâneo, simples e recheado de exemplos, são apresentados os elementos essenciais para a compreensão e o exercício da comunicação plena.

E para aproveitar essa riqueza, sugiro uma leitura degustativa, que permita experimentar cada detalhe dessa obra, que é um excelente exemplo de comunicação em si mesma.

Bom aprendizado!

Renato Fonseca de Andrade é doutor e mestre em Engenharia de Produção pela UFSCar; especialista em inovação e empreendedorismo; autor do livro *Conexões Empreendedoras: entenda por que você precisa usar as redes sociais para se destacar no mercado e alcançar resultados*; e admirador das pessoas que fazem acontecer.

Sumário

Introdução 1

1. Comunicação: Fundamental para o Sucesso dos Negócios 5
2. A Comunicação na Mesa de Dissecação 23
3. Habilidades para Quem Quer Se Comunicar 41
4. Uma Alavanca para a Sua Carreira e Vida 57
5. Sem um Plano de Voo, a Comunicação Não Decola 77
6. Líderes na Comunicação 95
7. A Influência das Notícias 113
8. A Comunicação é a Ponte de Acesso ao Mercado 129
9. A Força do Vídeo 153
10. Todos Gostam de Histórias 171
11. Histórias de Escritório 187
12. A Importância de Trabalhar o Foco do Cliente 201
13. Moral da História: Sem Ética Não Há Final Feliz 215

Conclusão 229

Notas Bibliográficas 235

Índice 239

Introdução

Nunca houve, como hoje, tantas ferramentas e meios que podemos utilizar para nos comunicarmos uns com os outros. Com um aparelho que cabe na palma da mão, somos capazes de enviar, em tempo real, mensagens instantâneas de texto ou voz, exibir fotografias e vídeos ou realizar uma videoconferência com um grupo de pessoas, estando cada uma delas em um diferente continente. As mídias digitais estão atualmente ao alcance de quase todos os habitantes do planeta.

Costumamos considerar essa grande facilidade de comunicação como algo natural, quase banal. Com nossos smartphones, procuramos (e encontramos) informações sobre qualquer assunto, por mais específico que seja, ou podemos desejar um feliz aniversário a alguém que vive na Austrália com a mesma leveza, confiança e instantaneidade com as quais acendemos a luz de nosso quarto.

No entanto, toda essa transformação é muito recente, em termos históricos. Basta nos lembrarmos de que há pouco mais de 25 anos nossas formas mais comuns de comunicação eram ligações telefônicas e a escrita de cartas, que exigiam uma semana ou mais de tempo para serem recebidas e respondidas de volta. Tente imaginar como seria hoje seu trabalho, sua faculdade, seu lazer, suas compras e seus relacionamentos se a partir deste instante não houvessem mais smartphones, internet, redes sociais, Google ou TV por assinatura. Pareceria o fim do mundo que conhecemos, não é mesmo?

Não há dúvidas de que vivemos uma revolução profunda em nossa forma de trocar informações uns com os outros. Mas essa transformação não foi ainda capaz de nos livrar inteiramente dos mal-entendidos e das dificuldades em nos comunicarmos.

Desde que nossos antepassados começaram a balbuciar suas primeiras palavras, há mais de 100 mil anos, de acordo com os pesquisadores[1], não paramos mais de nos comunicar. Mas é provável que naquele tempo, quando ainda andávamos nus, fugíamos correndo de feras que queriam nos devorar e dormíamos em cavernas, já enfrentássemos problemas com o mau uso da comunicação.

Hoje, tanto tempo depois, em alguns momentos cometemos equívocos como se ainda estivéssemos na Idade da Pedra. Pessoas se atrapalham e transmitem mensagens que não queriam enviar, e, por isso, obtêm resultados que não gostariam de ter alcançado. Ou mesmo nem percebem que estão pecando em sua comunicação com os outros. São líderes sem persuasão, vendedores que não entendem as necessidades de seus clientes, profissionais liberais que não conseguem fazer seu negócio avançar e uma série de outros equívocos.

Como comunicador que sou, percebo, ainda, que uma grande parte dos gestores, empreendedores de pequenas e médias empresas, profissionais liberais e profissionais autônomos – público preferencial para este meu livro – ainda não é capaz de explorar de maneira integral essas novas e eficientes formas de falar com seus clientes, fornecedores, colaboradores e parceiros de negócios. A comunicação inteligente, eu acredito, é a base para conferir eficiência e efetividade às relações profissionais. Portanto, saber como, quando e o que comunicar é uma estratégia de negócios poderosa. Explicar como isso pode ser feito foi o que me motivou a escrever este livro.

Apesar de estar me dirigindo a um público de profissionais, considero relevante destacar que não se faz uma comunicação de qualidade se nosso objetivo exclusivo for o de divulgar e vender mais produtos ou serviços. Trato disso no primeiro capítulo desta obra, ao mostrar que a comunicação vai muito além e é capaz de construir confiança, criar reputações, reforçar credibilidade e ser uma forma de tornar mais sólidos os relacionamentos no dia a dia dos negócios.

Embora possa parecer em alguns momentos que se comunicar bem é um dom inato, algo que se faz exclusivamente por instinto e utilizando aptidões subjetivas, isso não corresponde exatamente à realidade. Há uma teoria já estabelecida e vasta que disseca a maneira como a comunicação funciona. Leituras técnicas não costumam nos entusiasmar, mas peço paciência a você, leitor: leia o segundo capítulo, em que trato dessa teoria. Ela proporcionará uma visão mais aprofundada de como as mensagens podem chegar com mais eficiência ao seu receptor.

---

[1] *Languages: A Very Short Introduction*, Stephen Anderson, pág. 107, Oxford University Press. 2012

INTRODUÇÃO

Ao longo de todo este livro, procurei me apoiar em exemplos e situações pelas quais passei para expor as habilidades que devem ser desenvolvidas para nos tornarmos excelentes comunicadores junto aos nossos fornecedores, clientes, equipes e parceiros de negócios. A descrição dessas qualidades está concentrada principalmente no terceiro capítulo, enquanto reservei o capítulo seguinte para demonstrar de que maneira uma comunicação competente pode alavancar a carreira de executivos, gestores, empreendedores, profissionais liberais e autônomos.

Não basta, no entanto, uma empresa dispor de pessoas com grande capacidade de levar à frente suas mensagens se essa organização não tiver um planejamento da comunicação bem definido, conforme é explicado no Capítulo 5. Mas deixo claro, no capítulo seguinte, que esse conjunto de ações e procedimentos nunca prescindirá de um líder comunicador. Alguém capaz de unir todas as pontas, cuidar para que se instale uma cultura de dar e receber feedbacks e que seja capaz de conduzir de maneira propositiva e firme as inevitáveis "conversas difíceis" que surgem em todos os empreendimentos.

Considero esse item – a capacidade de se conduzir com sensibilidade e serenidade em momentos delicados – tão essencial, que desdobro o assunto no Capítulo 7 e discorro a respeito das formas como podemos entregar notícias informativas, positivas, persuasivas e negativas no âmbito dos negócios. Claro, o que se quer é fazer tais comunicações sendo capazes de preservar nossos relacionamentos profissionais.

Os Capítulos 8 e 9 centram sua força em questões que estão relacionadas de maneira mais direta com a aplicação da comunicação voltada para resultados. No primeiro deles, trago exemplos e reflexões sobre boas práticas da comunicação como alavancadora de marketing e de vendas. No nono capítulo, trato das novas tendências em comunicação, sobretudo aquelas que têm uma alma digital, sempre torcendo para que na próxima semana uma nova tecnologia disruptiva não coloque de pernas para o ar boa parte do que veremos neste livro (é uma brincadeira, pois considero que inovações são sempre saudáveis e bem-vindas). Analiso, ainda, os impactos que tais tendências poderão causar nos negócios.

Em seguida, começo a segunda parte desta minha obra e dedico os próximos quatro capítulos a um fenômeno de comunicação tão antigo quanto o início da linguagem humana, mas cada dia mais renovado e presente na comunicação atual: o *storytelling*, ou contação de histórias, em bom português. O *storytelling* é a estratégia de nos comunicarmos com a ajuda de narrativas e enredos que sejam capazes de envolver e emocionar os que nos leem, escutam ou veem e, com isso, fazer com que nossas mensagens sejam recebidas com simpatia e entusiasmo.

Por exemplo, se uma empresa de alimentos quer vender peru para a ceia de Natal, no lugar de simplesmente sugerir de maneira sem graça e preguiçosa "Coma peru neste Natal", ela pode contar uma história de uma garota que participará de uma corrida de fim de ano na escola e está tendo dificuldades em superar suas limitações físicas e cognitivas. Ao final, depois de superar de maneira emocionante seus desafios, a menina se sai bem e comemora, com amigos e familiares, sua vitória em uma ceia de Natal na qual está sobre a mesa o peru assado que a empresa deseja vender.

Esse é um *case* real que usa o *storytelling*, sobre o qual faço uma análise aprofundada no Capítulo 12. Mas antes disso, o leitor encontrará no Capítulo 10 alguns insights sobre como nossa fisiologia responde de maneira favorável ao *storytelling*, fazendo com que esse estilo narrativo seja tão eficiente. No Capítulo 11 trago exemplos e sugestões de como a contação de histórias pode ser aplicada no cotidiano de negócios dos profissionais.

Fecho este livro, com o Capítulo 13, oferecendo minhas considerações sobre a atenção obrigatória que devemos dar aos princípios da ética quando usamos histórias para propagandear os produtos e os serviços que colocamos à disposição de nossos clientes e receptores de nossas mensagens.

Confesso que, à medida que escrevia este livro, me surpreendi com o forte impacto que os meses que levei em sua elaboração provocaram sobre minhas concepções e atitudes de comunicador. Ainda que todos os assuntos tratados aqui façam parte do meu dia a dia e eu tenha uma razoável familiaridade com várias técnicas de comunicação, colocar minhas ideias no papel me fez refletir, de uma maneira até então inédita, pela sua profundidade, sobre o alcance que pode ter uma comunicação competente.

Também percebi como é forte o impacto que ela pode provocar na vida das pessoas e nas escolhas que elas farão. A consequência dessa reflexão foi que me convenceu ainda mais de que é absolutamente necessário nos comunicarmos com responsabilidade e respeito por aqueles aos quais estamos oferecendo nossa mensagem, pois a comunicação é um poderoso meio de influência que transforma mentes e suas atitudes perante a sociedade.

Espero que este livro tenha relevância para você, leitor, e o ajude a explorar as amplas possibilidades que a comunicação oferece para o fortalecimento de seus negócios.

O autor, dezembro de 2018.

Comunicação: Fundamental para o Sucesso dos Negócios

"Comunicação é a arte de ser entendido."
Peter Ustinov, *ator, escritor e diretor inglês (1921-2004)*

Acompanhe a seguinte história.

Por uma dessas reviravoltas do destino, Augusto perdeu o emprego. Isso não poderia ter acontecido em um momento pior, pois o país atravessava uma forte crise econômica. Depois de meses procurando, ele recebeu uma promessa de emprego. Mas a vaga só será aberta daqui a um trimestre. "Puxa vida", pensou. "Não vai dar para esperar. Minhas economias já estão no fim." Fuça aqui, fuça ali. Apareceu um bico de fim de semana: vender sorvete no estádio de futebol. É a final do campeonato, dizem para ele. Portanto, muita gente vai comprar sorvetes.

Mas Augusto pensa que esse é exatamente o problema, muita gente estará lá! Conhecidos, ex-colegas de trabalho, e com o azar que o anda perseguindo, encontrará até mesmo aqueles primos gozadores, sempre tirando uma de sua cara. O que acontece é que Augusto tem vergonha de estar naquela situação, trabalhar de sorveteiro, com uniforme e tudo, para ganhar uns trocados. Por isso, quando chega ao estádio, fica calado, triste e com o boné abaixado, escondendo o rosto.

Como Augusto, Miguel também foi vender sorvete no estádio. Está igualmente desempregado, mas sente-se leve e muito à vontade. Quando se encontra com conhecidos, ri e faz piadas. Vergonha? Muito pelo contrário. Miguel colocou um chapéu dourado, trouxe um apito e pendurou uma placa de LED toda colorida no isopor. Mesmo de longe, não tem como não avistá-lo.

No fim do primeiro tempo do jogo, enquanto Augusto vendeu 15 sorvetes, Miguel já esvaziou seu isopor duas vezes. Terminado o jogo, Miguel deu uma goleada de quatro caixas de sorvete vendidas contra menos de uma por Augusto. Eis que acontece a má sorte. Na saída do jogo, quando estava entrando na perua que transportava os sorveteiros, Augusto deu de cara com os primos gozadores, que, é claro, não deixaram escapar a oportunidade para fazer suas gracinhas.

O que provocou resultados tão diferentes no desempenho dos dois? A resposta é bem clara: a comunicação. O sorvete vendido era o mesmo; o preço, idêntico; a margem de lucro também era igual. O que desequilibrou o jogo a favor de Miguel foram os LEDs, o apito e o chapéu.

Ou, em outras palavras, sua percepção de que a comunicação era a sua mais forte, e a única, estratégia para se diferenciar da concorrência. Afinal, o que ele comercializava era uma *commodity*, o mesmo sorvete que todos os outros sorveteiros ofereciam no estádio. Foi sua performance que o distinguiu da multidão, criou uma empatia que fez brilhar os olhos dos clientes e o recompensou com uma venda quatro vezes maior do que a da concorrência.

Comunicar é muito mais do que vender

Este não é um livro de empreendedorismo. Portanto, não pretendo ensinar a vender sorvetes ou qualquer outro produto. O destaque aqui é a importância da comunicação eficaz, que, sim, é fundamental para vender mais, mas oferece muito mais do que isso. Quem se comunica de forma adequada mostra quem realmente é, conquistando, assim, a confiança dos demais. A comunicação estabelece a ordem no caos, por ser capaz de colocar todos os interlocutores caminhando na mesma estrada e falando a mesma língua.

COMUNICAÇÃO: FUNDAMENTAL PARA O SUCESSO DOS NEGÓCIOS

Acredito que todos têm um sonho na vida. Mas, para realizá-lo, precisamos de outras pessoas, que irão nos impulsionar, ajudar e apoiar. O fato é que, sozinhos, não conseguiremos chegar muito longe. Por essa razão, temos de encontrar quem sonhe nosso sonho conosco. E de que forma faremos com que os outros se encantem com nossos sonhos? Através da comunicação.

Já disseram que as palavras, ou seja, a comunicação é a mais poderosa força que o ser humano tem a seu favor. Palavras têm tanta energia quanto as mais destrutivas armas. Elas podem ferir, amedrontar ou humilhar as pessoas. Por outro lado, elas têm muito mais força do que qualquer remédio, e conseguem nos ajudar, encorajar, curar e tornar reais nossas melhores intenções.

Hoje, existem à nossa disposição uma infinidade de estratégias, teorias e, principalmente, meios físicos que tornaram as palavras mais poderosas do que jamais foram em toda a história humana. No entanto, mesmo todo esse arsenal e todas as milhares de possibilidades de comunicação que estão disponíveis não mudaram um princípio fundamental da comunicação, que é o fato de que ela sempre acontecerá de dentro para fora. Ou seja, é necessário que você tenha a intenção real de fazer com que sua mensagem siga adiante. Do contrário, não haverá meio de comunicação, por mais sofisticado e avançado que seja, capaz de falar por você.

É o que chamo de *Comunicação Intencional*. Ao colocar intenção em sua forma de se comunicar, você se torna capaz de fazer com que o receptor da sua mensagem sinta a mesma emoção e o entusiasmo pelas ideias e projetos que mobilizam você. Uma comunicação competente contagiará seus interlocutores, e vocês passarão a vibrar na mesma sintonia. Uma vez que tal conexão se estabeleça, eles passarão a acreditar no que você diz e terão confiança de que suas sugestões poderão trazer os resultados positivos que você busca. O que pode ser melhor do que isso?

Mas nada disso acontecerá se a comunicação for feita sem intenção. Não haverá videoconferência, trilha sonora, reuniões presenciais ou evento capaz de despertar o interesse real dos ouvintes pelas ideias e projetos que você tentar apresentar. É melhor economizar tempo e dinheiro e escrever uma mensagem, naquele estilo usado nas bulas de remédio, em um e-mail, ou imprimi-la em um papel A4 e distribuir aos (des)interessados. É muito provável que sua comunicação não será eficaz.

"Gosto quando você diz que não vai cumprir o prazo"

Acabamos de dizer que uma comunicação intencional tem o poder de fazer com que as pessoas confiem no que você diz. Pude constatar como isso é verdade em uma surpreendente conversa com um de nossos clientes – a minha empresa, a Arruda Produções, realiza programas de TV, eventos e vídeos para diferentes finalidades. Minha conversa era com o dono de uma grande empresa, mas que havia realizado apenas um trabalho conosco até aquele momento.

Ele entra, senta-se à minha frente e me diz: "Eu gosto muito do seu trabalho". Uau, fiquei muito feliz ao ouvir isso! Era nosso primeiro trabalho, e já havíamos acertado de primeira, pensei. Comecei até um pequeno discurso. Disse que a gente trabalhava com emoção, com sentimento, e isso influenciava a qualidade do que fazíamos. Nosso editor, continuei, sempre colocava seu coração no trabalho... enfim, segui nessa linha de argumento, que, aliás, traduz de fato o que fazemos na produtora.

Imaginei que ele responderia dizendo coisas semelhantes sobre nosso desempenho como produtora de vídeo. Mas o cliente estava se referindo a algo completamente diferente. "Sabe por que eu gosto de trabalhar com você? O principal motivo é que sua empresa me dá respostas." Eu pensei: "Como assim? Eu ofereço vídeos, não respostas!" Ele explicou: "Você me dá retorno, feedbacks." E continuou: "Você me liga para dizer que o trabalho não estará pronto no prazo combinado, ou para dizer que falta pouco. Mesmo que não seja exatamente o que eu gostaria de ouvir, você nunca me deixa no ar, sem respostas."

E ele falou ainda mais. Disse que queria firmar uma parceria duradoura com a produtora. Ele já havia trabalhado com vários profissionais de vídeo no Brasil, os melhores que existiam. Todos capazes, competentes, mas nenhum deles com essa postura, de dar retorno do que foi combinado, do andamento do trabalho. "De que adianta ter um vídeo com a melhor qualidade que se pode encontrar no país, se ele nunca é entregue?", argumentava ele.

Dar tranquilidade e confiança às pessoas é um dos princípios da boa comunicação. Alguém pode dizer que essa maneira aberta e proativa de deixar o cliente sempre informado faz parte do modelo de gestão da empresa. "Modelo de gestão" é uma expressão que impressiona, não é? Mas, eu insisto, dar respostas, tranquilizar, buscar construir um relacionamento de genuína parceria com seu cliente e alinhar bem as expectativas de ambos os lados, incluindo aí quem o procura interessado em contratar seu trabalho, é simplesmente um princípio da comunicação. A propósito, é importante entendermos, desde este ponto do livro, que a comunicação deve ser um "princípio", e não apenas uma ferramenta que você escolhe usar quando bem entender.

Portanto, usar a comunicação para conquistar a confiança dos outros é uma maneira de manter-se em alta no mundo dos negócios. A experiência nos mostra que é muito mais difícil, e dispendioso, conquistar novos clientes do que manter aqueles que já estão em sua carteira. É fácil entender que um ponto crucial para manter o cliente satisfeito e fiel é entregar produtos e serviços de qualidade, atendendo, ou superando, as expectativas de quem os contratou. Mas também é verdade que esse relacionamento com o cliente se fortalece quanto mais cuidamos da comunicação, o que significa usá-la, por exemplo, como um meio inteligente de solução de problemas e de fazer a informação chegar a quem precisa e no momento certo.

A construção de relacionamentos sólidos nos negócios exige um investimento contínuo e sempre atento na comunicação. A recompensa desse esforço é a fidelização do cliente. Afinal, prefiro um cliente para o qual eu não precise me apresentar todas as vezes em que nos encontrarmos. Alguém que já conhece minha faixa de preço e com quem não seja necessário negociar valores a cada trabalho solicitado.

Quem se comunica constrói sua reputação

Além de ser um instrumento importante e eficiente para criar laços de confiança entre as pessoas, a comunicação também constrói e confirma reputações. E aqui falamos principalmente de uma comunicação não verbal, aquela que passa sua mensagem pelos exemplos e atitudes. Não adianta dizer aos meus funcionários, na produtora, que sou organizado e quero as coisas em ordem no escritório se minha mesa é uma bagunça. Não adianta cobrar pontualidade se sempre estou atrasado. Ou cobrar respeito se nunca incorporei um "por favor" em meu repertório.

Como sou o dono da empresa, as pessoas que trabalham comigo provavelmente acatarão minhas determinações e farão o que for solicitado. Mas minha atitude dúbia fará com que elas me vejam como um líder, alguém inspirador, ou como um exemplo a ser seguido. O que minhas atitudes corporais e comportamentais "dizem" costuma pesar muito mais do que o que expressamos com palavras.

Isso foi mostrado e quantificado em uma pesquisa, com resultados tabulados. De acordo com esse levantamento, 55% do sucesso de nossa comunicação é determinado pela nossa expressão corporal; 38%, pelo nosso tom de voz; e os 7% restantes, pelo conteúdo que estamos transmitindo. Lembra-se de quando falei, no começo deste capítulo, da ineficácia de distribuir um texto seco ao estilo bula de remédio? Está aí, nesses magros 7% que falam do impacto do conteúdo da comunicação, a razão de uma exposição em palavras escritas em um papel não ser o melhor recurso que a comunicação nos oferece.

Evidentemente, o conteúdo da mensagem é essencial. Só gesticular, sorrir e fazer expressões corporais não é capaz de transmitir ideias complexas, encorajar pessoas, convencê-las de algo. O que quero enfatizar é o fato de ser muito mais fácil alcançar os resultados que você busca em sua comunicação quando o conteúdo que transmite oralmente é validado pelas suas atitudes. É isso, portanto, a "Comunicação Intencional" que apresentei parágrafos atrás.

Relacionamentos também são comunicação

Também corrobora o que estou dizendo um fato que o leitor certamente já constatou em algum momento de sua vida. É o exemplo do colaborador que, mesmo com uma educação formal mais modesta, tem um desempenho melhor do que seus superiores na empresa e é visto como um líder de fato pelos demais empregados. Isso demonstra o peso relativo que o conhecimento teórico de alguém pode desempenhar diante da experiência que uma pessoa constrói em seu dia a dia.

Outra pesquisa explica, também com percentuais, uma das razões por que isso acontece. O sucesso que alguém alcança na vida, e aí está incluído também o sucesso profissional, é resultado, em 87,5% dos casos, dos relacionamentos construídos com outras pessoas. Os outros 12,5% são garantidos pelo conhecimento técnico que adquirimos, como aprender a projetar uma casa, pilotar aviões ou a pesquisar novos medicamentos. Na medida em que estabelecer bons e duradouros relacionamentos é um ato de comunicação, podemos afirmar, sem cometer qualquer exagero, que todo o sucesso que temos em nossa vida deve-se à nossa capacidade de nos comunicar.

Se mesmo esse percentual tão elevado ainda não é suficiente para provar a importância da comunicação para nosso sucesso pessoal e profissional, ainda tenho mais alguns argumentos aqui no meu bolso. Embora algumas pessoas considerem a comunicação apenas uma ferramenta para ser usada de maneira pontual em determinadas situações, não é dessa maneira que vejo essa questão. Digo, inclusive, que é equivocado considerar a comunicação como uma ferramenta que será tirada da caixa em alguns momentos e que ficará de lado, guardada, em outros. Pessoas que agem assim não costumam se comunicar com intenção verdadeira. Por não entenderem que comunicar é algo que se confunde com uma postura de vida, essas pessoas mudarão seu comportamento de acordo com a situação. Elas se mostrarão equilibradas, estratégicas, amistosas e parceiras quando isso lhes convier. Enfim, farão uma falsa comunicação de si mesmas, venderão um peixe que nunca pescaram.

Monte de folhas secas

Conheço uma pessoa assim. É alguém muito competente para fazer um discurso. Em cima de um palco, ou em uma sala de reunião, fala de respeito ao próximo e da importância dos relacionamentos. Seu domínio de cena é admirável. Em uma apresentação, sempre deixa seus interlocutores encantados e convencidos de que ela está sendo sincera, que tudo que diz é uma indiscutível verdade.

Nos bastidores, no entanto, transforma-se em outra pessoa. Arrogante, autoritária. Agarra-se à hierarquia e trata mal e de maneira desrespeitosa aqueles que ocupam uma posição profissional inferior à dela. No dia a dia, nada tem em comum com a imagem que tenta mostrar de si mesma. Isso põe tudo a perder. O que essa mulher é hábil em construir com palavras é desmanchado pelo vento da realidade. O resultado é que, na hora da verdade, sua empresa e sua reputação desmoronarão como um amontoado de folhas secas.

Essa pessoa não consegue enxergar que nos comunicamos em 100% do tempo. Por acreditar que é possível usar a comunicação como uma ferramenta em determinados instantes, ela não a utiliza de maneira estratégica, e paga um preço por tal erro de interpretação.

Vou repetir: nós nos comunicamos o tempo todo. Portanto, se você quer ser um líder em tempo integral, um empreendedor completo, precisa se comunicar de maneira verdadeira todo o tempo, e não apenas quando chama sua equipe para uma reunião. Não só quando quer delegar uma tarefa para alguém. As atitudes de um líder devem estar presentes até em como estaciona o carro na empresa, ou de que maneira trata os demais quando está tomando um simples cafezinho.

Esse conjunto de atitudes e comportamentos forma o que chamo de Comunicação Inteligente, ou Comunicação Intencional. Costumo usar esse termo em minhas palestras e explico que a Comunicação Inteligente é a escolha deliberada que faço das palavras, expressões, e até de minha expressão corporal, para transmitir a imagem que pretendo sobre mim para as outras pessoas.

Exemplificarei o que é uma Comunicação Inteligente com o lado avesso do conceito, ou seja, uma comunicação não inteligente. Imagine-se entrando em uma loja e sendo recebido por um vendedor de braços cruzados, cabisbaixo, parecendo deprimido e com um olhar vazio, a quilômetros de distância dali. Você imaginará que esse profissional não gosta do que faz, tem zero disposição de interagir com você e não vai ajudá-lo a encontrar o produto que deseja.

O gerente da loja também notará essa postura negativa e ficará alarmado ao perceber que aquele vendedor espantará a freguesia e atrapalhará os negócios. Será que o gerente irá promover o subordinado ou mandá-lo para o olho da rua? Engajar-se em uma Comunicação Inteligente, portanto, é perceber que sua imagem será entendida como positiva e proativa se você estiver sempre vigilante quanto à forma como se comunica.

Sempre será impossível nos apresentarmos como um personagem perfeito e sem falhas, como um príncipe ou princesa de um conto de fadas. Mas é necessário, e adulto, estarmos preparados para encarar as consequências de nossas escolhas. Se para você não há problemas em as pessoas saberem que você é desorganizado, não cuida bem de suas apresentações e se veste de qualquer forma, sem se importar com o ambiente em que está, tudo bem. Só não se surpreenda com o feedback que sua equipe dará quando você cobrar dela atitudes que pessoalmente não assume. E não se frustre ao perceber que seus subordinados não o veem como uma referência de conduta.

Como a comunicação fortalece nossa imagem e nosso negócio, devemos buscar nos comunicar com intenção sincera todo o tempo. Vamos demonstrar ao que viemos pelas nossas atitudes. E se falamos dos benefícios da boa comunicação no trabalho, não podemos errar internamente na empresa no momento em que vamos nos comunicar. Os funcionários são os primeiros a perceber e a questionar essas atitudes incoerentes, mesmo se não fizerem críticas de maneira direta.

O preço da boa comunicação é a eterna vigilância. Devemos nos cobrar constantemente. Estou me comunicando de maneira honesta e verdadeira? Minhas atitudes estão mostrando coerência? Estou me comportando como um bom exemplo de comunicador? A maioria de nós trabalhou duro para construir nossos negócios, nossas relações. Não se pode baixar a guarda e perder tudo isso.

E essa comunicação honesta também deve ser aplicada fora de seu ambiente planejado. Chamo de ambiente planejado aquele em que se dá uma reunião, uma palestra, ou uma entrevista que será dada a uma TV. Sempre teremos tempo de nos preparar e de assumir o personagem que queremos vender para o mundo externo.

Ser um comunicador verdadeiro fora do ambiente planejado é, por exemplo, responder com atenção e dedicar alguns minutos quando aquela senhorinha humilde que prepara o café da empresa puxa uma conversa com você. Ou, caso você seja alguém famoso, atender com carinho e gratidão ao fã que pede um autógrafo ou um minuto de sua atenção. Uma boa reputação é construída a partir desses pequenos detalhes.

Em tempos de terceirização, todo cuidado é pouco

A confiança e a reputação tornaram-se qualidades especialmente desejáveis nos últimos tempos no Brasil. Isso porque as relações de trabalho têm passado por uma grande transformação, na medida em que cada vez mais as empresas estão terceirizando serviços que antes estavam nas mãos de seu próprio pessoal. A partir desse novo modelo de trabalho, a fidelidade dos clientes passou a ser percebida como um grande valor para os prestadores de serviço.

O que pode manter alguém fiel a você? Exatamente a confiança de que você atenderá às expectativas que foram acertadas entre as partes e a boa reputação que você construirá a partir da qualidade geral do que entrega. Ou, em outras palavras, a imagem que você construiu com a sua comunicação.

Quando um empresário entrega uma demanda para um prestador de serviços terceirizado, o que ele mais quer é confiar que aquela pessoa, ou grupo de pessoas, não irá decepcioná-lo e entregará o que foi pedido no prazo e de acordo com o que o empresário espera receber. É uma relação de grande proximidade. Mesmo o terceirizado não sendo seu funcionário, você e ele se relacionarão, de fato, como se fossem patrão e empregado.

Se o empresário contratou uma equipe de marketing, ele não quer ficar ali pensando no que esses terceirizados estão fazendo. "O pessoal vai resolver isso", ele pensa. "Não preciso me preocupar, vou cuidar de outra coisa." Infelizmente, tem muita gente perdendo negócios porque não consegue gerar tal confiança. Diz que fará uma coisa, mas entrega outra.

Uma atitude que aqui no Brasil costuma ser recorrente é a dificuldade que os prestadores de serviços, especialmente aqueles que são chamados em domicílio, têm em usar a comunicação a seu favor. Testemunhei isso por longos meses quando tentava solucionar problemas com o ar-condicionado de meu escritório.

Cheguei a anotar quantos técnicos vieram até aqui para tentar ajustar o ar-condicionado, que apresentou problemas desde que foi instalado. Foram seis deles. Cada um apontou um defeito específico no aparelho e contou uma história diferente para explicar por que não conseguia encontrar o defeito. Nenhum, no final das contas, consertou o ar-condicionado.

Tudo se transformou em um círculo vicioso de mentiras, falsas promessas e, principalmente, em jogar a responsabilidade sobre os outros: a culpa é dos fornecedores, que não entregaram a peça; é o material, que não tem qualidade; é a fábrica do ar-condicionado, que não é boa... O resultado é que não confio mais em nenhum desses técnicos. Não recomendarei qualquer um deles quando algum conhecido estiver precisando consertar seu ar-condicionado. Para os técnicos e suas empresas, a enrolação saiu muitíssimo mais cara do que se eles me dissessem que não eram capazes de descobrir qual era o defeito e, por esse motivo, não iriam atender à minha expectativa.

Mas todos esses seis terceirizados, quando se relacionaram comigo, praticaram a comunicação. Uma comunicação verbal, claro, pois falaram comigo, mas a comunicação não verbal foi muito mais reveladora e tornou a falta de clareza e de honestidade o diferencial desses profissionais. Essa comunicação não verbal era a de simular que estavam resolvendo algo, desmontar o aparelho, levar e trazer peças. Triste isso, não? O diferencial que ficou marcado da comunicação deles foi o da falta de um comportamento ético.

A comunicação existiu, pois ela sempre está presente. Mas provocou um efeito totalmente contrário ao que estamos propondo neste livro. No mundo dos negócios, como também no das relações pessoais, o relacionamento entre pessoas tem enorme importância e influência. Grande parte dos responsáveis que contratam leva em conta a indicação de alguém para decidir dar a oportunidade de trabalho para uma determinada pessoa. Na porta de entrada de quase todos os ambientes e instituições sempre estão a comunicação e o relacionamento. Se alguém nos é indicado como sendo uma pessoa confiável, já damos a ela de 60% a 70% de crédito. Só depois examinaremos seu currículo, suas habilidades, resultados obtidos, etc.

Os seis técnicos em ar-condicionado ficaram pelo caminho quando se comportaram de maneira inadequada. Eles poderiam pensar assim: "Poxa, a empresa do Rafael tem uma bela carteira de clientes. Se eu fizer um bom trabalho lá, ele pode me indicar para várias pessoas. Não vou precisar investir tanto em marketing, e o meu negócio vai prosperar". Como se vê, a comunicação é a alma do negócio.

Uma falha de comunicação e 15 mil camisetas não feitas

Uma comunicação interna pouco eficaz em uma empresa também é capaz de produzir desastres. Mais uma vez, vou me valer de um acontecimento no qual me envolvi e pelo qual pude constatar a importância de uma boa comunicação interna, pois nesse caso que relatarei o que faltou foi exatamente um cuidado em relação à comunicação interna.

Certa vez, encomendei 15 mil camisetas para um grande evento no qual eu participava da produção. As camisetas eram fundamentais para a organização do evento, já que suas diferentes cores serviriam para identificar as diversas categorias dos participantes. O fornecedor garantiu que as camisetas seriam entregues em um prazo que nos dava folga para distribuí-las a todos. Havíamos assinado um contrato com todas as especificações, inclusive multas e a possibilidade de um processo judicial, caso o que foi acertado não fosse cumprido.

O tempo passou, chegamos ao dia anterior ao início do evento, e nada das camisetas. Muitos telefonemas, e-mails e mensagens de WhatsApp depois, descobrimos que não havia ocorrido exatamente um atraso. Era muito pior! As camisetas simplesmente não haviam sido produzidas! Tínhamos um contrato assinado, tudo acertado com o responsável pelas vendas, mas do que adiantava tudo isso? O evento seria no dia seguinte, e não havia qualquer possibilidade de ser adiado. Também não seria possível colocar o evento de pé sem as camisetas. Toda a organização das muitas equipes e toda a logística estavam baseadas nas diferentes cores das camisetas.

Acabamos, aos 47 minutos do segundo tempo, conseguindo resolver o problema. Contratamos outro fornecedor, e fomos obrigados a pagar o triplo do preço. O fabricante atravessou a madrugada produzindo os itens. Mesmo assim, as camisetas não foram entregues imediatamente na quantidade necessária, mas o evento pôde ser realizado.

Mais tarde, descobrimos o que havia acontecido. O vendedor, ou seja, o departamento de vendas da empresa produtora de camisetas, garantiu que poderia produzir aquele número de camisetas e entregá-las no prazo acertado. Mas não comunicou isso à equipe da empresa que iria, de fato, produzir as camisetas. O erro, grotesco, foi uma total falha na comunicação interna da empresa.

Infelizmente, esse tipo de problema acontece com frequência em muitas instituições. Criam-se universos paralelos dentro das empresas. Os vendedores não falam com a produção, que não conversa com a logística, que não avisa a segurança de que é preciso abrir o portão da fábrica de madrugada. No caso que relatei, o vendedor não queria perder um negócio importante como esse, e prometeu entregar o que nós havíamos solicitado sem se preocupar em checar se todos departamentos envolvidos estavam cientes. No final, não ganhou dinheiro, sua reputação foi seriamente manchada e provavelmente já foi demitido.

Com a comunicação azeitada, você não só vende mais, mas lidera melhor, fortalece seus relacionamentos, atende melhor aos clientes, diminui conflitos e evita mal-entendidos. Cria uma harmonia em sua equipe, evita demissões e facilita os processos e procedimentos da empresa. E, como acabamos de relatar no caso das camisetas, a comunicação evita, sobretudo, o caos.

Empatia é a cereja do bolo

A essa altura, acredito haver apresentado argumentos suficientes para que o leitor acredite em mim quando digo que a comunicação é excelente para os negócios, e que a falta de comunicação é um veneno que, mais cedo ou mais tarde, poderá trazer até mesmo a morte para as empresas. Mas há um aspecto que vale a pena explorar mais um pouco. É a capacidade de um bom comunicador criar empatia com seu público.

O caso dos dois vendedores de sorvete no estádio de futebol, relatado logo no início deste capítulo, mostra isso de maneira clara. Os dois ofereciam o mesmo produto aos clientes em potencial, mas foi a comunicação criativa de um deles que o fez ter uma produtividade muitas vezes maior do que o outro, que não conseguiu criar uma relação empática com o público.

Vemos fatos semelhantes acontecerem todo o tempo em qualquer lugar que estivermos. Eu mesmo vivi uma experiência em um restaurante em que pude constatar a diferença que essa empatia provoca. Era uma franquia de comida australiana. Ou seja, a decoração e o cardápio eram os mesmos em qualquer outro restaurante da rede, que eu já conhecia. Não esperava, portanto, qualquer surpresa ali.

No entanto, o garçom que nos atendeu nesse restaurante específico tinha um diferencial: a forma com que se comunicava com a mesa, a preocupação demonstrada em evitar que algo fosse insatisfatório para os fregueses, a antecipação de algum possível erro. Não me lembro do que comi naquele dia, mas estou aqui, tanto tempo depois, contando para o leitor a boa experiência que vivi com um garçom que entendia de comunicação.

Essa empatia é a cereja que qualquer pessoa ou empresa pode colocar sobre o bolo que oferecerá, pois essa habilidade em se relacionar com os outros é muito poderosa e faz com que quem a tenha se destaque na multidão. Acho que escrever sobre minha vivência no restaurante abriu meu apetite, pois me ocorre agora mais um exemplo dos benefícios da comunicação que também envolveu restaurantes.

Dessa vez, minha experiência não chegou até a mesa, nem com nenhuma interação com um garçom. A coisa se deu quando, a exemplo do que faz um número crescente de pessoas, decidi procurar na internet um lugar que não conhecia para jantar com minha esposa. Por vários motivos, não poderíamos jantar naquele dia, então eu queria fazer uma reserva para algumas noites adiante.

A internet talvez seja o ambiente em que o convencimento do cliente sobre a excelência de determinado produto ou serviço mais exija habilidades na comunicação. Afinal, nada daquilo que examinamos na rede de computadores está concretamente à nossa frente, com cores, cheiros e texturas. São só imagens em uma tela.

Além disso, a concorrência é gigantesca. Se um cliente visita seu site e fica com dúvidas a respeito de seus serviços, basta um clique do mouse para que ele escape para o concorrente. Foi mais ou menos isso que aconteceu quando digitei "restaurante japonês" no browser. Naturalmente, o primeiro que surgiu na tela foi o que mais investe em comunicação, e pagou para que o nome do empreendimento aparecesse no alto da lista de resultados.

Como na maior parte das vezes costumamos nos comportar como um maria-vai-com-as-outras, e achamos que se seguirmos a opinião da maioria estaremos fazendo uma escolha sem riscos, meu primeiro pensamento foi: "Humm, se ele investe mais em comunicação, isso significa que ele tem mais estrutura, então posso confiar nele".

Mas, quando comecei a navegar pelo site, percebi que estava tudo escrito em japonês. Deu para ver que a variedade era enorme, porém, quanto mais eu tentava entender, mais me confundia. Apesar do conteúdo confuso, esteticamente o site era bem feito e apresentava um restaurante de altíssimo padrão. Como tinha acabado de me casar, o dinheiro era contado, e não podia me arriscar a esse luxo.

Não desisti. Voltei ao site de busca e vi que abaixo do nome desse restaurante havia outro. Cliquei nele e já vi que havia muito menos informações. Logo que entrei, visualizei um banner digital com uma montagem de vários pratos e a frase: "Rodízio Completo por 49,90". Pensei: "Opa, esse dá para encarar! Já saio de casa sabendo de quanto vai ser a despesa". A qualidade estética do site também vendeu muito bem o restaurante, e isso me fez perceber que eu não pagaria nenhum mico em escolher essa segunda opção. Dava para ver que era um daqueles *templates* de sites prontos, bem mais modesto. Mas isso foi irrelevante diante da estratégia de comunicação adotada pela empresa. Aqui funcionou aquela máxima "menos é mais". Coloquei minha esposa no carro, e fomos para esse segundo restaurante.

Na prática, o primeiro site em que eu entrei, que estava mais bem posicionado no browser, acabou fazendo propaganda para o segundo restaurante, que foi, no final, onde fiz a reserva para o jantar. Na comparação, o site mais modesto bateu o concorrente mais vistoso, um problema de comunicação que o restaurante que investia mais em sua publicidade teria de resolver.

Aprenda inglês, mas onde?

Não é raro uma comunicação deixar a desejar, fazendo com que o "tiro saia pela culatra" e acabe beneficiando os concorrentes. Foi o que aconteceu com um cliente meu, uma escola de inglês, que tinha como concorrente instalado na mesma cidade a maior escola de idiomas do Brasil, com unidades espalhadas por todo o país. Meu cliente, que só tinha uma única escola em uma cidade do interior do Paraná, certamente tinha muito menos recursos para fazer sua comunicação.

A peça de publicidade que aquele grande grupo de ensino de idiomas mais utilizava resumia-se a apenas uma frase no imperativo – "Aprenda inglês". Essa curta mensagem era veiculada em outdoors, jornais, TVs e cartazes. Poderíamos até dizer que era uma estratégia institucional que o grupo usava. A peça informava, em duas palavras, que era preciso aprender o idioma por várias razões, mas que o anunciante não se dava o trabalho de especificar. Certamente aquela empresa contava com o peso de sua própria presença nacional e sua tradição no ramo para estar presente no subconsciente das pessoas como o melhor lugar para se matricular e, finalmente, aprender inglês.

A questão era que as peças não explicavam de maneira clara para onde o aluno deveria dirigir-se para, afinal, começar a aprender a língua. Já a nossa publicidade era bem clara e anunciava assim: "Aprenda inglês na escola tal, matrículas abertas". Para ser honesto, não imaginamos, ao elaborar a peça, pegar carona na publicidade que aquela escola, uma potência do setor, executava de maneira tão vaga.

Na análise do impacto de nossa campanha, que fizemos depois, concordamos que de certa maneira a do concorrente vinha nos ajudando bastante. Há muito tempo ninguém ignora a importância de aprender inglês. A diferença é que no material publicitário da empresa que eu atendia, a mensagem era dada em toda sua extensão. É como se o cliente se perguntasse: "Ok, estou convencido de que devo aprender inglês, mas aonde vou, quando posso me inscrever?" A comunicação da *big* escola não respondia a essa questão. A nossa, sim: "Aprenda inglês na nossa escola. Ah! E as matrículas estão abertas!"

O ruído

O site que tem excesso de elementos e, portanto, não pode ser compreendido claramente. A informação vaga em uma peça publicitária. O vendedor que negocia algo sem saber se outros setores da empresa poderão honrar o negócio. Um prestador de serviços que não retorna as chamadas ou aquele outro que esconde sua incapacidade em atender a uma demanda do cliente, fazendo-o perder tempo e dinheiro. Todos esses fatos e personagens sobre os quais falamos aqui poderiam receber uma mesma denominação quanto à sua influência na comunicação: eles são o ruído. O ruído da comunicação.

O nome não poderia ser mais apropriado. O improviso, a ignorância das regras mínimas de comunicação, o mau gerenciamento desses meios e até a má fé escancarada atuam como se criassem uma cacofonia de sons junto a duas pessoas que tentam conversar. Assim, quem fala, quem emite a mensagem, que é o emissor, não é ouvido por quem escuta, o receptor. Ou, quando pensa ter escutado algo, entende uma mensagem completamente diferente daquela que o emissor tentava expressar.

Portanto, a mensagem que deixo para você, leitor, é: cuide com muita atenção de sua comunicação! Se for bem conduzida, ela contribuirá para a credibilidade e o crescimento de seus negócios. Mas essa mesma comunicação poderá trazer sérios prejuízos se você permitir que ruídos se manifestem de maneira constante. Reflita sobre como você se comunica no dia a dia com seus clientes, fornecedores e parceiros de negócios, e sobre quais resultados tem alcançado no relacionamento com eles.

No próximo capítulo trataremos de conceitos fundamentais de comunicação aplicados aos negócios.

COMUNICAÇÃO: FUNDAMENTAL PARA O SUCESSO DOS NEGÓCIOS

6 Dicas para uma boa comunicação em seu dia a dia de negócios

Seja claro. Evite rebuscar seu texto, sua fala, a apresentação, o PowerPoint ou um vídeo que produzir. Isso pode confundir seu receptor e fazer sua mensagem não ser compreendida.

Invista em publicidade. Se você tem produtos ou serviços para oferecer, faça anúncios. Torne o que você faz algo público. Avalie que tipo de mídia e veículos de comunicação seu público consome – jornais, TV, Facebook, revistas, sites, Instagram – e coloque ali sua mensagem.

Fale com quem decide. O consumidor de seus produtos nem sempre é quem decide pela compra. Por exemplo, se seu público é formado por crianças, você deve falar com os pais delas. Descubra qual é a mídia que eles consomem e veicule ali sua publicidade.

Saiba aonde você quer chegar. Parece óbvio alguém saber o que quer fazer, qual projeto quer tornar realidade. Mas não é bem assim. Muitas pessoas pedem para falar comigo e falam, falam, falam, sem conseguir dizer o que querem fazer. Muita gente elabora bons projetos, têm grande sonhos, boas ideias e não sabe contar isso para quem as escuta. Falaremos um pouco mais sobre isso no Capítulo 5.

Analise sua performance. Faça uma pesquisa entre as pessoas de sua rede de contatos para saber quais são os métodos mais eficazes de comunicação que você utilizou. Quais deles deram certo, quais não deram retorno. Coloque sua "cara a tapa". Esteja pronto para ouvir o que você tem feito de certo, e onde está errando. Invista mais naquilo que lhe dá o maior retorno.

Coloque-se no lugar do cliente. Deixe suas certezas de lado e veja sua comunicação pelo olhar de seu cliente. Quando fizer isso, você entenderá quais são as reais necessidades dele e poderá analisar de maneira crítica até que ponto você está entregando aquilo de que ele realmente precisa.

21

A Comunicação na Mesa de Dissecação

Hello, Goodbye*
You say yes, I say no,
You say stop, but I say go, go, go.
You say goodbye and I say hello, hello, hello.
I don't know why you say goodbye, I say hello, hello, hello.
I say high, you say low,
You say why, and I say I don't know.

The Beatles
Olá, Adeus
Você diz sim, eu digo não,
Você diz pare, mas eu digo vai, vai, vai
Você diz adeus, e eu digo olá, olá, olá
Eu não sei por que você diz adeus e eu digo olá, olá, olá
Eu digo alto, você diz baixo,
Você pergunta por quê, e eu digo eu não sei

Neste capítulo falaremos sobre alguns conceitos fundamentais de comunicação. Já estou ouvindo os comentários: "Ah, Teoria da Comunicação, Rafael? Emissor, receptor... esse tipo de coisa?" Sim, caro leitor. A maneira como nós nos comunicamos, mesmo quando se trata de um simples "bom dia!", é composta por componentes e significados e sujeita a interferências. E a Teoria da Comunicação trata exatamente disso. Portanto, não pule este capítulo! Continue a leitura e verá que a teoria pode, sim, ajudá-lo a se comunicar de maneira muito mais eficiente no seu dia a dia. Garanto a você que, depois de conhecer o processo de comunicação como um todo e como um ciclo, seus resultados serão outros.

Trataremos aqui dos mais relevantes elementos que compõem a comunicação: como emissor, receptor, ruído e feedback, palavra inglesa que já está nos dicionários da língua portuguesa. Segundo ensina o *Dicionário Houaiss*, feedback é a "informação que o emissor obtém da reação do receptor à sua mensagem, e que serve para avaliar os resultados da transmissão". Essa estrutura da comunicação não é uma invenção dos comunicólogos. É assim que humanos, animais e, dizem, até mesmo as plantas trocam informações.

Podemos ver como isso é verdade examinando um sistema de comunicação que, no passado longínquo, foi uma sacada genial para enviar mensagens instantâneas a longas distâncias: os sinais de fumaça. Vários povos, entre eles chineses, gregos e os aborígenes australianos, usaram esse método. Mas os antigos filmes de faroeste de Hollywood promoveram os indígenas norte-americanos como os especialistas nesse tipo de comunicação.

Ok, vamos então dissecar os sinais de fumaça da maneira como a Teoria da Comunicação faria. A história imaginária a seguir nos ajudará.

Honaw, um bravo guerreiro da tribo Hopi, foi enviado por Qaletaga, um dos chefes da taba, para uma patrulha nos arredores. Naquela época, quatro séculos atrás, a tribo vivia onde hoje é o nordeste do Arizona, nos Estados Unidos. Honaw, cujo nome na linguagem Hopi significava "urso", deveria prestar atenção aos soldados espanhóis que, vindos de onde hoje é o México, circulavam por ali. Também os vizinhos navajos poderiam ser uma fonte de problemas (essas informações não são imaginárias, os Hopi existem de verdade e tiveram dificuldades com os espanhóis e navajos no passado, e vivem até hoje nessa região).

Se tudo estivesse tranquilo, Honaw faria uma fogueira na parte mais baixa da colina e enviaria longos sinais de fumaça dali. Isso poderia ser visto de longe pelo chefe Qaletaga, que, não por acaso, tem seu nome hopi traduzido como "guardião do povo" em português. Mas se houvesse algum perigo, como espanhóis armados de bacamartes, Honaw deveria correr até o alto da colina e fazer dali os sinais de fumaça curtos e rápidos, manobrando uma coberta, ou um galho de árvore, sobre a fogueira. As diferentes posições das quais os sinais de fumaça seriam emitidos e a forma da fumaça em si – nuvens compactas ou espichadas – dariam significados diversos à mensagem.

Em qualquer dos dois casos, Honaw seria o **emissor**, e Qaletaga, o **receptor** da mensagem. O **meio de comunicação** entre os dois, também um conceito importante, seriam os sinais de fumaça. Por sua vez, o "guardião do povo" mandaria um sinal de fumaça para mostrar que havia recebido a mensagem. Em uma emergência, Qaletaga talvez não perdesse tempo acendendo fogueiras. Montaria em seu cavalo, chamaria outros guerreiros e seguiria para verificar de perto a seriedade da ameaça. Essas duas reações seriam o **feedback** para o sinal de fumaça enviado.

Mas a comunicação está sujeita a interferências que podem comprometer sua eficácia. É o que se chama "ruído". Nossa história explicará como isso se dá. Mesmo com toda sua coragem e desprezo pelo perigo, o jovem Honaw sempre sentia as pernas bambearem quando via, andando toda faceira pela taba, a linda Luyu. Ele não conseguia encontrar palavras para dizer a Luyu, "Pomba selvagem" em seu idioma, o que ele sentia quando a via ou ouvia sua voz. E havia outro problema, Luyu era a irmã mais nova do chefe Qaletaga, que, já deixara claro, não queria nenhum marmanjo da tribo arrastando a asa para a garota.

Ali, no alto da colina, Honaw suspirou ao lembrar-se do rostinho de Luyu e teve uma ideia: "Uau! Por que não envio um sinal de fumaça para ela? Nenhuma garota hopi recebeu tal homenagem antes, e Luyu adoraria ser a primeira a ter essa honra". Além disso, não parecia haver nenhum perigo à vista. O entorno parecia sossegado. Enquanto acendia o fogo, Honaw pensava que sinal poderia mandar para que Luyu entendesse que aquela mensagem era só para ela.

Era uma época em que não havia emojis, aquelas carinhas sorridentes, ou coraçõeszinhos, que são uma forma atual eficiente de mostrar simpatia e mesmo um interesse amoroso nas redes sociais. Por isso, o guerreiro apaixonado se sentia confuso e desanimado. Talvez o melhor fosse desistir das mensagens amorosas. Mas, não! A ideia lhe parecia muito boa para ser desperdiçada. Deixou as dúvidas de lado, pegou um galho de árvore e o agitou sobre a fogueira, mandando pequenos círculos de fumaça para o céu.

Fez isso e esperou. Meia hora depois, Qaletaga chegou galopando com dezenas de outros guerreiros armados, pintados para a guerra, e gritando: "Honaw! Onde estão os invasores espanhóis e os guerreiros navajos que vieram em conjunto invadir nossas terras?" Afinal, foi essa a interpretação que a tribo fez de todos aqueles círculos de fumaça feitos por Honaw em homenagem à indiazinha. Não consigo imaginar o que Honaw respondeu, mas sei, com certeza, que ele produziu um **ruído na comunicação**. E ruído, conforme explica a Teoria da Comunicação, é qualquer distúrbio ou perturbação que ocasiona a perda da informação, ou sua incompreensão indesejada pelo receptor, na transmissão da mensagem.

A ilustração a seguir é um clássico na esquematização de como a comunicação funciona.

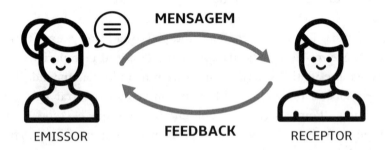

Esquecendo o próprio nome

Nos workshops que ministro, costumo sugerir aos participantes uma atividade que torna mais clara a relação existente entre esses elementos apontados pela Teoria da Comunicação. É um exercício simples que permite o entendimento do que há por trás de alguns equívocos comuns quando tentamos nos comunicar.

Funciona assim: na sala em que estamos realizando a reunião, peço aos participantes que façam um círculo de tal maneira que todos possam se ver. Não importa se as pessoas conheçam ou não umas às outras, isso não interfere no resultado final. Dou, então, uma bolinha para um dos participantes, que se chama Ricardo, por exemplo, e o instruo a jogar a bolinha para algum outro participante do exercício, a Cláudia. Quando fizer isso, Ricardo deve dizer o próprio nome e jogar a bola para Cláudia, que agradecerá dizendo "Obrigada, Ricardo" e lançará a bola para Geraldo, também dizendo o nome dela. O objetivo é passar o mais rápido possível a bolinha para outra pessoa e nunca deixá-la cair no chão.

Ficaria assim esse primeiro movimento. Ricardo diz: "Ricardo!" e lança a bola. Cláudia pega a bola e diz: "Obrigada, Ricardo" e, ao jogar a bola para Geraldo, diz: "Cláudia!". Este diz: "Obrigado, Cláudia" e joga a bolinha para quem ele escolheu, dizendo: "Geraldo!". Os participantes também devem olhar nos olhos da pessoa para quem atiram a bola.

O exercício é simples e, até esse ponto, ninguém tem dificuldade em levá-lo adiante. Mas aí surge o primeiro complicador. Eu coloco mais uma bolinha na roda de pessoas. A velocidade, naturalmente, aumenta e exige mais rapidez e concentração dos participantes. Mais um pouco, e lanço uma terceira bolinha, depois uma quarta.

Nesse ponto, o exercício começa a se tornar muito intenso e quase caótico. As pessoas começam a reagir de uma maneira que, depois de tantas vezes que já fiz essa prática, posso dizer que é um comportamento padrão. Elas já não dizem mais o próprio nome quando jogam a bola, nem agradecem a quem passou a bolinha para elas. A prioridade passa a ser livrar-se o mais rápido possível da bolinha, jogá-la para longe.

Ao preocuparem-se exclusivamente em não deixar a bolinha cair no chão (e em todos os exercícios que fiz as bolinhas sempre acabam caindo no chão), elas se esquecem de passar a informação adiante. Reparem, é uma informação básica. O próprio nome. Não há nada que a gente domine mais do que saber o próprio nome. Aprendemos isso ainda bebês, antes mesmo de começarmos a falar.

No entanto, o que acontece nesses exercícios é que as pessoas são tomadas por conflitos, nesse caso, a urgência de não deixar a bolinha cair ou ficar parada em suas mãos, o que faz com que se esqueçam da mensagem e joguem a bola longe, muitas vezes acertando o nariz do colega.

Batatas quentes e falsas

É claro, nessa dinâmica o que se busca é fazer uma analogia entre o jogo com as bolinhas e a maneira como costumamos nos conduzir enquanto seres que querem se comunicar. Uma das razões pela qual a bolinha cai é que não fazemos contato visual com a pessoa para a qual passamos a bolinha-informação. Ou seja, não estabelecemos a conexão necessária para conhecermos as necessidades delas, saber se estão dispostas a receber algo de nós ou se estão prontas para entender nossa mensagem.

Se não observamos tais sinais de nosso receptor, agimos como se jogássemos uma batata quente para diante, e o outro que se desdobre para lidar com a situação. Muitos emissores fazem dessa forma. Agem de maneira burocrática, passando adiante mensagens sem pensar se seu formato é o mais adequado, se o que têm a dizer tem alguma utilidade ou se será compreendido do outro lado da linha. Mais alarmante ainda, divulgam informações sem verificar se são corretas ou não, o que pode provocar seríssimos problemas aos outros.

Isso vem ocorrendo com frequência nas mídias sociais, embora não seja uma exclusividade delas. A ânsia de dar uma informação antes dos demais faz com que notícias incompletas ou completamente falsas sejam tidas como verdadeiras e passadas adiante. De novo, é um fenômeno muito presente na internet, na qual são conhecidas como *fake news*. As pessoas desenvolveram o hábito de ler o título de alguma informação e já a compartilham sem nem ao menos saber do que se trata. Isso pode ser uma faca de dois gumes e fazer com que alguém passe à frente conceitos com os quais o próprio emissor discorde inteiramente!

Algo similar a jogar a bolinha para frente sem olhar nos olhos da outra pessoa. Quando acontece tal fato, ocorrem dois equívocos: primeiro, o receptor deixa de dar um feedback para o emissor, o momento em que poderia argumentar não estar de acordo com a mensagem que lhe foi passada ou alertar que não compreendeu o que lhe foi dito. Ao fazer assim, ele quebra o fluxo da notícia equivocada e impede que ela prossiga daquela maneira enviesada. Depois, a envia adiante sem fazer ideia do conteúdo da mensagem que estava ajudando a propagar. Dessa maneira, contribui, e dá sua chancela pessoal, para que uma notícia inadequada seja vista como correta e verdadeira.

Voltando à metáfora do jogo das bolinhas, o que devemos lembrar é que, quando nos fitamos nos olhos e agradecemos o envio da mensagem, isso significa que estamos confirmando que recebemos aquela informação e garantindo que iremos levá-la adiante. A bolinha não cairá quando entendemos que participamos, somos responsáveis, tanto na emissão quanto na recepção da mensagem comunicada. Não importa se no jogo há dez bolinhas sendo lançadas ao mesmo tempo. Apenas quem entender as intenções do emissor ou do receptor é que tirará proveito das informações que estão saltando em volta.

A força do olhar

Mas, a relevância de olhar nos olhos da pessoa com quem a comunicação é estabelecida, não é só uma alegoria. Essa é uma interação poderosa. Digo isso porque passei pessoalmente várias vezes por tal experiência. Isso aconteceu quando trabalhei em um projeto chamado Plantão Sorriso, em Londrina. Foi uma das primeiras experiências no Brasil com os chamados doutores palhaços, que iam a hospitais fazer intervenções artísticas junto aos pacientes, principalmente crianças internadas com problemas severos de saúde.

Do ano 2000 a 2008, atuei nesse projeto como ator e coordenador artístico. Não é difícil imaginar como é delicada qualquer interação com crianças gravemente doentes. Algumas das que visitamos haviam passado, em sua vida, mais tempo em leitos de hospital do que na própria casa. Uma regra de ouro que tínhamos era a de só entrar em um quarto ou enfermaria caso os pequenos pacientes nos permitissem. Algumas vezes eles estavam se sentindo fracos demais ou sentindo dores demais para fazer qualquer coisa que não fosse ficar deitado, quietinho em sua cama. E o que acendia o sinal verde ou o vermelho para nossa entrada era exatamente o olhar que trocávamos com a criança quando chegávamos na porta.

Na época em que eu participava do Plantão Sorriso, não havia muito material de estudo sobre a interação de artistas com pacientes em hospitais. Isso me obrigava a criar, como coordenador artístico, estratégias de aproximação com as crianças. Como fruto da experiência que tive naqueles encontros, concluí que perto de 80% do sucesso de nossa visita era determinado quando chegávamos ali, na porta do quarto.

Eu partia do princípio de que, mesmo estando internadas em um hospital, aquelas crianças eram donas de seu pedaço. Nós tínhamos liberdade de ir livremente do pronto-socorro à UTI, mas não seria proveitoso e correto simplesmente chegar e ir entrando, sem pedir licença. Precisávamos receber um feedback da criança doente (nosso receptor) de nosso olhar de palhaço (éramos nós os emissores).

Foi quando desenvolvi essa sensibilidade para detectar o que dizia o olhar com o qual éramos recebidos pelo outro. Os olhos dessas crianças é que diziam "pode entrar" ou "não entre". Algumas delas, quando nos viam, começavam a chorar desesperadamente. Era o sinal vermelho. Outras se iluminavam com o sinal verde. Sorriam e, quando podiam, corriam até nós. O que estávamos fazendo ao entender o olhar um do outro era pura comunicação, com todos seus elementos teóricos incluídos.

"Você está alta, pode ir embora"

E mais. Essa experiência, confesso, me surpreendeu ao mostrar de maneira tão clara a força da comunicação e da empatia entre as pessoas. Recebemos vários relatos de diretores de UTI de como nosso trabalho com as crianças amenizava o sofrimento delas e contribuía até mesmo para a recuperação de algumas.

Relato uma experiência que nos impressionou e revelou uma força da comunicação que nós mesmos ignorávamos. Em um dos hospitais havia uma criança que só aceitou o tratamento por causa dos palhaços do Plantão Sorriso. Segundo contou a diretora do estabelecimento, a criança não permitia que lhe dessem injeções nem fizessem outras intervenções dolorosas. Os palhaços foram até seu quarto, ela gostou da performance e mudou a relação com os médicos e as enfermeiras.

Tanto foi assim, que, quando recebeu alta médica, o que aconteceu em um dia pela manhã, recusou-se a ir embora enquanto não se despedisse dos palhaços, que só passariam à tarde. Os pais dela ali, ansiosos para ir embora, as malas prontas, e ela nos esperando. Os palhaços chegaram, sacaram uma fita métrica do jaleco, a mediram dos pés à cabeça e disseram: "Hum, você está "alta", agora pode ir embora para casa". Com a brincadeira, eles queriam dizer que ela poderia receber alta. Depois disso, a garotinha concordou e foi com os pais para casa.

Claro, nós não éramos médicos. Éramos artistas e nos comunicávamos com as crianças vestidos de palhaço. Também é óbvio que não receitávamos qualquer remédio real. Se algum paciente dissesse que estava com muita dor de barriga, nosso remédio era um adesivo que era colado no nariz e que, se a criança o apertasse, fazia um barulho de buzina: queéééé! O xarope eram bolhas de sabão. Tudo isso era feito por meio da comunicação do palhaço com a criança, usando a arte.

Já que falei de arte, quero abrir um parêntese. Recomendo a todos os interessados em se comunicar de uma maneira eficiente e, principalmente, em desenvolver a habilidade de perceber os desejos e estados de espírito dos outros que façam teatro. Mesmo que não exista a pretensão de ser um ator ou atriz, é de grande importância fazer pelo menos uma oficina teatral.

Qual a utilidade disso? Os jogos e exercícios teatrais têm a capacidade de liberar nossas emoções, sentimentos e pensamentos mais profundos. Como somos movidos por emoções, saber expressá-las e utilizá-las é algo que turbina nossa capacidade de comunicação. Principalmente porque aprendemos a perceber com mais clareza como os outros funcionam, o que sentem, de que maneira recebem nossas mensagens.

Em um exercício teatral, o personagem que você interpretará tem sua própria história. O ponto de vista dele sobre o mundo não é necessariamente igual ao seu. Você só conseguirá representar o papel se estiver disposto a entender a maneira com que ele se comporta diante dos fatos da vida. Terá de tornar momentaneamente suas as opiniões que ele tem a respeito do mundo. Essa atividade fará com que você aperfeiçoe seu entendimento sobre os outros e lhe ajudará a ir além de sua própria visão de mundo e a aceitar comportamentos diferentes dos seus. Tudo isso é precioso para obter sucesso ao se conectar e comunicar com as pessoas.

Não é difícil entender como a comunicação, quando feita com emoção, pode ser eficaz. Basta recordar de como as mensagens que atores, não só os dos palcos, mas também os das novelas e filmes, tocam nosso coração. Elas são poderosas, nos fazem rir, chorar, sentir raiva ou compaixão, porque seu combustível é a emoção. E isso funciona tanto no mundo da imaginação, como aqui e agora, em nossa realidade feita de escritórios, reuniões e momentos de convívio com a família.

Invasores serão ignorados

Mesmo que consigamos com facilidade usar da emoção ao enviar nossas mensagens para os demais, é preciso saber que um bom comunicador precisa ter outras habilidades. Uma delas diz respeito à sensibilidade ao abordar o receptor da mensagem. Falamos aqui em não ser invasivo, saber dosar a intensidade e a extensão de sua mensagem.

Quem entre nós já não foi incomodado por um comunicador exageradamente insistente? Eles estão por toda parte, mas principalmente nas mensagens corporativas quando se tenta vender algum produto ou serviço que não nos interessa. Algumas vezes, o que se busca vender é até percebido de início como algo útil e desejável, mas a insistência ou a inabilidade em dar seu recado no ritmo e tempo adequados pode colocar tudo a perder.

Vemos isso quando uma empresa quer empurrar "goela abaixo" em seu cliente um produto ou serviço. A ansiedade do emissor em vender sua mercadoria o faz querer expor tudo o que sabe sobre o objeto em questão, da primeira à centésima linha. O pobre receptor já não está mais absorvendo a interminável informação. No final, irritado, não quer mais fechar qualquer negócio, e perde todo o interesse pelo assunto e pelo vendedor.

O desastre poderia ser evitado simplesmente perguntando-se ao cliente de quanto tempo ele disporia. Cinco minutos? Sim, concordo, não é tempo suficiente para dizer muita coisa. Mas quem está tentando fazer a venda precisa saber adaptar seu discurso àqueles cinco minutos.

Virando essa situação pelo avesso, examinaremos do ponto de vista do receptor a melhor forma de gerenciar o tempo que dedicaremos a receber mensagens dos outros de modo que elas sejam úteis. Quando ocupamos uma posição em nossa vida profissional em que temos de receber mensagens de um grande número de pessoas, é necessário organizar o tempo que poderá ser concedido a esses interlocutores. Isso não sendo feito, o mais provável é que a comunicação se perca, torne-se confusa e induza a erros.

O que deve ser feito para evitar um improdutivo tsunami de informações é agir como foi colocado anteriormente: deixar claro logo no início da conversa por quanto tempo você está disposto a ouvir aquela pessoa que se senta à sua frente. Conheci de perto um bom exemplo de como se estabelecem regras para organizar a comunicação.

Cinco problemas de cada vez

Certa vez, trabalhei na produção de um documentário, encabeçado pelo meu irmão Marcelo Ferraz, sobre um influente personagem público, o economista Reinhold Stephanes, que serviu como ministro a governos de diferentes linhas políticas. Foi ministro do Trabalho no governo do presidente Fernando Collor, ocupou o Ministério da Previdência na gestão de Fernando Henrique Cardoso e atuou como ministro da Agricultura no governo do presidente Luiz Inácio Lula da Silva.

Reinhold Stephanes era uma pessoa muito ocupada. Para gerenciar seu tempo, ele determinava ao seu assessor direto: "Para atender com qualidade e dar o devido retorno, eu quero que você me traga cinco problemas para eu resolver por dia". Com certeza havia mais de cinco problemas ou um número ainda maior de pessoas na fila para conversar com o ministro. Isso ele solucionava com a seguinte orientação: "O restante, ou você reagenda, ou resolva junto com a nossa equipe. Para mim, só cinco". Com isso, ele era capaz de dar um retorno, ou feedback, de qualidade para as demandas que recebia.

Muita gente não é capaz de entender a enorme importância de dar esse feedback de qualidade. Se não for possível um retorno qualificado, diga ao menos um "Ok" para seu interlocutor. Não faça de conta que ele não existe. Na minha produtora, insisto com a minha equipe em sempre dar um retorno aos clientes. Mesmo que seja para dizer que "não deu tempo" de cumprir o prazo combinado. É fundamental deixar claro em que pé as coisas estão. "Não está pronto. Falta 'tal' etapa. Levaremos mais um dia para entregar com total qualidade". Isso é a clareza. O "quem cala consente" não existe.

Calar-se, ou seja, não dar uma resposta, ou feedback, para uma mensagem que lhe é enviada pode gerar as mais desencontradas percepções por parte do emissor, como estas: "Ah, ele está calado porque está pensando melhor...Não respondeu porque deve ter achado a minha ideia ruim... Ele não entendeu a minha comunicação, por isso o silêncio... Talvez ele simplesmente não esteja me ouvindo...". Como nossa mente é capaz de criar monstros, os problemas não tardam a surgir diante dessa falta de feedback: "Vou desistir do negócio; perdi minha motivação; ele está me preterindo por outro; ele não é sério." Uma grande confusão, não é mesmo?

Sei por experiência própria o poder dos mal-entendidos que o "quem cala consente" pode causar. Quando tinha dois anos de idade, meu filho Pedro estava brincando com meu celular, divertindo-se com um desses joguinhos infantis. Esclarecimento: não sou daqueles que deixa o filho o tempo todo com um celular para dar sossego para os adultos. Um dia ainda escreverei um livro sobre isso... Voltando: eu estava afastado, distraído. Nesse momento, um colaborador me enviou uma mensagem pelo WhatsApp. Era um assunto importante, sobre um trabalho que estávamos realizando. Ele queria saber se era para dar continuidade a uma das etapas do projeto.

Mensagem enviada, o colaborador viu na tela do celular aqueles dois riscos que indicam que a mensagem chegou até o aparelho do receptor. A mensagem de fato chegou, mas, claro, em seus dois anos de idade, Pedro não poderia perceber nada e continuou divertindo-se com o celular. Meu filho, então, apertou alguma tecla que abriu a mensagem. Lá, onde estava, o colaborador notou que os dois riscos ficaram azuis (em alguns celulares, eles têm outra cor), sinal de que eu, Rafael, teria lido a mensagem, coisa que eu não fiz, pois estava distante.

"Bem", pensou meu colaborador, "o Rafael leu a mensagem, os riscos azuis mostram isso. Mas ele não respondeu nada. Quem cala consente. Vou tocar o projeto". E essa decisão foi um passo errado, pois não era para continuar a fazer o trabalho daquela forma. Pedro não era o culpado. O responsável por isso foi esse mau entendimento do que é um feedback. Quem cala não consente coisa alguma. Quem cala simplesmente não deu um feedback claro, ponto.

O silêncio gera diferentes significados, de acordo com o repertório ou expectativa do receptor. Esse ruído gerou um resultado que não era esperado. Mas aí já era tarde demais.

Silêncios que falam alto

Há, no entanto, momentos em que o silêncio é repleto de significados. Todos já devem ter visto aqueles filmes norte-americanos em que o suspeito de um crime, quando é interrogado no tribunal, afirma que exercerá o direito de ficar calado. Imediatamente pensamos que ele certamente é culpado, pois, se não o fosse, falaria. Mas também pode significar outra coisa. Hummm, ele sabe quem é o culpado, mas, leal, está se recusando a apontar o responsável por um crime. Ou ele sabe de algum segredo terrível que colocará toda a cidade em perigo e, com seu silêncio, quer proteger heroicamente a todos. Todas essas percepções surgem de nossa imaginação, sem que nem uma única palavra tenha sido dita. Como se vê, o silêncio é uma comunicação em algumas circunstâncias. Mesmo assim, nunca será clara.

Além das palavras e dos silêncios, o feedback se manifesta de diversas outras formas. Tomemos como exemplo aqueles programas policiais sensacionalistas exibidos em geral às tardes nas TVs de sinal aberto. Mostram crimes com detalhes mórbidos, são partidários da violência policial como forma de enfrentar os atos de bandidagem e incentivam as emoções mais primitivas das pessoas.

Em geral, os apresentadores desses programas são considerados grandes comunicadores. Ficam ali no estúdio, de pé, gesticulando para as câmeras, pedindo para o diretor de TV colocar uma reportagem no ar, mostrar a imagem captada por um helicóptero, entrevistam policiais ao vivo. Podem ser, e muitos são, profissionais com uma enorme capacidade de se expressar. Mas não significa que sejam bons comunicadores apenas por conta dessa habilidade. Se um apresentador ou jornalista não ouve seu entrevistado e não avalia os feedbacks de seu público, ele não pode ser considerado um bom comunicador. Esses são, no final das contas, bons "faladores".

O ruído

Uma comunicação não suprida por um feedback adequado está propensa a criar ruídos, como o sinal de fumaça que pretendia ser uma mensagem de amor e transformou-se em um aviso de guerra. A bolinha-comunicação que acertou o nariz do receptor. A criança doente que não quer ver o médico palhaço que foi até o hospital tentar diminuir seu sofrimento. A mensagem no WhatsApp que parece dizer "sim", quando a resposta certa é um "não".

Ruído, na Teoria da Comunicação, é tudo aquilo que atrapalha, distorce a intenção inicial do emissor da mensagem. É um tema que voltaremos a conversar em outros capítulos deste livro. Vários equívocos na forma como nos comunicamos podem provocar ruídos e comprometer o que pretendemos dizer. Um deles é a escolha da linguagem com a qual nos dirigiremos ao nosso público, nosso receptor.

Se levarmos um grupo de crianças do quinto ano para assistir a uma palestra de macroeconomia, provavelmente elas sairão dali tão ignorantes em relação ao tema quanto no momento em que entraram no auditório. O palestrante fala em português, todas as crianças entendem o português. Mas todo o resto, ou seja, o registro da linguagem empregada, os códigos, o conhecimento anterior que é necessário para acompanhar aquela exposição, o repertório do público e o interesse deles pelo tema, é inadequado para que essa comunicação funcione. Aí haverá ruído, que com certeza se manifestará como barulho, com a criançada se entediando e fazendo balbúrdia no auditório.

É função do comunicador, ou seja, do emissor, identificar potenciais ruídos e evitá-los. Isso se aplica não só às pessoas, mas também em relação à eficácia do meio que será usado para divulgar a mensagem. E eis aqui, mais uma vez, esse conceito da Teoria da Comunicação: o meio de comunicação, sobre o qual falamos rapidamente algumas páginas atrás.

O meio de comunicação é o veículo que conduzirá a mensagem. TV, e-mails, jornal, celular, cartazes, cartas, cinema, bilhetes, WhatsApp, telefone, rádio, vídeos, revistas, YouTube, músicas e livros são alguns dos veículos capazes de transmitir uma mensagem. A evolução desses meios e sua capacidade de comunicar com maior precisão e rapidez estão diretamente ligados ao progresso tecnológico. Meios de comunicação que já foram de grande relevância, como o telégrafo ou o telex, hoje se encontram quase extintos, por terem sido superados por outras formas muito mais eficientes de comunicação.

A escolha do veículo de comunicação mais adequado para se fazer determinada comunicação deve ser feita levando-se em conta a capacidade desse meio em atingir o público-alvo. Por exemplo, se alguém deseja que sua mensagem seja vista por crianças e adolescentes, não deve escolher um anúncio em jornal impresso como meio, já que esse veículo é obsoleto para eles.

Porém a comunicação tem suas sutilezas. Há ocasiões em que não é apenas o número absoluto de pessoas que serão atingidas por uma determinada comunicação que deverá ser o ponto decisivo para se escolher um veículo. Um exemplo pessoal. Em agosto de 2017, promovi um evento em Londrina. Eu o divulguei nas mídias sociais, o que certamente deu bastante visibilidade à iniciativa. Além de um grande número de pessoas atingidas, eu pretendia alcançar credibilidade para o evento em questão. As mídias sociais também tratam de assuntos sérios e bem fundamentados, mas costumam trazer uma salada mais ou menos caótica de informações, desde embates políticos e informações científicas a fotos de gatinhos e de férias na praia. Decidi, então, fazer um anúncio em um jornal impresso. Os jornais atraem muito menos público do que o Facebook ou o YouTube, mas emprestam uma aura de seriedade e autoridade aos que publicam, e eram essas as características que eu pretendia passar em meu evento.

Além dos meios de comunicação, é preciso uma atenção especial para os instrumentos que serão usados para se passar uma mensagem. Posso dar mais um exemplo pessoal sobre os cuidados que tomo ao verificar se esses instrumentos que usarei para me comunicar estão Ok. Depois de alguns problemas que enfrentei em minhas palestras, habituei-me a chegar antes para testar o áudio, ver se o vídeo está funcionando da maneira devida ou se há uma tela para fazer projeções. Não espero a hora H para que alguém aperte o botão do play e nada aconteça, ou que o microfone esteja com algum defeito irremediável.

Além do grande constrangimento que esse tipo de falha provoca, isso também se transformará em uma mensagem para meu público. Uma mensagem negativa, certamente. Vou comunicar que fui despreparado para aquele encontro, que não sou profissional. A comunicação nunca para. Mesmo que você esteja calado, sem voz, sobre o palco, você continua emitindo sinais e gerando uma percepção em seu público.

De nada adianta apontar o dedo para outros culpados. Foi a produção que não conferiu o equipamento? Sim, isso pode ter acontecido. Mas a responsabilidade final é de quem comunica. Sabendo que problemas técnicos podem acontecer e são, de certa maneira, imprevisíveis, é obrigatório contarmos sempre com um plano B. Se o vídeo não rodar, o que pode ser feito? Se houver um apagão da eletricidade e nenhum equipamento funcionar, como poderei fazer a palestra?

O plano B pode ser pegar um canetão, escrever no clipboard, abrir a garganta e falar bem alto. Se a voz estiver fraca, pode-se colocar uma cadeira no meio do auditório.

Agindo assim, o mais provável é que você seja visto de uma maneira favorável. "Ah, ontem fui a uma palestra. Nenhum equipamento funcionou, mas o palestrante improvisou na hora. E não é que ficou bom?", é o que eles poderão dizer. E aí, mesmo sem luz, a sua estrela brilhará mais forte.

Desvendar o repertório

Estou ainda pensando na bagunça que aquelas crianças do quinto ano estão fazendo na palestra sobre macroeconomia. Por isso, não posso deixar de falar mais um pouco sobre os ruídos que podem ser causados por uma má escolha da linguagem adequada para os receptores de sua mensagem. Como podemos saber a forma mais eficaz de transmitirmos nossa mensagem a um grupo de pessoas com o qual nunca falamos anteriormente?

A maneira mais prática é perguntar a quem o convidou a fazer uma palestra como é o público que estará presente na apresentação. Qual a idade média deles? Qual é o repertório dessas pessoas, ou seja, a escolaridade, os gostos estéticos, os valores morais, as inclinações políticas? Qual é a renda mensal média delas? O melhor momento de fazer essas perguntas é durante o briefing, que é como se chama a reunião em que as pessoas que contrataram um trabalho dão instruções sobre a tarefa que será executada.

Saber qual é a renda de seu público lhe permite ter uma ideia do perfil de consumo deles, inclusive o acesso que eles têm à cultura. Alguém que tem um bom nível salarial faz viagens internacionais. Podemos, portanto, usar exemplos que tenham a ver com tal experiência. Um grupo de baixa escolaridade nos obriga a calibrar o vocabulário que empregaremos ao domínio que eles têm da língua.

Uma boa estratégia, quando o grupo não é muito grande, é pedir diretamente às pessoas que falem de si mesmas. É aquela prática em um treinamento ou workshop de solicitar que cada um faça uma breve apresentação de si mesmo. Além de ser um bom exercício para quebrar o gelo, as apresentações individuais permitem identificar o perfil geral do público e, assim, adequar a linguagem e a abordagem que serão usadas.

Fui convidado, certa vez, para uma palestra em uma empresa. Durante o briefing, perguntei às pessoas que me contrataram se havia algum tema específico que gostariam de ver abordado em minha apresentação. É comum que se peça ao palestrante para tratar de um tema que se encaixe na estratégia de comunicação da empresa. E ali me pediram para conduzir minha exposição em um assunto que achei muito interessante e pertinente.

Pergunte o porquê

A empresa adotou cinco condutas positivas para seus colaboradores. Uma delas era resumida em três palavras: "Pergunte o porquê". Isso é excepcional, pensei. O que se incentivava ali era que as pessoas não aceitassem passivamente o que lhes era dito. Deveriam, sim, pedir informações até ficar claro que haviam entendido a mensagem. E, inclusive, que questionassem algo, caso não estivessem de acordo.

Achei aquilo excepcional porque somos filhos de uma cultura que não gosta de perguntas. Na escola, se você fizer uma pergunta que seja considerada idiota, sofrerá bullying de seus amigos. Desde criança, não somos estimulados a fazer perguntas. Temos medo e somos até aconselhados a não nos expor ao "ridículo" de ter dúvidas.

Aquela empresa ia na direção contrária desse conceito. Estimulava seus funcionários a fazerem perguntas. Estavam corretos. Se perguntamos, pedimos maiores esclarecimentos, procuramos entender melhor, isso elimina os ruídos, que são os maiores inimigos da comunicação.

Sem ruídos, a empresa ganha tempo, economiza recursos, tem uma trajetória mais assertiva. Pelo lado das pessoas, elas se comunicam melhor, têm menos desentendimentos, são capazes de fazer coisas poderosas juntas. E até de construir melhores relações entre si. Não fosse o ruído provocado pelos sinais de fumaça confusos enviados no começo deste capítulo, a história do corajoso Honaw e da linda Luyu seria outra.

No próximo capítulo trataremos do desenvolvimento de habilidades de comunicação, tanto individual quanto em equipes.

Habilidades para Quem Quer Se Comunicar

"Palavras podem ser como um raio-X. Quando usadas da maneira adequada, penetram qualquer coisa.
Aldous Huxley *(1894-1963), escritor inglês, autor de* **Admirável Mundo Novo**

Há muito tempo, no que hoje me parece uma galáxia muito distante, eu viajei pelo Brasil como um dos atores em um espetáculo itinerante chamado *Caravana Ecológica*. O espetáculo era um sucesso. Tratava de temas como meio ambiente e tráfico de animais silvestres. Ganhou prêmios aqui e no exterior. Com 18 anos, magro, cara de meninão e quase sem barba, eu fazia o papel de um caminhoneiro que viajava pelas estradas brasileiras.

No texto, eu falava grosso, usava gírias e tinha os maneirismos de um caminhoneiro. Meu personagem era um lutador, ia brigar pelos seus direitos. Dirigia por longas distâncias nas estradas brasileiras, e sua família, ou seja, a minha, na representação, o estava esperando em casa. Tudo parecia ir bem, até que um dia, depois de uma apresentação, um caminhoneiro sentou-se ao meu lado. Como todo caminhoneiro que se preza, ele calçava sandálias tipo Havaianas. Essa é uma marca registrada desses profissionais. Pode estar o frio que for, eles estão sempre de chinelos. Ele me disse: "A peça é legal, mas você não engana ninguém como caminhoneiro. Você, desse jeitinho, não faz o tipo."

Não foi agradável ouvir aquilo, confesso. Afinal, eu era um ator, e espera-se que os atores convençam os espectadores de que eles são, de fato, o personagem que estão representando. Mas a verdade é que aquele caminhoneiro me ministrou uma competente aula de comunicação, da qual nunca me esqueci. O que seu curto discurso me ensinava era sobre a necessidade de nós – todas as pessoas, não só os atores – termos coerência entre a mensagem que pretendemos enviar para nosso público, ou receptor, e aquilo que de fato mostramos para eles, com nossas palavras, vestimentas, gestos e atitudes.

Eu não consegui, na minha condição de ator, passar credibilidade na minha caracterização de um caminhoneiro. Não era só o meu tipo físico franzino e minha cara de garoto. As roupas que eu usava não convenciam o público de que ali, diante deles, estava o caminhoneiro bruto que meu discurso descrevia. Era uma performance exageradamente artística, que ficava distante do realismo que meu personagem queria mostrar.

Sim, era teatro. Havia espaço para o lúdico. Mas, nesse caso, a arte descontextualizou a realidade vivida pelo caminhoneiro real. Foi isso que fez com que aquele espectador, na plateia, não acreditasse em nada que eu dizia. Ou seja, havia inegavelmente um ruído na comunicação que eu emitia àquelas pessoas.

Talvez essa história possa parecer distante do universo dos leitores. Afinal de contas, ela se deu em um palco, com um integrante de uma trupe de teatro que excursionava pelo interior do Brasil. O que isso pode ter em comum com o dia a dia mais comportado dos escritórios ou com as relações quase sempre previsíveis com as pessoas com quem convivemos?

Há uma grande semelhança entre essas diferentes situações. Tanto em um palco como na sala de reuniões ou na mesa de jantar, o sucesso da comunicação está subordinado a alguns cuidados essenciais. Na essência, é preciso que emissor e receptor desenvolvam uma empatia, uma conexão entre si. Já tratamos da necessidade de haver essa empatia nos capítulos anteriores.

Examinando de maneira mais pormenorizada as diversas faces com as quais essa empatia se manifesta, veremos que detalhes como o vocabulário empregado, as roupas que escolhemos, o estilo da nossa escrita, os gestos que fazemos e até a maneira como falamos "bom dia" têm grande relevância na qualidade de nossa comunicação.

Falar difícil

Vamos começar com a escolha das palavras que usamos. O exemplo de quando vivi meu personagem caminhoneiro pode explicar o ruído que é provocado pelo emprego de um vocabulário ou de uma sintaxe que seu público não domina. Explicando: sintaxe é o componente gramatical de uma língua que trata de questões como tempo e concordância verbais ou da formação de palavras com seus prefixos, sufixos etc.

Não estou dizendo que os caminhoneiros falem errado, mas eles costumam ter outra maneira de se expressar, com gírias próprias e lançando mão de estruturas gramaticais que muitas vezes não são as mesmas que eu costumava empregar. Em outras palavras, as expressões e a sintaxe com que eu me exprimia eram as de um garoto de 18 anos de classe média, universitário, morador de uma cidade de porte médio do Paraná. Não lembravam a fala de um motorista de caminhão, que talvez não houvesse podido ficar muito tempo em um banco na escola e estava calejado pela vida dura das estradas. Por esse motivo, como me disse meu amigo caminhoneiro, minha atuação "não enganava ninguém".

Posso dizer a meu favor que conseguir mudar o linguajar – ou seja, o modo de falar específico de uma pessoa ou de um grupo – é algo muito difícil. Com certeza os leitores já devem ter visto alguém mais velho tentando usar gírias e expressões de jovens, ou pessoas com um vocabulário restrito querendo "falar difícil", usando palavras cujo significado não dominam com maestria. O resultado muitas vezes é constrangedor.

No entanto, podemos mudar com maior segurança e melhores resultados o registro de nossa fala. Para o que nos interessa neste livro, o registro pode ser definido como a maneira de nos expressarmos de acordo com o grau de formalidade que cada situação em que vivemos exige. Se estamos em uma reunião com o presidente da empresa, vamos usar um registro mais formal. Provavelmente chamaremos o presidente de "senhor". Falaremos de maneira pausada, a voz em um tom baixo. Ninguém dará gargalhadas escandalosas (a não ser que o presidente conte uma piada). Não usaremos gírias ou expressões que sejam muito populares, como "quebre esse galho para nós, doutor" ou "a empresa está marcando touca".

Já em um registro informal, usamos de maneira mais livre as formas de tratamento e de polidez. Gírias são admitidas, e também gracejos. Em alguns ambientes, mesmo o condenável hábito de dizer palavrões não fará com que sejamos expulsos da mesa.

O que devemos tentar encontrar é uma coerência entre a fala que usamos habitualmente e o registro do público para o qual vamos falar. Isso terá um impacto direto no resultado da comunicação. Se em uma apresentação para uma plateia de advogados eu começo a me dirigir a eles com expressões como "mano" ou "bicho", enfim, usando gírias e outras expressões excessivamente coloquiais, a interação entre palestrante e plateia não acontecerá. A não ser que eu seja uma estrela de primeira grandeza no universo do Direito, eles não levarão em consideração o que eu estiver dizendo. Ficarão bravos e exigirão o dinheiro de volta, caso tenham pagado pelo direito de participar daquele encontro.

Confusões e mal-entendidos também acontecerão se usarmos um registro formal quando nos dirigirmos a uma audiência que não está familiarizada com um vocabulário sofisticado ou termos técnicos. Lembram-se daquele exemplo que dei no capítulo anterior das crianças convidadas a ir a uma palestra sobre macroeconomia? Ninguém entenderá nada, e todos, palestrante e plateia, se sentirão frustrados com a falha na comunicação.

"Você não gosta de música sertaneja"

Como comunicador que sou, vivi pessoalmente uma situação na qual as diferenças entre linguajar e registros podem gerar incompreensões. Aconteceu quando a emissora de TV onde apresento desde 2007 o *Entretendo*[1] ficou sem o apresentador de um programa sobre música sertaneja. Era um programa de alcance local e, por questões contratuais, não poderia ser tirado do ar. O prazo era curto. Já no domingo seguinte, eu teria de ser o apresentador.

Música sertaneja não é minha especialidade, por isso pedi autorização à direção da emissora para fazer algumas mudanças e deixar o programa mais com meu jeito, minha cara. Apresentei aquele e outros programas nos do-

---

[1] O autor foi apresentador do programa Entretendo até dezembro de 2018.

mingos seguintes. Um dia, um cantor sertanejo disse para mim: "Você não gosta de música sertaneja, não é?" Estranhei o que ele falou: "Ué! Por quê?" "Ah, você não fala igual a 'nóis', não faz as mesmas perguntas que os 'outro' apresentadores 'faiz'", ele explicou.

Ele tinha razão. Eu estava naquele ambiente, o púbico-alvo era aquele, parecido com o cantor que conversava comigo, mas eu não falava como eles. No entanto, considerei que eu não precisava usar os mesmos maneirismos que eles, que tinham expressões como "nóis trupica, mas não cai". Eu preferi naquele momento ser quem eu era. Quando apresentava o programa, colocava ênfase na música, não no modo de ser sertanejo. Provavelmente, se tentasse me parecer com um sertanejo, com toda aquela maneira particular de se expressar que ele tem, eu iria "trupicar e cair".

No programa, quando tinha de falar com algum cantor, perguntava coisas como: "Você se prepara para cantar? Quanto tempo você ensaia por semana?" Ficava longe daquele "nóis toma, nóis bebe e pega muié", que é usual nos programas do gênero. Para minha surpresa, o programa subiu na audiência. E no momento em que escrevo este livro, quase oito anos depois dessa experiência, a estrutura do programa que criei ainda está mantida. Na época, os próprios cantores sertanejos me deram um feedback positivo. "Você valorizou a classe artística", me disseram.

Talvez pareça contraditório eu dizer que, quando adotei uma linguagem diferente daquele idioma sertanejo, isso fez com que o programa se sustentasse e seu público reagisse de maneira positiva. Afinal, eu não estava usando o linguajar dos cantores ou o que, conforme eu imaginava, era apreciado pelos telespectadores. Mas a prática mostrou que não era assim. A única explicação que me ocorre é que a linguagem sertaneja utilizada anteriormente – e que o cantor que me questionou considerava a essência daquele programa musical – era inadequada, não agradava ao público. Talvez eles apenas a tolerassem.

Uma coisa, no entanto, é ter sucesso na comunicação em um ambiente razoavelmente controlado como um estúdio de televisão. Já falar em público são outros quinhentos. Diante de uma plateia, ao vivo, muita coisa pode acontecer. O imprevisto pode surgir tanto para as pessoas que foram ali para ouvir como para o próprio palestrante. Mas que tipo de imprevisto? O branco, por exemplo. Quem nunca sentiu um frio na barriga imaginando que vai dar um "branco" na hora de falar, e a gente vai ficar mudo, paralisado? Ou que no meio da exposição possamos esquecer o que estávamos dizendo e ser obrigados a encerrar a narrativa sem chegar a uma conclusão? Vexame, não é?

Três dicas

Tenho uma certa experiência em falar em público. Por isso, quando alguém me pede alguma sugestão de como se apresentar em uma conferência, aula ou discurso, faço três sugestões que sintetizam a maneira como costumo me preparar para essas situações.

A primeira dica é para aquelas ocasiões em que vamos falar sem usar um roteiro escrito. É o momento em que estamos em pé de frente para as pessoas, sem a ajuda de qualquer iPad, tablet ou de uma simples folha de papel. Mesmo quando o palestrante conhece o conteúdo de cor e salteado, há sempre o temor de o nervosismo travar a língua e paralisar o cérebro, arruinando a exposição.

A recomendação é simples e quase banal: estude o conteúdo do que dirá, mesmo que você já conheça muito bem o tema. Dê uma relida, caso tenha algum material em livros ou no computador. Faça algumas anotações por escrito para organizar as ideias, mesmo que não vá utilizar esse material lá na frente, durante a apresentação.

Dividir sua exposição em tópicos é a segunda sugestão. Separe o assunto sobre o qual você tratará em três segmentos: abertura, desenvolvimento e conclusão. Se preferir, pode criar quatro, cinco ou seis tópicos. Mas é importante não criar muitos itens, já que terá de memorizá-los. Dominando esse roteiro, você poderá falar por cinco, dez minutos, uma hora ou mais. Isso é possível porque o que você manterá na lembrança é o roteiro, não as palavras.

Isso lhe proporcionará grande segurança. Esses tópicos em sua memória funcionarão como um *guard rail* que não lhe deixará sair da pista nem derrapar no meio de sua fala. Dessa maneira, você poderá improvisar. Por exemplo, irá interagir com a plateia, falar sobre alguma situação inesperada que aconteceu ali: um celular que tocou, alguém que fez um comentário divertido, ou até uma provocação, uma fala agressiva. Se os tópicos estão bem guardados em sua memória, você pode voltar a qualquer momento para o ponto em que parou em sua exposição.

O medo do bispo

Foque no conteúdo. Ter o cuidado de manter a atenção no que você pretende dizer é minha terceira sugestão. Acredite, isso não é tão evidente quanto parece. O relato de um caso que presenciei mostrará de maneira mais clara como é imperativo não perdermos nosso foco. Em uma ocasião, dei um curso para voluntários da Arquidiocese de Londrina. Uma das integrantes daquela igreja havia preparado cuidadosamente uma exposição, que seria feita em um evento da instituição.

Ela dominava o conteúdo e estudara com cuidado o roteiro da apresentação. Estava tudo pronto, mas, na hora H, nada saiu como planejado. Ela se atrapalhou com as palavras, perdeu-se nos tópicos e acabou experienciando aquele aterrorizante branco em meio à fala.

Depois do evento, essa pessoa estava deprimida. Ela havia se preparado tanto para a exposição, mas teve um desempenho muito abaixo do esperado. Perguntei: "Mas o que aconteceu? Você conhece todo o conteúdo, sabia o que dizer". O que havia desestabilizado sua conferência foi a presença do bispo, que é uma autoridade importante na hierarquia da Igreja Católica. "Você ficou preocupada com a presença do bispo na plateia?". Ela respondeu: "Claro! O bispo estava ali, não é? E seu eu falasse alguma coisa errada?".

O que havia acontecido era claro. Ela sabia o roteiro, mas, na hora de o apresentar, mudou o foco dos tópicos que havia preparado e fixou-o no bispo. Esse foi o erro. Toda aquela apresentação ficou comprometida. É uma lição: por mais que as pessoas presentes sejam importantes e até lhe intimidem, na hora da apresentação você tem que se preocupar exclusivamente com seu conteúdo. É isso que fará com que você faça uma apresentação eficaz.

Tenho mais um exemplo que mostra como manter o foco no tema correto permite uma comunicação eficiente. Para isso, voltarei à minha experiência no Plantão Sorriso, aquele projeto no qual eu atuava como palhaço nos hospitais da cidade. Quando ficavam sabendo que eu estava envolvido nesse trabalho, muita gente dizia coisas como "Que lindo o trabalho que vocês fazem; humanizam o ambiente hospitalar; preocupam-se com o sofrimento das crianças, algumas delas estão até morrendo".

Em geral, é essa a reação, bem sentimental, a iniciativas que envolvem crianças que enfrentam problemas, principalmente se são doenças graves. Mas, mesmo que o que direi pareça frio, a verdade é que nós nunca íamos visitar crianças na UTI pensando na doença ou no sofrimento delas. Por quê? Porque o palhaço, quando vai para o hospital, ele tem que focar na arte, no entretenimento, na diversão. Se ele fizer aquilo com eficácia, o resultado será o de amenizar o sofrimento, melhorar a resposta dos pequenos doentes ao tratamento.

Esse olhar, que não enxerga em primeiro lugar o sofrimento, é o que pode mudar tudo. Se você olha para uma criança daquelas com dó, pensando no sofrimento dela, pensando na angústia que ela está vivendo, compartilhando com ela esse sofrimento, o resultado pode ser o contrário do que se deseja. Nessa circunstância, a criança provavelmente pensará assim: "Pôxa, mais um! Todo mundo já me olha com esse olhar de sofrimento". E a conexão entre o artista e o doente não acontecerá.

Palhaços sem dó

Quantos relatos não ouvimos de crianças que falavam assim: "Os palhaços são os únicos que me olham de uma maneira diferente. Olham como se eu fosse criança". O que sempre consideramos no Plantão Sorriso é que deveríamos direcionar nosso olhar ao que aquelas crianças, que estavam internadas, tinham de mais saudável, que era a vontade de ser criança, a vontade de brincar. Isso doença nenhuma tirava delas. A criança que estava dentro delas era saudável. É para essa criança que o palhaço olha. E nunca com um olhar de pena.

Ele está sendo frio e calculista? Não. Ele está focando no conteúdo que é capaz de oferecer: desenvolver o entretenimento por meio da música, do canto, das historinhas, das brincadeiras. É dessa maneira que o palhaço alcançará seus objetivos e ajudará aquelas crianças.

Se você for ler um discurso em público, por exemplo, e mesmo assim não conseguir evitar o nervosismo, a dica é simples: não improvise. Leia o que está escrito. O texto é sua proteção, é seu guia. "Mas improvisar não é bom?", alguém poderia perguntar. Sim, é excelente. Porém você deve dominar suas emoções antes disso. Invista seu tempo na preparação do texto para ter certeza de que ele está bom e fará todo o sentido no momento em que você for fazer a leitura.

Depois de pronto, acredite nele e não mude mais. No momento do discurso, olhe para a plateia somente no final, quando for dizer o "muito obrigado" e receber os aplausos. À medida que você for ficando mais à vontade diante do público, comece a tirar os olhos do papel e encare as pessoas, para uma melhor conexão. Quando, finalmente, estiver em um estágio avançado e o ambiente proporcionar liberdade, arrisque improvisar no meio do texto. Mas depois volte para ele, para não perder o fio da meada.

Há outra forma de enviar mensagens que não exige posturas e escolhas tão dramáticas como as que acabei de descrever. Trata-se da linguagem escrita. Atualmente há um debate, que vem se alongando sem nenhuma conclusão ainda visível, sobre se estamos escrevendo de uma maneira cada vez mais sofrível. De um lado, há quem afirme que a forte presença dos meios de comunicação, que usam imagens, nos faz ler cada vez menos. A consequência é que escrevemos cada vez mais raramente. Da outra parte, argumenta-se que o uso quase ininterrupto que fazemos de veículos que exigem a escrita, como o WhatsApp, Twitter e e-mail, indica que nunca escrevemos tanto como agora.

Linguagem enxuta

De qualquer forma, estou convencido de que a habilidade de se comunicar com eficácia na escrita está fundamentada também na simplicidade. Sei que o fato de ser alguém que trabalha com vídeos, palestras e workshops me coloca sob suspeita ao dizer que o texto dos telejornais é um excelente exemplo de uma linguagem escrita simples, direta e fácil de entender.

Ali há uma linguagem mais coloquial, mais enxuta do que aquela que pode ser colocada em um jornal ou em uma melosa carta de amor, se é que há ainda alguém escrevendo cartas de amor. As estruturas desses dois tipos de textos são muito diferentes. Quando um jornalista que teve uma experiência em algum jornal impresso vem trabalhar comigo, noto imediatamente a diferença entre os dois estilos. A estrutura do texto é diferente.

O que é imperativo na TV, ou em um vídeo, é o tempo que o telespectador está disposto a ouvir sua mensagem. É um tempo sempre curto. Já em um jornal ou revista (ou em uma carta de amor), o leitor não tem limite de tempo para absorver a mensagem. Vale aqui uma lembrança: embora em um vídeo ou na TV o texto seja sempre falado por alguém, ele foi escrito anteriormente por um redator. Com exceção, é claro, dos programas ao vivo, nos quais o apresentador pode improvisar.

Por conta dessa diferença de *timing*, não é raro aquele jornalista habituado à imprensa escrita redigir três páginas com uma informação que, ao ser passada para um vídeo, será reduzida para três parágrafos. E, tenham certeza, é possível manter a essência da mensagem nesses três parágrafos.

Um dos maiores inimigos da criação de textos que vão diretamente ao ponto é o hábito de criar apostos. Para quem está há muito tempo longe das aulas de Português, segue uma rápida explicação: aposto é aquela locução substantiva que explica ou dá uma qualidade ao termo anterior. Um exemplo: na frase "São Paulo, a maior cidade do país, amanheceu chuvosa", o aposto é a locução "a maior cidade do país".

Se fossem sempre curtinhos assim, os apostos não interfeririam tanto nos textos. Vamos abrir um aposto aqui: podemos chamar isso de parênteses. Quando há um exagero de parênteses seguidos por parênteses, muitas vezes a compreensão do texto é perdida. Uma maneira de lidar com esses apostos, ou parênteses, é não os acumular em uma única frase, dividindo-a em frases menores.

Deem uma olhada: "Charlie Chaplin, ator e diretor, que nasceu em 1889, em Londres, é considerado um dos maiores gênios da história do cinema". Frase grande, cheia de apostos e que pode tirar o fôlego do locutor. Mas a informação pode ficar mais bem organizada se for quebrada em dois pedaços: "Charlie Chaplin é considerado um dos maiores gênios da história do cinema. O ator e diretor nasceu em Londres, em 1889". Na TV, essa última redação, com duas frases, soa muito melhor.

Informações de metralhadora

Sugiro fortemente que, escrevendo um bilhete ou mesmo um texto mais longo, você imagine que o leitor também terá de respirar enquanto está lendo o que você enviou pelo WhatsApp ou rabiscou no papel. Utilizando frases curtas, você tem mais controle sobre as palavras. Seu discurso ficará mais fácil de ser entendido. Não tenha medo da vírgula, nem do ponto. Há algum tempo, li em um manual de redação de uma grande empresa jornalística um conselho perfeito: quando estiver em dúvida, ponto.

Faça uma experiência. Dê uma lida nos antigos e-mails que você enviou, ou mesmo nas suas mensagens que ainda estão no celular. Muitas vezes, escrevemos no mesmo ritmo em que pensamos no que queríamos dizer. Não é raro que as informações saiam como uma metralhadora, disparando palavras a torto e a direito. Verifique se você usou de maneira adequada a pontuação; se o texto, afinal, ficou compreensível.

A ausência de pontos e vírgulas pode gerar confusões até divertidas. Por conta de minha profissão, viajo muito de avião. Certa vez, a bordo de uma empresa aérea bem conhecida, vi um daqueles slogans que as companhias costumam imprimir naquele tecido que é colocado sobre o encosto das poltronas. Não vou dizer o nome da empresa aqui, vou chamá-la de XPTO. Estava escrito assim: "Quem viaja só viaja com a XPTO". Não havia nenhuma vírgula. Fotografei o slogan e até o coloquei na minha rede social.

A confusão que a falta da vírgula provocava era a de dar duas leituras diferentes para a frase. O primeiro é esse:

Quem viaja, só viaja com a XPTO.

Nesse caso, quem viaja faz isso exclusivamente com a empresa XPTO. Agora vamos mudar a vírgula de lugar e ver o que acontece com o sentido da frase:

Quem viaja só, viaja com a XPTO.

Aqui o significado é outro. As pessoas que viajavam sós, sem uma companhia, escolhiam a XPTO. Ou seja, aquela seria uma empresa aérea de pessoas solitárias, que não tinham amigos, nem alguém para chamar de seu. É claro que não era este segundo sentido o pretendido pelo marketing da empresa.

A companhia aérea viu minha postagem e respondeu agradecendo minha comunicação. Quando tomei de novo um avião da XPTO, não havia mais a frase nos encostos das poltronas. Agora era uma frase mais simples que estava ali. Coincidência? Ou eles puxaram a orelha do redator que não gostava de vírgulas?

Tratando ainda da formação de frases na linguagem escrita, devemos dar preferência à estrutura mais simples da língua portuguesa, que é colocarmos sujeito, verbo e complemento, de preferência nessa ordem. Isso também vale para a linguagem falada. Complemento é o que completa o sentido de um verbo ou substantivo.

"O leitor é inteligente" é uma frase simples. O sujeito é "o leitor"; o verbo, "é"; e o complemento, "inteligente". Se está fácil de entender dessa maneira, por que complicar dizendo: "O leitor, tendo estudado em boas escolas e por estar antenado com o mundo à sua volta, desenvolveu uma enorme inteligência". Na primeira frase, usamos 4 palavras. Na segunda, 21. E as duas dizem a mesma coisa. A diferença é que a segunda vem com uma "encheção de linguiça" que pode se transformar em um ruído na comunicação.

Sem sotaques

Com tantos públicos com repertórios, escolaridade e gostos diferentes, é possível ter um discurso básico que todo mundo entenda? Na minha opinião, para as pessoas em geral, o que mais se aproxima dessa "língua franca" é aquela utilizada na linguagem da televisão, especialmente nos programas jornalísticos das emissoras abertas. São empregadas palavras comuns, frases curtas, estruturas gramaticais simples. Como essas emissoras têm alcance nacional, há a preocupação da direção das empresas inclusive em uniformizar os sotaques regionais.

Consta, inclusive, que esse movimento de uniformização adotou a pronúncia do português falado no Rio de Janeiro, embora amenizando os "ss" puxados dos cariocas, que costumam soar como um "x".[2] Outra diretiva que essa linguagem jornalística televisiva enfatizou foi a de "traduzir" assuntos e temas que talvez não sejam do conhecimento de todos os telespectadores, mesmo que sejam óbvios para outros. Por exemplo, ao citar a ONU, sempre será explicado que a sigla significa Organização das Nações Unidas. Por mais que a abreviatura seja conhecida.

Qual é o objetivo de tudo isso? Fazer com que as pessoas não desviem sua atenção para a forma e fiquem focadas no conteúdo do que está sendo dito. Ou seja, a notícia que o telejornalismo da emissora está divulgando.

---

[2] Em sua tese de doutorado em Linguística Aplicada e Estudos da Linguagem, *O estudo dos gestos vocais e corporais no telejornalismo brasileiro*, apresentada na PUC-SP, em 2008, Cláudia Simone Godoy Cotes transcreve um texto da Memória Globo que afirma: "Em 1974, a Rede Globo iniciou um treinamento to dos repórteres de vídeo (...). Nesse período a fonoaudióloga Glorinha Beuttenmüller (...) começou a uniformizar a fala dos repórteres e locutores espalhados pelo país, amenizando os sotaques regionais. (...). No seu trabalho de definição de um padrão nacional, a fonoaudióloga se pautou nas decisões de um congresso de filologia realizado em Salvador, em 1956, no qual ficou acertado que a pronúncia-padrão do português falado no Brasil seria do Rio de Janeiro. Veja mais em: <http://www.pucsp.br/liaac/download/claudiacotes.pdf>.

Essa preocupação em chamar a atenção para o que está sendo noticiado, e não para a maneira como a notícia está sendo divulgada, se estende até mesmo para o visual dos repórteres e apresentadores.

Se uma repórter que está dando uma informação na tela usa um vestido com um decote profundo, aquela exposição de seu corpo desviará a atenção dos telespectadores daquilo que ela está dizendo. Da mesma maneira, uma roupa excessivamente colorida, brincos e outros acessórios de tamanho exagerado também interferem de maneira negativa com a mensagem que está sendo passada. Tudo isso é um ruído na comunicação.

Também não se verá um apresentador ou apresentadora de um telejornal de prestígio usando bermudas, óculos escuros, camiseta regata ou com uma tatuagem visível. O mais provável é que a seriedade e a confiabilidade do que está sendo dito fossem abaladas se os porta-vozes estivessem no vídeo dessa maneira casual e informal. No fundo, nós somos formais.

A preocupação com o impacto que o vestuário e seus adereços podem ter sobre a eficácia da comunicação é algo que deve ser levado em conta mesmo quando não trabalhamos em uma emissora. Vamos usar novamente um advogado como exemplo. Se tenho essa profissão, quando vou ao fórum me reunir com um cliente ou com outros advogados, é obrigatório que eu me vista com terno e gravata. Os funcionários do fórum, o juiz, meus colegas advogados e os clientes estão lá à espera de um advogado. Eles sabem que advogados usam terno e gravata, portanto vestir-se dessa maneira formal é algo necessário naquele ambiente.

Se uma ONG me convida para que eu dê uma palestra como advogado para um grupo de jovens da periferia que gostam de hip-hop, talvez eu possa fazer uma adaptação na maneira de me apresentar. Esses jovens também estão esperando um advogado que vista terno, mas a informalidade da palestra e o público permitem que ele não use sua gravata, nem utilize termos jurídicos. Dessa maneira, o ambiente se tornará mais relaxado, estará mais próximo daquele público, e sua comunicação fluirá melhor.

Comunicação e verdade

Tudo o que foi colocado até aqui – a necessidade de adequar sua comunicação ao universo do receptor, os cuidados com a aparência, o domínio da língua portuguesa, produzir textos claros, entre outras – são posturas relevantes para ser um bom comunicador. Mas há outro fator, mais subjetivo, essencial para o sucesso de uma mensagem. Essa comunicação tem de ser uma verdade para o emissor.

Há aqui um ponto importante a se considerar. O emissor alcançará os resultados que almeja se aquilo que transmitir for uma verdade. Mas essa verdade não é necessariamente verdadeira. Ou seja, se o emissor acredita em uma mentira, para ele aquela mentira é algo coerente com seus desejos, e ele conseguirá divulgá-la de uma maneira satisfatória.

Em outras palavras, os mecanismos que fazem uma mensagem atingir seu público com sucesso não fazem juízo de valor. Não são só mensagens boas e positivas que alcançam e convencem as pessoas. Basta uma consulta à história. Muitos dos mais sanguinários déspotas eram mestres na comunicação. Encantavam os que os ouviam e por isso alcançaram sucesso em suas propostas.

Portanto, se sou mentiroso, se a mentira é verdade para mim, transmitirei mentiras. Se sou ganancioso, transmitirei uma mensagem de egoísmo. Sou prepotente, arrogante, egocêntrico, inseguro? É isso que externarei para as pessoas à minha volta. Felizmente, o contrário também é verdadeiro. Pessoas boas, altruístas, caridosas e compassivas trazem mensagens similares para os demais.

Mas a história também ensina que não é raro que os portadores de más mensagens acabem se dando mal e sendo execrados na memória coletiva. Deixando a dramaticidade de lado, no nosso modesto dia a dia, talvez o que devamos fazer para ter sucesso em nossa comunicação é abraçar uma motivação maior, que supere nossas agruras cotidianas. Sermos capazes de subordinar os desafios, que, aliás, todos nós temos, e eleger uma missão de vida que vá além de nossos interesses mais imediatos e possa beneficiar as outras pessoas. Isso também é algo a ser tentado na missão de sua empresa.

Acredito que o que nos empurra para a frente é sermos motivados por bons valores. Nas tempestades, nos momentos de crise, quem sobrevive são pessoas e empresas que têm valores e princípios. Ter uma ética, pessoal e nos negócios, é fundamental para que você tome decisões corretas. Isso voltará como um benefício para você, porque o que as pessoas e as empresas buscarão em você é confiança. Eles querem confiar em você, ter confiança em alguém traz grande conforto e tranquilidade.

Balões e chocolates

E é muito fácil esquecer de princípios, mesmo os mais básicos, como solidariedade e empatia, nos momentos em que sentimos que estamos na iminência de perder algo. Comprovo isso todas as vezes que faço uma atividade nos workshops que ministro, sobretudo em empresas. Nela, distribuo para os participantes um balão de encher – ou bexiga, como se diz em São Paulo –, desses de festas de aniversário de crianças. Peço para as pessoas encherem os balões e os amarrar na perna ou segurar. Em seguida, mostro várias caixas de bombons e sacos de chocolate que estão colocados sobre a mesa e explico que a atividade é simples. Contarei um minuto e, no final deste tempo, só quem estiver com o balão cheio ganhará chocolates, digo a eles. Conto 1, 2, 3 e já! Todas as pessoas saem correndo desesperadas para estourar os balões das outras pessoas. Alguns se encolhem em um canto, para se proteger. Mas a maioria sai furando o máximo de balões que pode.

O que acontece na maioria das vezes? Ou todos os balões são estourados, ou as poucas pessoas que conseguiram salvar o seu correm para a mesa para receber seu prêmio. Os outros que fiquem lambendo os beiços. O que as pessoas em geral não conseguem entender é que aquele é um exercício de comunicação. Bastava conversarem umas com as outras para combinar de todos ficarem sentadinhos em seus lugares até aquele minuto passar. Depois era só repartir o chocolate. Havia chocolate suficiente para dar uma indigestão em cada um deles.

O mais impactante: em nenhum momento orientei as pessoas a estourarem os balões umas das outras. Essa é uma prática desconcertante. Ao mesmo tempo em que mostra como tendemos a ser belicosos e pensar apenas em nossos interesses de maneira automática, também indica a força da comunicação.

Primeiro, que a falta dessa comunicação provoca desastres. Não é isso que vemos em um mundo tão repleto de guerras, injustiças e sofrimentos? Do outro lado, deixa claro como a troca de mensagens e o entendimento mútuo pode fazer surgir práticas poderosas de cooperação e harmonia. E permitir que todos possam usufruir desde pequenas delícias, de um bombom de chocolate, até uma vida repleta de paz e harmonia.

No próximo capítulo trataremos da comunicação como uma eficaz alavancadora de profissionais e carreiras.

Uma Alavanca para a Sua Carreira e Vida

"O que você diz pode salvar ou destruir uma vida, portanto, use bem as palavras e você será recompensado."
Provérbios 18:21

Em 28 de janeiro de 1986, um acidente comoveu centenas de milhões de pessoas em toda a Terra. Naquele dia, após decolar e voar por um minuto e 13 segundos, partindo do Cabo Canaveral, na Flórida (EUA), o ônibus espacial Challenger explodiu espetacularmente no ar, matando os sete astronautas que o ocupavam.[1] Os ônibus espaciais, que não são mais utilizados pela NASA, a agência espacial norte-americana, pareciam grandes e gorduchos aviões. Tinham como vantagem descerem do espaço, após suas missões em órbita do planeta, planando até aterrissarem de volta, como fazem os aviões. Eram, portanto, reaproveitáveis, o que barateava em muito as missões espaciais.

---

[1] https://www.youtube.com/watch?v=fSTrmJtHLFU (Conteúdo em Inglês)

A tragédia foi um espetáculo midiático. Quase duas décadas antes de a internet adquirir a força que tem atualmente, centenas de emissoras de TV transmitiam o evento ao vivo para todos os Estados Unidos e vários outros países. Calcula-se que 17% dos norte-americanos acompanharam ao vivo a decolagem do Challenger, e, consequentemente, o acidente. Uma hora após o desastre, pelo menos 85% dos norte-americanos estavam diante de algum televisor procurando detalhes sobre o ocorrido. O interesse era motivado pela presença de Christa McAuliffe, a primeira professora a subir ao espaço, de onde deveria dar uma aula sobre voos espaciais.[2] O evento tornou-se ainda mais emocionalmente denso porque uma das câmeras mostrou, ao vivo, a reação de horror dos parentes dos astronautas que acompanhavam, do Cabo Canaveral, a decolagem do ônibus espacial e acabaram por testemunhar a morte de seus entes queridos.[3]

Falo sobre o caso do Challenger neste capítulo porque o acidente é uma boa metáfora para algo que pretendo tratar aqui: a importância de se prestar atenção aos detalhes da comunicação, que, quando negligenciados, podem provocar consequências indesejáveis, ou até mesmo catastróficas, como foi o caso naquele 28 de janeiro.

Sim, as investigações sobre o acidente com o Challenger apontaram duas falhas de comunicação como as principais responsáveis pelo acontecido. De maneira resumida, o que causou a explosão foi o rompimento de um anel de vedação no tanque externo de combustível direito da nave. Os ônibus espaciais decolavam acoplados a dois enormes tanques de combustível, um de cada lado, que lembravam esses silos cilíndricos em que se armazenam cereais nas fazendas e chegavam a 56 metros de comprimento.

Os tanques eram reforçados por esses anéis. Testes anteriores haviam mostrado que esses componentes apresentavam problemas e eram inseguros. Integrantes da NASA sabiam disso há algum tempo, mas não levaram essa informação adiante. Na manhã do dia 28 de janeiro de 1986 foram registradas temperaturas excepcionalmente baixas no Cabo Canaveral e outra falha de comunicação. Engenheiros alertaram que o frio aumentava o perigo de os anéis se comportarem de maneira inadequada, mas seus superiores ignoraram esses avisos e não levaram essa informação para os coordenadores

---

[2] "How mission began, grew and met end", *The New York Times*, pág. A2, 29/01/1986

[3] https://www.youtube.com/watch?v=WDRxK6cevqw (Conteúdo em Inglês)

do lançamento. O resultado dessa falta de comunicação e atenção a detalhes operacionais foi o pior possível: mortes, prejuízo de muitos milhões de dólares e um gigantesco dano à imagem da NASA e do próprio governo norte-americano.[4]

Mesmo se entre nossas atribuições não constarem lançamentos de naves tripuladas para o espaço sideral, as mensagens que emitimos podem não atingir os receptores desejados caso não prestemos atenção aos detalhes e pormenores de nossa ação de comunicação. São pequenas atitudes que, além de causar sérias confusões, poderão afetar nossa credibilidade e até nossa vida profissional, como aconteceu com os profissionais da agência espacial.

Garranchos médicos

Tenho um bom exemplo disso mostrado por um médico palestrante em um evento que produzi. O workshop, que era conduzido por esse cirurgião, era destinado a farmacêuticos. Ele era um excelente palestrante, tanto assim que eu, leigo, entendi tudo o que explicou. O assunto era a comunicação entre médicos e farmacêuticos. Na apresentação ele mostrava várias receitas médicas escritas com garranchos que lembravam muito mais uma foto de uma tempestade de raios do que uma tentativa de comunicação feita em linguagem escrita. Eram incompreensíveis. Um dramático alerta de como a comunicação desses médicos com os farmacêuticos, e com os balconistas das drogarias, interferia diretamente no resultado final junto aos pacientes.

A boa ou má legibilidade da grafia de uma receita médica é apenas um detalhe no relacionamento entre o médico e o paciente final. Mas quando essa minúcia surge como um forte ruído, como nos casos apresentados por aquele médico conferencista, ela se torna um fator preponderante para o eventual fracasso do tratamento. Ou de coisa pior. Não importa o quanto o médico tenha estudado para se tornar um profissional. Não faz diferença o conhecimento que ele tem, se, quando prescreve uma medicação, a informação chega truncada para o balconista da farmácia. Todas as habilidades e a maestria do médico se tornarão totalmente ineficazes por conta de seus garranchos.

Receitas erradas podem ser uma questão de vida ou morte. Se a dosagem, a frequência de uso ou o nome do remédio forem entendidos de

---

[4] Report of the Presidential Comission on the Space Shuttle Challenger Accident, Chapter VI: An Accident Rooted in History - <https://history.nasa.gov/rogersrep/v1ch6.htm>. (Conteúdo em Inglês)

maneira incorreta, o paciente pode voltar para casa com a recomendação de tomá-los em uma quantidade incorreta, ou poderá se tratar com medicamentos completamente diferentes daqueles de que necessita.

Se acontecer o pior, e o médico for responsabilizado pelo agravamento do estado de saúde do doente, ele certamente tentará se defender: "Espere aí, eu prescrevi o remédio certo". Talvez a essa altura o paciente já nem esteja mais neste mundo, vítima de uma superdosagem ou por ter utilizado um medicamento para cirrose, quando seu problema era uma labirintite. Para ele, de nada adiantaria discutir se o anel de vedação do tanque de combustível se rompeu no consultório ou no balcão da drogaria. O resultado sempre seria catastrófico.

Talvez por pensarem nas graves consequências que o ruído provocado por receitas indecifráveis pode gerar tanto para os pacientes quanto para sua reputação, muitos médicos estão mudando sua postura profissional. O movimento mais singelo é o de imprimir, pelo computador, a prescrição. Mas nota-se, ainda, a preocupação de conversar mais com seus pacientes. Ser transparentes e responder, com paciência, às dúvidas surgidas durante as consultas.

Sem nudez nas paredes

Concluirei com outro exemplo essa narrativa sobre a importância de dar atenção aos pormenores. O que pretendo mostrar é o quanto o ambiente é capaz de comunicar. Vamos relembrar qual era, até pouco tempo atrás, a relação entre as mulheres e as oficinas para conserto de automóveis.

Em sua maioria, as motoristas evitavam ir até as mecânicas por se sentirem desconfortáveis naquele ambiente. Tinham razão. Muitos desses estabelecimentos eram completamente desorganizados. Nas paredes, sujas de graxa, estavam pôsteres de mulheres nuas. Os mecânicos, com macacões manchados de óleo e desabotoados até o umbigo, respondiam (quando respondiam) às dúvidas dos fregueses com má vontade.

Palavrões eram ouvidos mais alto do que as marteladas e o barulho de ferramentas. Não havia sala de espera. Os banheiros... bem, quem já viu um deles sabe do que eu estou falando. Era um ambiente exclusivamente masculino, ocupado por pessoas rudes e sem polidez. Detalhe: não estou generalizando. Há sempre as exceções.

Isso mudou. E não faz tanto tempo assim. Meu palpite é o de que as oficinas maiores se inspiraram naquele estilo dos boxes da Fórmula 1, nos quais não se vê nem uma gotinha de óleo no chão, e o trouxeram para o cliente comum. O resultado foi que as mulheres passaram a ir pessoalmente levar seus carros até esses estabelecimentos. Hoje, cada vez mais oficinas têm uma salinha de espera com ar-condicionado, aparelhos de TV, cafezinho e, nas mais caprichadas, até cappuccino e balas. Em algumas, os mecânicos se vestem com roupas brancas, para evidenciar o cuidado com a limpeza.

Essa transformação não foi só uma maquiagem superficial. Os atendentes tornaram-se mais corteses, explicam com precisão o que será feito no veículo, já apresentam um orçamento. As mulheres já se sentem acolhidas nesse meio. Tornaram-se clientes. Começaram a gastar mais, trazendo lucro para essas boas oficinas. Isso é uma ação correta de comunicação, é o entendimento de que o ambiente que nos rodeia emite mensagens de maneira incessante. E nós infalivelmente reagimos a elas.

Esses médicos com seus jalecos e os mecânicos e seus macacões vêm, no entanto, se igualando quando lançam mão de um mesmo e precioso recurso da comunicação: vender sua imagem ao passar uma mensagem de eficiência e segurança de que entregarão bons serviços a seus clientes. E comunicam isso com o cuidado que empregam nos detalhes de seus negócios.

Há quem diga que "imagem é tudo para um profissional". Concordo com isso, embora ache importante ressaltar que se alguém é apenas "imagem", ou seja, tem a aparência de eficiente, mas no final do dia não entrega o que se espera, sua carreira não irá muito longe. Não há dúvida, deve-se ressalvar, de que precisamos ter uma atenção especial à maneira como nos apresentamos como profissionais. Mesmo se somos eficientes e sérios no que fazemos, é imprescindível que as pessoas nos vejam assim para que contratem nossos serviços. Não devemos nunca nos esquecer de que estamos nos comunicando o tempo todo.

Venda convincente

Em uma de minhas palestras, tratei desse assunto: a relevância de vendermos a nós mesmos com competência. Para que a plateia entendesse como isso é verdadeiro, usei de um artifício logo no início da apresentação. Antes de entrar no palco, começou a ser tocada uma música no violão, bem sem-graça, desanimada, de má qualidade e com o volume baixo. Uma voz de locutor anunciou, com um tom neutro, sem qualquer entusiasmo: "Com vocês, ele, Rafael Arruda". Entrei em cena. Vim caminhando de uma maneira bem desanimada, com o corpo caído para a frente. Comecei a falar com a voz baixa e abafada.

Depois de pouco tempo, parei e olhei para a plateia. Que também não mostrava qualquer empolgação. "Pessoal, não começamos bem essa palestra", eu disse. "Vamos tentar de novo de outra forma." Saí do palco. As luzes se apagaram. Em seguida, aparece no telão Bruce Buffer, o apresentador oficial do UFC. Sim, eu o contratei para gravar um vídeo exclusivo para mim. Ele diz: "Senhoras e senhores. E agora com vocês, a melhor palestra do ano sobre comunicação. É a hora (em inglês "It's Time", seu famoso jargão). Vamos receber com uma salva de palmas o Sr. Rafael Arruda!"

No lugar daquela musiquinha de violão insossa, entrou em volume alto e de maneira pomposa aquela música-tema do filme *2001, uma Odisseia no Espaço*[5], do cineasta norte-americano Stanley Kubrick. Junto dos aplausos, movimento de luzes e daquela música épica, entro correndo no palco, sorrindo, cheio de entusiasmo.

Essa encenação tem, concordo, certo quê de caricato. Mas é poderosa e deixa claro o recado que eu pretendia passar. "As duas pessoas que entraram neste palco são uma só", eu disse a eles. "Mas o segundo Rafael, da maneira que foi feita minha apresentação, mudou completamente a atitude de vocês e a maneira como vocês passaram a me perceber, a olhar para mim." A forma como me apresentei, naqueles poucos minutos, despertou o entusiasmo de todos os presentes e abriu suas mentes para ouvir o que eu queria dizer. Vale relembrar, não é o "o que", mas sim o "como".

Mas o que eu vendi exatamente? Como sou um profissional de comunicação, talvez eu tenha conseguido passar para quem estava em minha palestra uma sugestão de como prender a atenção das pessoas com soluções criativas. Conseguir com que os outros dediquem parte de seu tempo a ouvir o que temos a dizer é algo precioso para qualquer profissional que queira oferecer seus serviços. Devemos considerar essa atenção que nos é dada como uma vitória de nossa capacidade de comunicação.

---

[5] Abertura do poema sinfônico "Assim falou Zarathustra", composta por Richard Strauss em 1896, - https://g1.globo.com/pop-arte/cinema/noticia/2001-uma-odisseia-no-espaco-de-stanley-kubrick-completa-50-anos.ghtml

Aquelas duas encenações que utilizo no início das minhas palestras – tanto aquela entrada canhestra e desanimada como aquela triunfal – não passam de representações teatralizadas que têm a função de quebrar o gelo, divertindo as pessoas. Mas, se nos aprofundarmos em nossa análise, perceberemos que recursos como esses são imprescindíveis para o sucesso de qualquer profissional que pretende alavancar sua imagem. Quando eu me "vendo" usando estratégias como essas, mostro para as pessoas o que desejo que elas vejam em mim.

É claro, vou destacar meus pontos fortes, aquilo que tenho feito com sucesso, meus diferenciais. Caso não tome essa iniciativa, dou direito ao receptor (meu cliente) de escolher o que ele vê em mim, e, dessa maneira, perderei o controle sobre quais são meus aspectos favoráveis ou desfavoráveis que serão percebidos. Fazendo uma comparação, seria como se você fosse um diretor de cinema que não escolhe o que a câmera mostrará na cena mais importante de seu filme.

Penso que a esta altura todos estão convencidos de que vender a si mesmo é uma ação de comunicação de grande relevância. Mas, se é assim, por que há tanta gente que se mantém encolhida em seu cantinho, dentro de sua caixa, sem mostrar ao mundo o que elas têm capacidade de oferecer?

Essa postura é uma visão distorcida que o verbo "vender" desperta em muita gente. Esbarro a toda hora em pessoas que acreditam que, ao "se vender", estarão se prostituindo, abrindo mão de seus princípios apenas para se tornarem atrativas para o "mercado". Discordo dessa concepção. Não estamos vendendo nossa alma, abrindo mão da nossa integridade moral ou qualquer coisa do gênero. O que entendo por vender a si mesmo é oferecer sua competência. A intenção é buscar um retorno de todos aqueles anos de esforço e sacrifícios que investimos em nossa formação. Não precisamos jogar nossas convicções no lixo. Se é assim, o que pode ter de vergonhoso ou impróprio nisso?

No final deste capítulo há um pequeno teste que lhe permitirá avaliar se você sabe vender a si mesmo com competência.

Arte x lucro

Esse preconceito é particularmente arraigado na área artística, na qual eu me incluo pelo meu trabalho como ator, que desenvolvi anos atrás. O que está solidificado nesse meio é a crença de que a arte é algo oposto ao que é comercial. A arte é intuição, dizem, algo subjetivo que traz em si uma pureza, enquanto a venda busca simplesmente o lucro. Tal pensamento me lembra fanatismo religioso, um voto de pobreza, a compulsão de sofrer para observar as próprias faltas e pecados. Confesso que, quando muito jovem, percebia a arte dessa maneira romântica. Depois, quando iniciei minha carreira de jornalista e de produtor de programas na televisão, tornei-me convicto de que havia um equívoco nessa visão.

A verdade é que arte e negócios podem e precisam ser parceiros. E muito bem-sucedidos. Nos Estados Unidos, onde as iniciativas artísticas têm fortíssima influência sobre todo o planeta, existe o termo *show business*. O "show" se refere à indústria do entretenimento, na qual a arte cumpre seu papel de encantar as pessoas, e o "business" está relacionado ao dinheiro que movimenta. O *show business* cria empregos para artistas e os incentiva a se desenvolver profissionalmente com uma competência comprovada.

Conheço uma pessoa que é uma fantástica atriz de teatro. Já recebeu importantes prêmios dados aqui no Brasil pelo seu trabalho. No entanto, não consegue superar essa crença de que a carreira artística e o dinheiro não podem se misturar. Por conta disso, passa por graves necessidades materiais. Diante das grandes necessidades que enfrenta, começa a ter uma vida triste, um dia a dia carregado e, no final, já desencorajada, ela fica se perguntando o porquê de "não dar certo".

Torço todos os dias para que ela entenda que se vender e comunicar ao mundo quem ela é não tem nada a ver com se prostituir. No dia em que ela compreender isso, tenho certeza, sua carreira e sua vida pessoal voarão bem alto. Trata-se de uma atriz completa, talentosa e muito experiente. Mas quem sabe disso? Fora a família, quase ninguém. Quem soube algum dia da sua importante premiação já está se esquecendo disso. Afinal, ela não divulga isso, não se vende, enquanto outros, com muito menos talento, estão por aí mostrando a cara.

O exemplo das galinhas

Não resistirei a colocar outra frase de efeito aqui: a galinha canta e bota ovo. Ou seja, faz arte e atende a uma demanda do mercado. Artistas, mirem-se no exemplo das galinhas! Façamos, no entanto, justiça. Não são apenas os artistas que se descuidam na hora de mostrar seu valor para os clientes em potencial. Médicos, advogados, escritores, executivos, professores, web designers, cozinheiros... profissionais de todas as áreas cometem esse erro de guardar para si suas habilidades, potencialidades e ricas experiências de carreira.

Há, ainda, mais um argumento contra essa aversão a se vender. E esse me parece definitivo. O que acontece é que, mesmo quando não temos a intenção explícita, estamos nos vendendo enquanto profissionais todo o tempo. À medida que se tem uma atuação pública, as ações, ou omissões, estão vendendo o produto "você", de maneira positiva ou negativa.

Isso ficou claro para mim em um evento em São Paulo no qual participei da organização. Eu havia contratado um fornecedor de um material crítico para que o encontro fosse realizado. Fiz tudo com antecedência, e parecia que todas as providências haviam sido tomadas de maneira acertada. Dois dias antes do evento, tentei entrar em contato com o fornecedor para confirmar se a produção do material estava Ok. Enviei muitas mensagens, mas não tive retorno.

No dia seguinte, a mesma coisa, nada de resposta. Comecei a ficar alarmado. Ligava de hora em hora, depois a cada meia hora, e nada. Passei aquela noite em claro. Não conseguia dormir, pensando no desastre que me aguardava. No dia do evento, bem cedo, consegui finalmente falar com o fornecedor. Perguntei, nervoso, o que havia acontecido. Ele respondeu, surpreso: "Nada, ué! Está tudo tranquilo. O material está pronto, e já vou entregar". Devo ter dito alguns palavrões, felizmente não me lembro mais quais foram eles. "Mas por que você não me avisa? Por que você não me diz o que você está fazendo?", de ter perguntado isso, eu me lembro bem.

O material foi entregue e estava de acordo com o que foi combinado. Na verdade, a qualidade do produto estava acima de minhas expectativas. Mas o silêncio com que ele me tratou e até a indiferença pela minha aflição me envenenaram de maneira irreversível. Ao agir dessa forma, ele vendeu, obviamente sem ter qualquer intenção, a imagem de alguém que não se preocupa em dar conforto aos seus clientes.

Decidi que não mais trabalharia com ele, pois não queria ganhar novas amigdalites por tanta tensão ou perder outras noites de sono, como havia acontecido. Eu também não o recomendaria para algum conhecido. O risco de se ter um enfarte é alto. Falando sério, ele vendeu uma imagem péssima de si mesmo. Se a comunicação entre nós foi cheia de ruídos, o silêncio jogou uma pá de cal sobre o respeito que eu poderia ter por ele.

Muito papo, poucos likes

Vender-se bem exige, no entanto, alguma leveza. Muita gente confunde falar o que faz com falar demais. Ou pior, contar mentiras, ser arrogante, passar pelo que não é. Confirmei as consequências disso quando uma funcionária de minha empresa queria se inscrever em um curso sobre como gerenciar nossas redes sociais. Fez uma pesquisa e encontrou uma pessoa que prometia ensinar o caminho das pedras para quem quisesse se destacar na internet.

Ela já estava para fechar com esse "professor", quando resolvemos pesquisar um pouco mais sobre o que ele oferecia no curso. Acessamos a página dele e ali só havia cinco curtidas. "Espera aí, como alguém que não tem nenhuma visibilidade na internet vai ensinar você a receber mais likes e compartilhamentos?", argumentei com ela. O que faltava ali era coerência entre o que era prometido e o que ele efetivamente era capaz de entregar. No final, ficamos sabendo, o curso foi cancelado. Não há, insisto, melhor argumento de venda, seja de um produto ou de uma pessoa, do que mostrar bons resultados.

É preciso, portanto, ter um discurso coerente, como foi informado no capítulo anterior. O truque é simples: dizer o que você realmente é e fazer brilhar os olhos das pessoas. No entanto, o que fará os olhos delas brilhar será quando se convencerem de que você é capaz de resolver algum problema que elas enfrentam. Se seu público se convencer de que você possui soluções para as necessidades que ele tem, comprará seu livro, ouvirá suas músicas, irá às suas palestras, contratará você para construir suas casas, solicitará seus serviços, frequentará seu restaurante, confiará que você terá sucesso quando ele precisar de uma cirurgia.

Outra forma eficiente de vender a si mesmo é ser porta-voz dos próprios projetos. O que é isso? É tomar a frente da divulgação de trabalhos que você realizou. Se na faculdade você e seus colegas fizeram uma grande pesquisa, seja você a pessoa que vai à frente da sala de aula apresentar as conclusões dos estudos. Quando alguém se lembrar ou citar aquele trabalho, será você que virá à lembrança.

Podemos comprovar a importância de ser o porta-voz de um esforço coletivo quando pensamos em um cantor que se apresentará em um show. Quem é a pessoa que faz com que o público decida ir até o espetáculo? O cantor, certamente. Quem será aplaudido no final pela bela performance. Sempre ele, o cantor.

No entanto, para que aquela apresentação desse certo, centenas de outras pessoas trabalharam duro. Quando o cantor sobe ao palco, uma multidão de técnicos já havia trabalhado na montagem do cenário. Outros instalaram e ajustaram o som. A equipe da iluminação carregou um equipamento pesado, planejou e checou o sistema de luzes e efeitos. Os encarregados pelo marketing já vinham trabalhando há muitos meses na divulgação do show.

Mas ninguém se incomodará em comprar o ingresso, enfrentar filas e estacionamentos cheios para aplaudir o trabalho do iluminador ou do motorista da equipe. Quem recebe os aplausos e ganha suspiros é o cantor, que, aliás, fatura muito mais dinheiro do que os demais. Isso acontece porque é ele o porta-voz da música. Talvez a carreira dele possa, no final das contas, até ser mais curta do que a do pessoal de retaguarda, mas será ele quem irá faturar o grosso do dinheiro gerado por tudo aquilo.

Minha experiência mostra que há muita gente boa, de qualidade, escondida do mercado. Na sua casa, no seu bairro, na sua cidadezinha. Quase sempre é porque não parou para pensar na importância de ser o promotor da própria carreira. Eles ficam lá, esperando alguém chamar para um emprego, oferecer uma oportunidade, ser convidado para subir ao palco. Não é assim que acontece. No lugar de se sentarem no banco do motorista, ficam se queixando: "Eu não tenho sorte na vida".

Se você quer alavancar sua carreira, deve ser o porta-voz de seu negócio e da sua trajetória. Agindo assim, as possibilidades de sucesso serão muito maiores. Precisamos lembrar sempre de que não podemos ficar trancados dentro de uma sala. Não devemos nos esquecer de mostrar, sempre que possível, nossos talentos e nosso know-how, com honestidade e constância. "Não posso esconder as minhas qualidades, eu tenho que me vender." Isso, sim, é uma boa comunicação. A lamparina fica sobre a mesa, não embaixo.

Espelho interno

Já falamos que vender a si mesmo não é falar demais. Da mesma maneira, é preciso buscar uma postura de equilíbrio, evitando os extremos de se superestimar e, do lado contrário, subestimar-se. Quando você atribui a si mesmo qualidades ou características que não tem, ou seja, quando você se superestima, estará sendo arrogante e correndo o risco de seus interlocutores o considerarem uma farsa. Já se você se subestima, não percebendo o devido valor que tem, não está se vendendo. Mais nocivo ainda, é até provável que, com esse discurso autossabotador, você consiga convencer os outros de que, de fato, não tem muito a oferecer.

Um bom caminho para se ter uma postura sempre positiva e otimista é conhecer a si mesmo. Olhar seu espelho interno. Isso pode ser feito com sua cabeça no travesseiro ou em algum outro momento no qual você se permita refletir. Faça sempre esse check-up íntimo. É fantástico como essa prática pode ser reveladora e nos dar uma sensação de segurança. Você é quem melhor conhece seus medos, seus erros, seus fracassos e suas fraquezas.

Admitir que você tem esses componentes em sua personalidade é conhecer melhor o produto que você é. E, dessa maneira, você saberá se vender melhor aos demais. Não há, no entanto, qualquer necessidade de você alardear por toda a cidade seus pontos menos positivos. Esse autoconhecimento é essencial para evitar um erro comum quando estamos expondo nossas habilidades, que é o de criar expectativas exageradas sobre o que somos capazes de entregar.

Mostrarei como isso acontece. Faz parte do dia a dia da produção do meu programa semanal na TV[6] entrevistar cantores e bandas. Entre os jornalistas que trabalham comigo, havia um que ainda era bastante inexperiente. Nunca havia feito qualquer entrevista. Eu o escalei para fazer uma reportagem com uma banda já com bastante tempo de estrada. Meu conselho foi: "Essa banda é famosa e está acostumada a responder perguntas dos melhores jornalistas do Brasil. Por isso, quando você for falar com eles, diga que é a primeira vez que você está entrevistando alguém, e esse vai ser o tom da matéria."

Recomendei que ele agisse assim para que a expectativa dos integrantes da banda fosse reduzida. Afinal, eles estariam sendo entrevistados por um iniciante. A estratégia funcionou à perfeição. "Puxa, cara! Você foi muito bem, sua reportagem ficou muito boa!", os músicos falaram para meu funcionário. O elogio veio não apenas pelo esforço do jornalista, mas porque ele teve o cuidado de não se superestimar e criar expectativas exageradas. Ele não foi arrogante, evitou passar a imagem de que sabia tudo sobre o assunto. No final, se tivesse adotado uma postura contrária, acabaria por ser desmascarado, comprometendo sua credibilidade de jovem jornalista.

---

[6] O autor apresentou o programa Entretendo até dezembro de 2018.

Quando disse para a banda que aquela era sua primeira experiência em entrevistas, os integrantes simpatizaram com ele e o incentivaram e ajudaram até na formulação das perguntas.

Aqui temos um ponto importante de reflexão. Uma coisa é você se sentir à vontade para abrir seu coração e contar seus temores em um ambiente amigável ou que não seja austero, como na entrevista com os roqueiros. Talvez em um ambiente mais cerimonioso – digamos uma reunião de negócios em que uma autoridade política, como um governador, esteja presente –, uma atitude tão leve como essa não soasse conveniente. Podemos imaginar também que estamos em uma cerimônia religiosa, ou em um enterro. A reflexão então seria: como ser verdadeiro com a sua comunicação em ambientes formais?

Pisar no chão devagarinho

Acredito que, quando se está em um local no qual a atmosfera é mais fria e impessoal, deve-se de início identificar o clima que o entorno impõe. As pessoas estão se comunicando de uma maneira tranquila, ou o ritmo está acelerado e tenso? O recomendável é que, pelo menos de início, você não tente impor sua forma de se comunicar, mas adaptá-la ao tom ali vigente.

Em momentos como esse, todos costumam estar engravatados, ou com seus tailleurs, e sérios. Dificilmente as pessoas se encantarão com sua espontaneidade se você começar a contar piadas, gargalhar ou chamar com voz alta alguém que está do outro lado da sala. Como diz aquele antigo samba, é preciso pisar nesse chão devagarinho.[7]

Identificar o tom e o volume de voz de quem circula naquele ambiente é a principal pista de como se espera que a comunicação se desenvolva. Sintonize seu comportamento com aquela vibração e tudo correrá bem. Confesso que sempre sofro com isso. Os anos em que passei no teatro e o sangue italiano que corre em minhas veias cobram um preço. Muitas vezes falo alto, chego me expressando em um tom acima do ambiente, conversando alto no celular.

Sim, também já dei muito "bola fora" na vida. Certa vez, alguns amigos marcaram um encontro em uma pizzaria. Eu estava muito animado naquele dia. Trinta minutos depois, cheguei, e no estacionamento da pizzaria

---

[7] *Alguém me avisou*, Dona Ivone Lara – <https://www.letras.mus.br/dona-ivone-lara/45561/>.

encontrei meus amigos. Aproximei-me com um empolgado "Boa noooite pessoal". Houve um silêncio ensurdecedor e semblantes de tristeza em meus amigos. Incomodei-me com aquilo e soltei uma pérola: "Nossa! Parece que morreu alguém!" Vocês acreditam que uma colega em comum havia acabado de morrer? Foi cômico e trágico ao mesmo tempo. Lembro-me de uma pessoa dar uma gargalhada com os olhos ainda cheios de lágrimas. Outro soltou a frase: "Só você mesmo, Rafael". Pois é, tenho que me policiar sempre.

Mesmo assim, acredito que grande parte do sucesso de nossas mensagens reside na abordagem inicial que fazemos com as pessoas que estão reunidas ali. É como se, afinal, fosse o ambiente que se comunicasse com você.

Essa interação é ainda mais verdadeira quando vamos ministrar uma aula, fazer uma exposição ou dar uma palestra. Se formos falar para um grupo não muito numeroso e formado por pessoas com as quais temos alguma liberdade, podemos nos comunicar em um volume mais alto, organizar os participantes em um círculo, por exemplo, e falar de maneira mais solta.

Com uma plateia maior, ou quando a formalidade é uma exigência, o mais recomendável é providenciar um microfone, para evitar que fiquemos gritando. Gritos são sempre um ruído na comunicação. Já aconteceu algumas vezes de eu ser convidado para falar para um grupo maior e os organizadores argumentarem que não seria necessário ter um microfone.

Penso de outra maneira. Quando falamos alto, isso gera algum incômodo para as pessoas. Porque se sentem desconfortáveis, elas começam a ter a percepção, mesmo que inconsciente, de que tudo ali está desorganizado. Esse desconforto evolui para a sensação de que nos falta conhecimento e método e que não nos preparamos antecipadamente para aquele momento. Isso faz com que elas recebam a mensagem transmitida com baixa credibilidade. Um simples microfone pode, portanto, evitar esse ruído.

Palestra esganiçada

O tom e o volume de voz que usamos fazem uma grande diferença na percepção de nossa mensagem pelo receptor. Antes de prosseguir, vamos recapitular a diferença entre tom e volume de voz. Tom, ou tonalidade, é a altura dos sons emitidos pela nossa fala. O tom pode ser agudo, grave, estridente, velado. As notas musicais, dó, ré, mi, fá, sol, lá, si, têm tons crescentes ou decrescentes em relação umas às outras. Já o volume é a intensidade de emissão da voz: forte ou fraca.

Uma executiva que trabalhava em uma multinacional me pediu, certa vez, que eu acompanhasse sua palestra, para que eu avaliasse a parte técnica da apresentação dela. Ela falou durante 15 minutos, mas a plateia a ouviu como se ela estivesse se expressando por 45 minutos. Isso porque essa executiva ficou tão eufórica, com tanta ansiedade em transmitir sua mensagem, que mudou o tom da voz. Sua fala tornou-se aguda, quase esganiçada, e desagradável. Isso demonstrava perda de controle por parte dela.

Ninguém conseguiu ouvir com calma o que ela queria dizer. Ficaram aflitos, mexeram-se nas cadeiras, desejando que ela se calasse. O equívoco que ela cometeu foi aumentar o tom, a altura da voz, quando na verdade deveria falar com uma intensidade mais alta. É necessário projetar a voz, quando se fala em público. Mesmo se estiver usando um microfone.

Outras vezes, no entanto, a dificuldade que surge na comunicação é o inverso do entusiasmo descontrolado que contaminou a executiva. Falo da insegurança em falar, da timidez que é também um empecilho para exteriorizarmos o que temos a dizer. Ser tímido é um desafio que pode ser contornado com treinamento. Não vou propor uma fórmula que torne mesmo os mais tímidos em falantes obstinados. Tal transformação certamente exigiria mudanças profundas de comportamento e prospecções analíticas do inconsciente.

Minha orientação é bem simples: agir como fazemos quando estamos lidando com uma língua estrangeira que não dominamos. Nessa situação, temos de guardar de memória algumas frases, já que elas não surgirão de maneira espontânea em nossa mente. Eu me lembro das primeiras vezes em que viajei para fora do Brasil e ainda não falava bem o inglês. Quando precisava me comunicar com alguém, por exemplo, perguntar o preço de alguma coisa, antes de me aproximar, eu ficava repetindo para mim mesmo "How much is this? How much is this", ou seja, "Quanto custa isso?" Depois que estava seguro das palavras e da pronúncia, ia até o balconista e conseguia fazer a compra.

É preciso treinar a comunicação da mesma maneira que os atletas se preparam no esporte. Eu me recordo de ter assistido a um documentário que contava a história do famoso jogador de basquete norte-americano Michael Jordan. Quando foi questionado sobre seus improvisos geniais em quadra, ele respondeu que não se tratava de improviso. Jordan imaginava situações que pudessem ocorrer durante o jogo e se preparava para elas.

Um exemplo: ele visualizava seu oponente perdendo a bola no momento em que estava avançando para o ataque e, por esse motivo, a bola chegava sem esforço à sua mão, Michael. O jogador então imaginava os movimentos que faria para arremessar para a cesta. Com esse filme na cabeça, ele treinava repetidas vezes o lançamento da bola daquela exata distância. Quando um fato parecido acontecia nos jogos reais, Michael Jordan já estava preparado para a situação: pegava a bola e fazia a cesta, garantindo os pontos para seu time e a celebridade para si mesmo.

Frases ensaiadas

Dessa mesma maneira, se prepararmos um script mental do que falaremos com alguém com o qual não temos intimidade, e já ensaiarmos algumas frases que não fazem parte do nosso cotidiano, mas serão necessárias nesse encontro, as chances de conseguirmos nos comunicar com eficiência serão grandes. Algumas vezes, tais frases nem são discursos complexos ou palavras pouco usuais.

Conheci pessoas que, por força da educação que receberam, não estavam habituadas a usar expressões como "com licença" ou "você poderia me dar um minuto de sua atenção?". Também não se lembravam de dizer um "muito prazer" ao serem apresentadas a alguém ou um "muito obrigado" ao se despedirem. Não eram seres rudes ou mal-educados. Apenas desconheciam algumas normas de etiqueta e de cerimônia em situações mais formais.

Já dei aulas de interpretação, e muitas vezes as pessoas que ali estavam me diziam que tinham medo de se apresentar em público. Eram tímidas, não queriam se expor, temiam o ridículo, pagar mico. Outras eram pessoas como descrevi nos parágrafos anteriores, tinham um repertório limitado, que as constrangiam de se manifestar em certos ambientes. Fazíamos, então, alguns exercícios para superar essa resistência e fazê-las se sentirem mais seguras.

Não é a intenção deste livro desenvolver técnicas para ajudar a falar em público. Trago esse assunto por considerar relevante alertar para algo que os tímidos em geral não suspeitam. É que, no final das contas, é muito mais prejudicial alguém deixar de comunicar suas ideias por conta da inibição do que eventualmente fazer uma apresentação que possa vir acompanhada de alguns pequenos problemas. Se você se recusar a fazer uma apresentação ou evitar falar em reuniões, a percepção dos outros será a de que você, de fato, não tem nada a dizer. Dessa maneira, você se expõe muito mais do que se gaguejar em público ou se esquecer do que ia dizer. Ser visto como alguém irrelevante é algo grave, destrói carreiras, traz o desemprego.

Se em algum evento ou qualquer outra situação o esperado é que você exponha suas ideias, as pessoas presentes estarão preparadas para ouvi-lo. Se você não diz nada, haverá um grande ruído na comunicação. Aí, sim, você pagará um mico. Recusar-se a falar, em um contexto corporativo, não é uma opção. O que surgirá de seu silêncio é a insegurança, a incompetência.

Cantor acelerado

Timidez não é uma doença incurável. Dei aula de teatro para um aluno que, quando ia falar comigo, expressava-se de uma maneira super lenta: "Professor... posso... fazer... uma... pergunta?" Ele falava bem pausado, e usava o mesmo ritmo quando subia ao palco para representar. E eu perguntava: "Por que você está fazendo aula de teatro?" E ele: "Porque... eu... sou... tímido".

Um dia, esse meu ex-aluno, me entregou um pequeno pacote: "Professor... tome... um... CD... meu... para... você". Fiquei surpreso: "Um CD? Como assim?" Ele explicou que era cantor e havia gravado algumas músicas. Quando o ouvi cantando, mal pude acreditar que era a mesma pessoa. Sua voz era potente, cheia de personalidade. Não havia nada daquele registro câmera lenta que ele usava. Ao cantar, ele se sentia em um porto seguro, se transformava em outra pessoa. Se conseguisse passar essa atitude para outros momentos da vida, certamente superaria aquela forma lenta de falar que o fazia parecer alguém sem energia.

Exemplos como esses nos mostram como o domínio da comunicação pode chegar por caminhos difíceis de entender, misteriosos mesmo. No entanto, comunicar-se com competência é algo tão essencial em nossa condição humana, que aprimorar nossa capacidade de interagir com nossos semelhantes, mesmo que seja de uma maneira restrita e modesta, é um movimento transformador de nossa vida, e com o potencial de nos deixar mais aptos a tornar reais nossos objetivos.

No próximo capítulo abordaremos a comunicação nas empresas.

Você é um bom vendedor de si mesmo?

Responda as perguntas a seguir e siga as instruções que são dadas. O objetivo deste pequeno teste é permitir que você avalie até que ponto suas atitudes e sua maneira de se expressar o estão ajudando a vender sua imagem de maneira competente para as outras pessoas.

A – Como está seu estilo?

1. Escolha uma pessoa que você considera como uma referência em sua profissão ou em seu campo de atuação.

2. Procure uma foto dessa pessoa na internet, de preferência de corpo inteiro. Avalie o estilo das roupas que essa sua referência veste. É mais formal ou despojado? O corte de cabelo é moderno ou clássico? Que cores ele ou ela costuma usar no vestuário? Depois dessa análise, vá até seu guarda-roupa e verifique se o estilo das roupas que você usa e o de seu mentor ou mentora têm alguma semelhança.

3. Analise seu corte de cabelo, a maquiagem (quando for o caso), o aspecto de sua pele e verifique o que eles têm em comum com os cuidados com a aparência da pessoa que você escolheu como referência.

B – Como está seu texto?

1. Escreva, em um parágrafo, um texto informando a alguém sobre um evento fictício que acontecerá em breve. Coloque essa informação em um estilo semelhante ao de uma notícia de jornal ou televisão. Como será o evento? Onde será realizado? Quem o está promovendo? Quando será realizado? Qual é a motivação dos promotores em promover esse evento?

2. Mostre esse texto a alguém de sua confiança. Peça que esse alguém o leia em voz alta. Observe se a pessoa fará pausas ou estenderá a leitura de acordo com a pontuação que você assinalou no texto. Se considerar necessário, reordene os pontos e as vírgulas que você grafou.

3. Avalie a linguagem que você utilizou. Está coloquial demais ou exageradamente formal? A linguagem final era a que você pretendia usar? Note que essa avaliação quem fará será você mesmo, e não uma terceira pessoa.

C – Como está sua fala?

1. Ative o gravador de seu celular e grave, com a sua voz, a venda de um produto imaginário. A gravação não deve passar de dois minutos. Não escute imediatamente o que foi gravado. Faça uma pausa, beba um copo d'água ou tome um café, e só depois volte ao assunto.

2. Agora, ouça o áudio. Analise-o de maneira crítica. Você gostou do resultado final? Está alinhado com o estilo que você deseja?

3. Identifique os vícios de linguagem. As palavras estão sendo ditas como são escritas, ou você diz "falano", "bonitim", "as pessoa", em vez de "falando", "bonitinho" e "as pessoas"? Seu sotaque está surgindo de maneira acentuada? A dicção está clara e todas as palavras podem ser entendidas? A entonação está equilibrada, ou o tom cai no final das frases?

Ao final, avalie o conjunto das considerações que você fez, inspirado pelas questões levantadas aqui. Ao comparar sua maneira de se apresentar fisicamente com a da pessoa que é sua referência, você considera que seu estilo é o mais adequado para o que você pretende ser? Sua maneira de se comunicar por escrito está clara e passa com precisão a mensagem que você quer enviar? Conseguiu organizar adequadamente as ideias que estão em sua cabeça? Sua fala incita que tipo de percepção quando você a ouve? Alguém decidido, verdadeiro, entusiasmado? O que você diz faz sentido? Esse exercício de autocrítica pode ser precioso por permitir a você identificar os pontos que precisa aperfeiçoar em sua comunicação.

Sem um Plano de Voo, a Comunicação Não Decola

"Quando estamos conectados, podemos fazer grandes coisas. Temos acesso a empregos, à educação, à saúde, à comunicação. Temos a oportunidade de trazer as pessoas de quem gostamos para mais perto de nós."
Mark Zuckerberg, *um dos fundadores do Facebook*

Neste capítulo, pretendo convencer você, leitor, de que o planejamento da comunicação em uma empresa é algo tão essencial para o sucesso, e mesmo para a sobrevivência da organização, quanto a sua capacidade técnica de entregar serviços ou produtos. Inúmeras experiências da vida real comprovam isso. Começarei com uma delas, que mostra como a falta de comunicação interna leva ao desperdício, provoca prejuízo e traz o ridículo para a imagem da organização.

Comprovei isso pessoalmente em um sábado, quando estava assistindo ao *Entretendo*, o programa que apresento semanalmente na TV Tarobá, afiliada da Band no Paraná, e que é gravado de antemão. Em um *break*, um comercial chamou minha atenção. Uma propaganda rápida, de 30 segundos, anunciando um feirão de carros que seria feito em um dos shoppings da cidade. Ótimo! Minha esposa queria trocar o carro, e era uma boa ocasião para ir até lá e quem sabe fechar um bom negócio.

Guardei o nome do shopping e acessei a página deles no Facebook. Estranho, não havia nenhuma referência ao tal feirão. Liguei para o shopping: "Acabei de ver na TV uma publicidade dizendo que hoje tem um feirão de automóveis aí. Onde que ele está acontecendo?", perguntei. "Feirão? Automóvel?" Quem me atendeu não estava sabendo de nada. No setor de informações, também nunca haviam escutado sobre o assunto.

Só podia ser um engano, pensei. Um comercial na televisão é algo caro. Ninguém contrataria uma equipe para produzir um anúncio e pagaria por 30 segundos de espaço na TV para chamar as pessoas para algo que não existia. Devia ser um mal-entendido. O evento, claro, estava lá. Coloquei minha esposa e as crianças no carro e fomos até o shopping. E... perdemos a viagem. Não havia nem feirão, nem feirinha, nem nada parecido com a venda de automóveis.

Com certeza, não fomos a única família que naquele sábado perdeu seu tempo indo até o shopping, atraída por um evento que não existia. Assim como nós, elas devem ter voltado para casa frustradas, enraivecidas e com uma péssima avaliação sobre a seriedade e a competência da organização que anunciava aquele feirão fantasma. Da próxima vez que virem um anúncio de venda de carros por essa empresa, vão preferir ir ao clube ou tomar um sorvete, para não desperdiçar de novo o final de semana. Quando decidirem que é hora de comprar um novo carro, é provável que irão até a loja do concorrente.

O que aconteceu nesse episódio foi claramente um desastre de comunicação. O departamento de marketing, talvez o pessoal do comercial ou até mesmo o próprio dono da empresa, ou todos juntos, atropelaram duas etapas básicas que o planejamento de comunicação de um evento empresarial tem de percorrer.

Quatro passos

Sim, planejamento. Do instante em que acende uma luz na cabeça de quem idealizou uma determinada ação até ao momento em que o cliente enfia a mão no bolso e paga pelo serviço ou bem fornecido, todos os passos dados naquela empresa precisam ser antecedidos por uma comunicação clara entre os envolvidos. Não importa se o produto final será um potente supercomputador, lançado simultaneamente em todo o planeta, ou um novo serviço de entregas por uma pequena empresa de motoboys.

Qualquer que seja a complexidade do negócio, as etapas que o planejamento da comunicação terá de percorrer podem ser sintetizadas em quatro passos:

1. Saber onde chegar.
2. Como chegar lá.
3. Comunicar sua equipe.
4. Comunicar o público.

Proponho aqui um exercício de imaginação para avaliar de que maneira esses quatro passos podem ter sido dados pelos organizadores daquele feirão de automóveis que supostamente seria realizado no shopping.

Para o primeiro passo, saber onde se quer chegar, a resposta é realizar um feirão de automóveis com vários revendedores da cidade. Qual é a exigência básica para se vender veículos? Que você tenha veículos para vender. Você consegue um espaço amplo para caberem vários carros, fornece uma infraestrutura e pessoas para que a papelada da venda seja preenchida, e os compradores vão até lá.

A segunda etapa é como chegar lá. Foi definido que o feirão deveria ocorrer em um local conhecido e de fácil acesso, como um shopping. A data: um final de semana, quando as pessoas têm tempo para fazer compras.

Nesse momento também é feita a previsão de quantas pessoas terão de se envolver na execução do feirão. Também é a hora de calcular custos e fazer uma previsão de receita para verificar se a conta fecha. No segundo passo também é definido qual é o público que se pretende atingir. Quem teria interesse e dinheiro em comprar carros em um feirão? Qual é a melhor maneira de falar com eles? Anunciar nos jornais? Esse público navega pelas mídias sociais? Eles prestariam atenção no que um carro de som anunciaria ao passar por eles? Escutam rádio ou assistem à televisão? Aberta ou por assinatura? Será que ficarão irritados se receberem mensagens pelo WhatsApp informando sobre uma promoção de vendas?

O terceiro passo, de enorme importância, seria a comunicação a todos aqueles que deveriam se envolver na execução do evento empresarial. Por que essa etapa tem tanta importância assim? Porque é o momento em que a organização checa suas forças internas e verifica se tem músculos suficientes para tornar real o que foi imaginado nos passos anteriores da construção da iniciativa de vendas. Também é a oportunidade de envolver os empregados na ideia, algo importantíssimo para o sucesso da empreitada.

Além disso, o ambiente interno é um local seguro, que você pode utilizar para ouvir feedbacks de lideranças de sua empresa. Nessa etapa, ainda há tempo para mudar uma estratégia sem prejuízos para seu negócio ou transtornos para o cliente.

Quando você comunica toda sua equipe, sua empresa trabalha como uma engrenagem, na qual todos estão conectados. Sim, é importante que todos saibam do evento. Até o pessoal da faxina costuma dar informações "despretensiosas", mas que podem ser importantes.

Por último, a quarta etapa diz respeito à comunicação com o público. É quando efetivamente é colocado na rua o anúncio de que o evento será realizado. Por "rua" entenda-se a veiculação nas mídias que foram definidas nas etapas anteriores. Publicidade na TV, nos jornais, nas redes sociais, onde quer que tenha sido decidido, esse é o último passo do planejamento da comunicação.

Empregados no escuro

Agora que estão colocadas aqui as quatro etapas que a comunicação deve percorrer para tornar viável uma ação da empresa, podemos fazer uma análise do fracasso do feirão de automóveis. A empresa responsável, tudo indica, saltou diretamente da primeira etapa, a ideia de promover o evento, para a quarta fase, que é a comunicação pública da venda dos automóveis.

Ficou evidente que os empregados e outros setores que deveriam estar envolvidos não faziam qualquer ideia do que fora planejado. Essa é a razão de nada ter acontecido. Ou, melhor dizendo, devem ter acontecido muitas coisas. Coisas ruins. Esse equívoco com certeza provocou prejuízos, tanto financeiros quanto para a imagem da empresa. A apuração interna dos responsáveis pelo insucesso daquela iniciativa certamente traria consequências desagradáveis para alguns dos envolvidos.

Os integrantes da equipe, que deveriam estar a par do feirão de automóveis, ignoravam totalmente que o evento estava sendo anunciado para aquele final de semana. Talvez eu esteja exagerando. O mais provável é que em algum momento alguém tenha exposto essa ideia em uma reunião em que todas as pessoas-chave da empresa estivessem presentes. Mas a definição dos responsáveis pelos passos seguintes não deve ter sido feita de uma maneira clara. Da mesma maneira, duvido que tenha sido montado um fluxograma ou nomeada uma pessoa encarregada de acompanhar os movimentos de cada área, cobrar as tarefas necessárias e coordenar os trabalhos das diferentes equipes.

Gaveta do esquecimento

Esse tipo de falha é muito comum nas empresas, e já a testemunhei em diversas ocasiões. O equívoco costuma se produzir da seguinte maneira: a diretoria, os gerentes e a equipe fazem uma reunião para definir uma estratégia de comunicação. Na reunião, vemos muita gente empolgada, principalmente quando se está no momento de apresentar ideias. Nessa etapa, tudo é perfeito. A percepção é a de que os objetivos são exequíveis, a equipe dará conta da missão, o tempo é suficiente, os recursos disponíveis bastam para realizar a proposta. Tudo vai dar certo!

A reunião termina. As pessoas se levantam, se dão tapinhas nas costas. Depois voltam para suas mesas, para seu computador. Ou saem para visitar clientes, como fazem todo dia. Aquela exaltação começa a diminuir, e todos retornam à rotina. Dali a pouco, poucos se lembram do que foi falado no encontro. Em dois dias, todos se esquecerão do que foi tratado, e aquela ideia que parecia tão genial e ao alcance da mão vai caminhando sozinha para a gaveta do esquecimento.

Um dia, antes de começar a escrever este capítulo, vivi essa mesma novela em um cliente que visitei. Apertamos a mão, fizemos negócio, tudo às mil maravilhas. "Ok, saindo daqui já te mando o material, faço o briefing e envio outras informações", ele prometeu. Terminei o capítulo vários dias depois, e nada fora feito até aquele momento. É possível entender por que isso acontece. Somos humanos, seres movidos por emoções. Nos entusiasmamos, ficamos energizados e depois, quando esse sentimento esfria, temos a tendência a adiar as providências necessárias, ou a nos esquecermos de detalhes do que foi combinado.

No entanto, só entusiasmo não produz resultados. Se não ocorrer uma sistematização do que foi decidido na reunião e a definição do que será feito a seguir, não haverá muita diferença entre aquele encontro e um bate-papo descompromissado de bar. Uma reunião de trabalho que se preze deve ter uma ata, ou alguém responsável por anotar tópicos importantes como: quem se encarregará de tomar essa providência? Quanto tempo será necessário para executá-la? Quais recursos precisarão estar disponíveis?

Sobretudo, é necessária a presença de alguém que tenha uma visão global do funcionamento da empresa. Que distribua tarefas, supervisione o desempenho e os prazos de conclusão de cada etapa necessária para a execução final do que foi decidido. A relevância disso é que, quando as pessoas se levantam daquela mesa de reuniões sem serem informadas sobre qual a parte lhes caberá no projeto a ser executado, elas voltam para seus postos de trabalho exatamente assim: sem saber a parte que lhes cabe no projeto.

Na dúvida, passam a acreditar que quem estava sentado ao seu lado é que fará algo. Ou ficam quietinhos no seu canto, aguardando que mais tarde alguém venha explicar o que é preciso ser feito. E, algo também corriqueiro, desenvolvem o pensamento mágico de que as coisas acontecerão e darão certo sem que eles tenham de se envolver pessoalmente ou fazer qualquer esforço.

Organizações mais estruturadas costumam ter alguém responsável em comunicar, por e-mail, os tópicos da reunião, o que foi decidido e a tarefa, além do prazo de execução para cada um. Isso, sim, é uma comunicação clara. Os envolvidos até podem ter dúvidas: "Mas sou eu quem vai cuidar disso? Na reunião eu havia entendido que era fulana".

É ótimo que essas questões surjam nessa hora, que é o momento de abafar os ruídos da comunicação. O perigo é arrastar as incertezas indefinidamente, o que comprometerá o resultado final. Esse feedback, assim como a reunião e a determinação das tarefas de cada um, são parte do planejamento da comunicação da empresa.

Posso dormir tranquilo?

Senti na pele como é imprescindível ter alguém com uma visão global de todo o processo para coordenar empregados quando estes executam apenas uma parte do trabalho. Minha produtora envia todos os meses cerca de 150 peças de comunicação para um determinado cliente. Certa vez, quando fui checar o andamento do serviço, perguntei para um dos funcionários como estava a tarefa. "Está tudo bem? Tudo foi enviado?". Ele respondeu: "Sim, foi tudo enviado". Ótimo, não poderia ser melhor. Tudo foi enviado, cliente satisfeito, posso ir para casa e dormir tranquilo.

SEM UM PLANO DE VOO, A COMUNICAÇÃO NÃO DECOLA

Só que não era bem assim. Esse empregado cuidava da parte do vídeo. Todos os vídeos, sim, haviam sido enviados. Para ele, o trabalho terminara ali. Sua parte estava pronta, no prazo. Mas os áudios, que eram responsabilidade de outra pessoa, não estavam tão afinados assim, como eu descobriria mais tarde. Mas de quem foi a falha? Do funcionário que disse que estava tudo ok? Para ele estava tudo feito. Quem era responsável por ter uma visão abrangente do processo era eu. Caberia a mim perguntar para o responsável pelo áudio se ele também havia concluído sua parte.

No capítulo anterior, usei e abusei das frases feitas. Segurem-se, porque aqui vai mais um ditado popular: "Cachorro que tem mais de um dono morre de fome". Toda organização precisa ter, portanto, um "dono do cachorro", que tem conhecimento e controle sobre as diversas funções e seu desempenho. Se cada um se der por satisfeito em executar apenas sua parte, confiando que no final as coisas caminharão sozinhas até a conclusão final, é certo que a empresa não entregará o prometido.

Em uma agência de publicidade ou uma produtora de vídeo, como é o meu caso, não entregar o trabalho final no prazo estipulado pode significar um desastre milionário. Para quem não conhece essa dinâmica, segue uma resumida explicação. Quando uma empresa decide colocar uma peça publicitária em um horário nobre de uma emissora de TV, por exemplo, ela paga pelos segundos em que a publicidade permanecerá no ar. A "compra" desse espaço de tempo costuma ser feita antes de a própria peça publicitária estar pronta.

Digamos que essa organização pagou R$100 mil por 30 segundos no horário nobre em um domingo à noite. Se nesse dia e horário determinados a publicidade não for entregue à emissora, acontece uma tragédia: a emissora não devolverá o dinheiro pago antecipadamente. Afinal, não é responsabilidade dela aquela falha. Quem vai bancar o prejuízo? A produtora que se comprometeu a produzir a peça e não cumpriu o compromisso. Portanto, se só o vídeo da publicidade ficou pronto, como me havia dito meu funcionário, mas não havia áudio na peça, eu teria de pagar os R$100 mil para a emissora. Obviamente uma peça publicitária não poderia ir ao ar sem som. A responsabilidade e o prejuízo seriam meus. Eu sou o dono do cachorro.

Informei, alguns parágrafos antes, que as empresas mais bem organizadas elegem alguém responsável por comunicar por e-mail e determinar as tarefas e seus responsáveis para a realização de algum trabalho. Há, também, ferramentas digitais abertas com as quais você acompanha o andamento de uma tarefa. Você digita o nome das pessoas na lista de funções. O programa mostra o que a pessoa está fazendo naquele dia, qual é o prazo de entrega e o status individual do empregado. Se está em dia, aparece uma marcação, talvez na cor verde. Se há atraso, acende-se a luz vermelha. Como todos os envolvidos têm acesso à ferramenta, eles podem seguir o ritmo geral e saber se devem acelerar seu trabalho ou se já concluíram sua parte. Ou podem puxar algumas orelhas.

Questão de aderência

Mas, como tudo isso diz respeito a seres humanos, e não a robôs, às vezes esses programas podem não ter a necessária aderência dos empregados. É importante você entender, caso o cachorro seja seu, qual é a estratégia de acompanhamento que sua equipe desenvolverá com entusiasmo. Já vi empresas querendo adotar essa ferramenta, que é muito eficiente e funciona bem. Mas aí entra o fator humano: 30% dos empregados não aderem. O programa ficará capenga, não funcionará. Para sair da encruzilhada, será necessária sensibilidade dos líderes e capacidade de convencer os empregados, ou descobrir outro caminho para o planejamento de comunicação trazer resultados.

Há estratégias de acompanhamento que se tornam bem-sucedidas graças a iniciativas relativamente simples. Por exemplo, determinar uma frequência eficaz de contato com os envolvidos em uma tarefa. Constatei isso uma vez em que realizei um evento do qual participavam pessoas de 23 nações: os Estados Unidos e vários países da América Latina. O encontro foi realizado aqui no Brasil, mas um ano antes, fui até Washington, a capital norte-americana, para acertar os detalhes da organização.

Como eles estavam distantes geograficamente, foi desenvolvida a seguinte estratégia para acompanhar o evento, logo após a assinatura do contrato. Fazíamos reuniões quinzenais para confirmar se tudo ia bem na produção. À medida que a data de início ia se aproximando, essas reuniões passaram a ser mais frequentes. De início, semanais, e depois, na reta final, nos reuníamos a cada dois dias, até chegarmos às reuniões diárias. Nesses contatos era feita uma avaliação do que já havíamos feito até aquele momento e ficava acertado o que deveria ser cumprido até a próxima reunião. Essa estratégia repetiu-se do primeiro até o último encontro antes do início do evento propriamente dito e foi bem-sucedida.

A escolha da melhor forma de colocar toda a equipe na mesma página, ou seja, fazer com que todos se engajem nos projetos importantes de uma empresa, passa por algumas variáveis. A cultura de cada empresa é uma delas. A adesão dos integrantes às propostas da direção e a capacidade dos líderes em motivar e comandar seus subordinados também são quesitos que variam de uma organização para outra. Mas, seja qual for a estratégia a ser seguida, o fundamental é sistematizar as etapas para que o planejamento de comunicação tenha sucesso.

O que é sistematizar? É determinar ações simples, como ter um horário fixo para reuniões. Por exemplo, toda segunda-feira, às duas da tarde. Pronto, está sistematizado. Ninguém marcará outra reunião, uma visita ao cliente ou ao dentista para esse horário. Não podemos cair na armadilha de marcar o encontro entre os integrantes "quando der". Dessa maneira, ninguém nunca terá disponibilidade para fazer a reunião. Sem acompanhamento, a empresa começará a comprometer os prazos de entregas, pagar multas por atrasos, e perderá o controle dos processos. Talvez de uma maneira irremediável.

Do lado oposto desse processo de sistematização do qual participei com outros integrantes estrangeiros está o que chamamos de "jeitinho brasileiro". Não é uma crítica exclusiva aos meus compatriotas. Esse jeitinho, a crença de que improvisar é a melhor estratégia diante das coisas, obviamente não é algo que só é praticado aqui neste país. A resistência ou incapacidade em organizar o trabalho faz parte do ser humano, é universal.

Mas estou chamando a atenção para a visão incorreta, que considera ser uma perda de tempo sentar-se em torno de uma mesa para decidir aonde se quer chegar e quais os passos necessários para atingir a meta proposta. Improvisos são perigosos. Sem esse planejamento a que estamos nos referindo, as empresas acabam perdendo trabalhos e oportunidades. Seu rendimento será menor do que poderia ser, e, não raro, elas terão prejuízos.

Três exemplos de planejamento

Há uma relação direta entre o planejamento da comunicação e o sucesso nos empreendimentos. Isso é verdade para empresas de diferentes portes e áreas de atuação. Descreverei três exemplos que mostram como isso é verdadeiro, quando são percorridas aquelas quatro etapas às quais já me referi: primeiro, definir onde se quer chegar; em segundo lugar, como chegar até esse objetivo; terceiro, comunicar-se com a equipe; e, por último, comunicar-se com o público.

O primeiro dos três casos refere-se a um evento organizado por mim, com a minha empresa, a Arruda Produções. Uma iniciativa que, de certa forma, representou uma quebra de paradigmas para mim. O que fiz foi convidar um palestrante de peso, o empresário Christian Barbosa, considerado um dos maiores especialistas brasileiros em produtividade e alta performance e autor de seis livros best-sellers sobre o assunto, para uma conferência em Londrina, em agosto de 2017.

Essa iniciativa foi uma quebra de paradigmas porque, até então, minha empresa sempre prestou serviços para terceiros. Foi, portanto, o primeiro evento aberto ao público e cobrando ingresso que produzi. Para fazer isso, banquei e corri os riscos relativos à incerteza quanto ao retorno que algo desse porte poderia me trazer. A meu favor, contei com patrocínios e com a facilidade de não ter de contratar uma agência de comunicação, já que eu mesmo presto esse serviço.

Entretanto, naquele momento, percorri um terreno que eu nunca havia mapeado. Deu dor de barriga e algumas insônias, mas o resultado foi extremamente satisfatório. Principalmente porque o objetivo que eu mais almejava, promover minha marca pessoal como um comunicador, foi atingido. Isso me qualificou para promover outros eventos como esse, contando com a credibilidade do público que teve contato com a palestra.

O tema do evento era "Mais tempo, produtividade e equilíbrio", e o público-alvo eram profissionais liberais, gestores e líderes empresariais. A ideia do evento surgiu de minha própria cabeça. Tenho vários insights e projetos. Esse era um deles, e decidi que ele seria o primeiro da lista a ser colocado em prática.

Como percorri os quatro passos dos quais tratamos aqui? O primeiro – aonde quero chegar – estava bem claro para mim. Eu queria oferecer ao público uma palestra com alguém renomado, que fosse feita em um espaço relevante na cidade, como aconteceu, no Teatro Marista, um dos maiores e mais modernos da cidade. Eu queria, ainda, atingir 100% de retorno do capital investido. Hummm, talvez não tenha sido tanto assim, mas certamente houve um lucro financeiro. Ainda nesse primeiro passo, e como já afirmei, tinha a intenção de posicionar a marca de minha empresa como organizadora de eventos e vídeo, e a mim mesmo como comunicador de destaque.

O segundo passo, como chegarei lá, foi dado quando convidei Christian Barbosa, um dos maiores especialistas em produtividade e gestão do tempo atualmente no Brasil. Era, portanto, uma pessoa de renome. Ter um palestrante de estatura nacional tornaria o evento diferenciado.

Ainda nessa segunda etapa está incluído o levantamento dos gastos e dos investimentos necessários. Aqui estão vários itens: a contratação do palestrante, incluindo todos os gastos de transporte, hospedagem, cachê; o aluguel do teatro, dos equipamentos de som, a publicidade, entre outros investimentos. Bate-se também o martelo a respeito das peças publicitárias que serão produzidas.

Chegamos no item três, quando a equipe interna é informada e envolvida no evento. Aqui é necessário um comentário. Na verdade, essas quatro etapas do planejamento de comunicação se relacionam umas com as outras. Explicando melhor, a discussão com a equipe não se dá apenas no terceiro passo, mas também pode acontecer de alguns membros da equipe estarem envolvidos no momento em que se discute como fazer. Também a última fase, quando o público deverá ser informado, e, portanto, haverá gastos com mídia, está diretamente ligada à fase dois, quando são levantados e decididos que custos a empresa é capaz de bancar.

No entanto, é nessa terceira fase que a equipe em sua totalidade entra em contato com o projeto. É a hora em que se tentará engajar todos os integrantes e fazer com que eles "comprem" a ideia da iniciativa. A primeira coisa a fazer é uma reunião para informar a todos. Também nessa reunião, dividi as tarefas entre as pessoas. Como nossa empresa faz comunicação, todos os serviços, com exceção da segurança e da venda de ingressos, foram feitos internamente.

Ambiente seguro

Nesse mesmo dia, os empregados foram apresentados às peças publicitárias, que haviam sido decididas no passo dois. Nenhum deles se comportou de maneira passiva. Fizeram sugestões para as peças, deram sua opinião sobre o valor que seria cobrado pelos ingressos. Ali era um ambiente seguro, portanto, um local ideal para que essas questões fossem colocadas em discussão.

Criamos um grupo interno de WhatsApp para que as informações entre nós fluíssem de maneira instantânea.

Finalmente, a quarta fase, hora de comunicar ao público. Fechei várias parcerias para a divulgação do evento: na televisão, mídia no aeroporto, telões de LED e busdoor, aqueles anúncios colocados nas laterais ou no vidro traseiro dos ônibus. Tinha dúvidas se eu conseguiria comprar toda essa mídia. Sem as parcerias que consegui firmar, talvez o evento se tornasse inviável. E essa "economia" não beneficiou exclusivamente meu bolso, ela possibilitou cobrar um ingresso mais barato, conseguindo, assim, um maior número de pessoas ocupando o teatro. Isso também é bom para os patrocinadores, já que um número maior de pessoas presentes na palestra veria suas marcas, que foram expostas e divulgadas por nós, e se convenceriam de que aquelas empresas apoiam a cultura e querem trazer coisas relevantes para a cidade.

Três camisetas pelo preço de duas

O segundo exemplo de um plano de comunicação aplicado a uma estratégia de vendas é o de uma loja de confecções. Uma loja modesta, de produtos populares. Naquele estilo que se encontra na rua 25 de Março, em São Paulo, ou no Saara, no Rio de Janeiro. Um estabelecimento em que o dono também está ali, atendendo aos clientes, junto dos vendedores. Nesse ambiente, os quatro passos são percorridos com mais simplicidade.

Aonde o dono daquela pequena loja quer chegar? Quer dobrar o faturamento de um mês de seu estabelecimento. Como fará isso? Com uma forte promoção na venda de camisetas. O cliente poderá levar três camisetas e pagar apenas duas. Ele terá de aumentar a produção, porque a demanda será maior. Serão afixados cartazes na loja, uma faixa será colocada na fachada anunciando a promoção. Ainda será feito um investimento para pagar a um locutor pela gravação de uma mensagem que será divulgada por um carro de som, que percorrerá as ruas próximas a sua loja.

Passo três, comunicação com a equipe. O lojista fez um café da manhã antes de abrir as portas da loja lançando o projeto. Caprichou escrevendo uma carta nominal – o mesmo texto, mas colocou o nome de cada vendedor no papel, personalizando a comunicação. Nela é explicada a importância do engajamento de cada um para o sucesso do projeto. Durante o café da manhã, dirigiu-se a cada um deles: "João, você é importante, vou precisar de você nisso", ele disse. João se sentiu valorizado e fazendo parte do evento.

O dono da loja mostrou para toda a equipe um vídeo motivacional que estava no YouTube. O vídeo, bem feito e com muitos milhares de visualizações, emocionou os vendedores. Para garantir ainda mais o engajamento, prometeu um prêmio para quem ficasse em primeiro lugar nas vendas. E apresentou as mídias que planejava usar para a equipe, fechando a reunião com um comentário: "Se algum cliente entrar na loja e disser que veio por causa da promoção que o carro de som está anunciando no bairro, vocês não serão pegos de surpresa."

O quarto passo do mês da camiseta é a efetivação das mídias que foram decididas, e orçadas, na segunda etapa, quando o lojista coordena custos e prazos para a produção das camisetas e da comunicação ao público. O negócio é modesto, e se o proprietário decidisse investir em uma mídia mais cara, como inserções em rádio ou um anúncio de jornal, talvez perdesse o foco e gastasse dinheiro sem necessidade. Ele sabe que tem um negócio de bairro, e tem uma escala que permite atender àquele público que circula por ali. Não faria sentido um investimento pesado em mídia, que comprometeria todo seu arranjo financeiro.

Cerveja leve

O terceiro caso que relato é o de um lançamento de um novo produto por uma empresa multinacional. Participei pessoalmente da fase final desse projeto como jornalista convidado para o lançamento de uma nova versão de uma cerveja que tem forte venda em todo o Brasil. A empresa queria apresentar para o mercado nacional uma versão mais leve de uma marca de cerveja já consolidada. A nova fórmula reagia às queixas surgidas nas pesquisas qualitativas, que indicavam que o produto tradicional caía pesado, dando a sensação de inchaço no estômago para quem a tomava. Além disso, a nova versão teria um preço mais em conta.

Como a empresa mostraria o novo produto? Demonstrando que produz uma cerveja com uma formulação melhor que a anterior a um grupo de formadores de opinião, a maioria jornalistas. O evento teve suas grandiosidades, e os convidados para o lançamento iriam até o Rio de Janeiro conhecer a bebida a bordo de um navio. Formadores de opinião é como são chamadas pessoas que têm capacidade de influenciar e modificar a opinião e o comportamento de outras pessoas em relação às áreas política, moral, social, econômica, alimentícia, de lazer, entre outras.

O passo três foi a apresentação e o treinamento da equipe da própria cervejaria sobre as características do novo produto. Já não se trata aqui apenas da comunicação da chegada de uma nova ideia. Empresas de porte, com uma estrutura maior, ao lançar alguma novidade, treinam seu público interno para que também se tornem divulgadores de sua mercadoria ou serviço. No caso da cervejaria, o mestre cervejeiro e outros diretores promoveram exposições sobre a composição da nova bebida. Os pontos fortes do produto foram mostrados, bem como uma análise do comportamento dos concorrentes no mercado. Também se falou em metas de venda e outras providências. Por fim, foram mostradas as peças publicitárias e foi explicada a estratégia de vendas.

O quarto passo foi a apresentação ao público. Como foi feita essa apresentação? Nesse evento no navio, com representantes dos grandes veículos de comunicação. Uma estratégia sofisticada de comunicação. Em vez de anunciar diretamente na televisão e em outras mídias, eles chamaram as pessoas responsáveis pelo conteúdo dessas mídias. É o chamado efeito amplificador. Os veículos começaram a divulgar em suas praças, nacional ou regionalmente, como foi meu caso. Criou-se uma empatia entre a marca e os que a degustaram. É difícil que um comunicador, depois de passar por essa vivência presencial, critique abertamente essa cerveja.

Medindo resultados

Cabe aqui uma questão. Afinal, como podemos medir o resultado do planejamento de comunicação de uma empresa? Pela quantidade de pessoas que vão a uma palestra? A quantidade de camisetas vendidas? Ou pelo total de reportagens favoráveis a uma nova cerveja que chega no mercado? Como saber se ele está dando certo? A resposta que talvez venha em primeiro lugar em nossa cabeça é levar em conta os resultados financeiros. Se está vendendo bem, tendo lucro, se está dando certo.

Ok, esse é um critério de grande importância. Organizações que só colhem prejuízos acabam por fechar as portas. Não cumprem um de seus grandes objetivos, que é gerar riqueza, para seus integrantes e para a sociedade. Mas outra forma tão importante quanto essa de medir se a comunicação está pondo a empresa em um patamar acima é colocada pelo já citado

SEM UM PLANO DE VOO, A COMUNICAÇÃO NÃO DECOLA

Christian Barbosa. Em uma conversa que tivemos, ele comentou que há muita gente que é produtiva, mas desequilibrada em sua vida pessoal. As metas da empresa estão lá em cima, mas essa pessoa tem estresse, dor de barriga, problemas em casa com o casamento e os filhos. Por outro lado, continua Christian, há aquelas pessoas que não trazem resultados tão satisfatórios. Seu mundo profissional está tumultuado, mas elas continuam equilibradas, em paz, zen. O ponto ideal, ensina o autor, o objetivo a ser perseguido é ter as duas coisas. Você ter resultado e produtividade. Mas manter o equilíbrio, ser feliz, juntamente da equipe.

Um componente indispensável para que esse equilíbrio se estabeleça no cenário profissional é a comunicação com a equipe que trabalha com você. Quando você coloca todos na mesma página, é capaz de alinhar as expectativas da pessoa por meio da comunicação. Os integrantes, sabendo o que se espera de cada um e aonde se quer chegar, tendem a se relacionar de uma maneira mais equilibrada. Assim, todos estarão saudáveis para encarar os próximos passos com energia.

Em um momento em que a economia como um todo está em crise. Ou quando um setor enfrenta problemas particulares, a receita cai, pessoas são demitidas, alguns negócios fecham as portas. Essa é a hora em que o equilíbrio citado por Christian Barbosa é importante nas empresas. "Agora é a hora de agir com cautela", um executivo pode dizer. "Postos de trabalho estão sendo cortados por aí, mas eu não quero demitir. Claro, estou preocupado, todos nós estamos, mas neste momento preciso que vocês deem algo a mais. Com a dedicação de vocês e esforço, sairemos dessa juntos."

A postura do equilíbrio, no entanto, não foi feita apenas para os momentos graves. Vamos imaginar a situação contrária, de uma empresa que está bem, apresentando excelentes resultados. Seus executivos poderiam comunicar o seguinte: "A empresa está muito bem, e tivemos um lucro alto. Mas agora não subiremos o salário de ninguém. Vamos fazer um investimento e nos tornar uma multinacional. Precisamos da compreensão e apoio de todos. Vamos crescer e estaremos juntos nessa, e depois virá a recompensa".

Compartilhar as informações com a equipe, sejam elas boas ou más. Firmar um compromisso com as pessoas de tentar garantir o emprego dos integrantes ou aumentar os salários após o crescimento da organização. A transparência dessas diferentes formas de comunicação, nos exemplos que trouxemos, é um fator que tem o poder de unir as pessoas em torno de um objetivo comum. Isso trará equilíbrio, eliminará tensões, tornará o ambiente de trabalho mais feliz e os participantes mais dispostos a aplicar sua energia para atingir os objetivos empresariais.

É claro, as promessas têm de ser mantidas – não demitir ou aumentar salários quando a empresa crescer. Do contrário, será produzido um ruído que comprometerá a credibilidade dos líderes da organização. Seguindo o script, comportando-se de uma maneira coerente com a comunicação que fizeram, os executivos da empresa sairão fortalecidos. Terão seguidores dentro da empresa. Eles não apenas serão queridos porque pagam um salário no final do mês, mas admirados pelo que inspiram. Isso faz toda a diferença. É resultado de uma estratégia de comunicação correta.

Sem papel de bala

Já li outros autores que afirmam que se alguém procura uma colocação em um negócio só levando em conta o dinheiro, ele também irá embora por dinheiro. Da mesma maneira, se um cliente vem até a minha empresa só pensando no preço, ele também não ficará por muito tempo e sairá à procura de um fornecedor com um preço melhor. O que se busca hoje, e vemos isso cada vez mais nas peças publicitárias, é estabelecer um outro nível de vínculo. O que se quer é uma conexão que passe pelo coração. Em outras palavras, uma ponte feita de emoção, por princípios que são mais morais e éticos do que financeiros. Se o coração está presente na relação, é porque houve uma comunicação eficaz.

Um dos exemplos mais marcantes que testemunhei de como o relacionamento entre colaboradores de uma organização pode ser integrado e focado em resultados que vão além dos salários e até da hierarquia foi quando estive em um parque de diversões para fazer uma reportagem. Eu e minha equipe estávamos caminhando pelo local, em companhia da assessora de imprensa da empresa, quando comecei a prestar atenção em como as alamedas dali estavam limpas. Não se via um papel de bala no chão.

Comentei isso com a assessora, e ela respondeu: "Aqui nós temos um princípio: não importa o cargo, qualquer pessoa que trabalhe na empresa, se encontrar uma embalagem, um papel, qualquer coisa jogada no chão, deve apanhar e jogar no lixo. Deve tomar a iniciativa, e não chamar um varredor ou uma faxineira."

Isso se aplicava a todos os integrantes. O presidente da empresa, se visse um saquinho de pipoca no chão, tinha a obrigação moral de se abaixar, recolher a sujeira e colocá-la em um cesto de lixo. Esse princípio servia para muito mais coisa do que deixar o parque de diversões limpo. Era o resultado de uma política de comunicação tanto acertada para o cliente, que se sentia satisfeito com o asseio do ambiente, quanto transformadora para os empregados do parque.

Para o público interno, esse cuidado era um cimento que mantinha todos os departamentos e funcionários unidos. Certamente havia outros objetivos comuns, mas aquele que estava ali mais evidente – a responsabilidade geral de manter o parque de diversões limpo – era especialmente poderoso porque tinha o poder de, até certo ponto, romper com o distanciamento que a hierarquia pode criar dentro de uma empresa.

Imagino que mesmo o pessoal encarregado da faxina, que em geral é considerado a mão de obra de menor qualificação nas organizações, deveria se sentir prestigiado ao ver que o presidente da empresa, alguém tão poderoso, executava a mesma tarefa que eles próprios. A tarefa de manter o parque limpo era, portanto, algo estratégico, de grande importância para o empreendimento. E eles, faxineiros, eram responsáveis no dia a dia por essa relevante função. Não é isso que todos nós queremos ouvir? Que nosso trabalho importa e é relevante?

No próximo capítulo trataremos da importância da comunicação para garantir uma boa liderança empresarial.

Líderes na Comunicação

"Se você falar com um homem em uma linguagem que ele compreende, isso entra na cabeça dele. Se você lhe falar em sua própria linguagem, isso entra em seu coração."
Nelson Mandela *(1918-2013), primeiro presidente negro da África do Sul*

Entre minhas atividades na área de comunicação, está, como a esta altura o meu leitor já está inteirado, a de apresentador de programas de TV. Há mais de uma década, estou habituado a gravar quadros e fazer entrevistas que irão ao ar depois de editados. Também estou acostumado a conduzir uma atração ao vivo, ou seja, os telespectadores me veem em tempo real.

Quando você grava um programa, caso você se esqueça do que deveria dizer, ou fale algo que não soe da maneira que você queria, isso não é um grande problema. Basta dar um stop na câmera e gravar novamente. Mas, quando você está ao vivo, a coisa muda. Se você tossir, engasgar, der uma informação errada ou ficar paralisado, quando der um branco na sua cabeça, não há muito o que fazer. Os telespectadores assistirão a tudo isso da poltrona. Rirão, ou ficarão irritados com você.

Por esse motivo, quando se está fazendo uma transmissão ao vivo, é inevitável que haja uma certa tensão no ar. Mesmo assim, não me senti especialmente ansioso quando recebi um telefonema de uma amiga, também ela apresentadora na televisão: "Rafael, só confio em você. Pelo amor de Deus, apresente meu programa hoje. Amanheci com o olho superinchado, não posso ir ao ar assim!"

Essa ligação foi ao meio-dia. O programa iria ao ar, ao vivo, às 14 horas. Era um daqueles programas voltados para o público feminino. Uau! Falar ao vivo sobre questões femininas não é exatamente a minha especialidade, pensei. Mas não havia como negar ajuda à minha amiga. Cheguei no estúdio e a encarregada da produção do programa me tranquilizou. Estava tudo sob controle. Os entrevistados, confirmados; os assuntos, já decididos.

Ela garantiu que acompanharia o programa e passaria para mim todas as dicas, inclusive perguntas das telespectadoras, pelo ponto eletrônico – um pequeno aparelho receptor de áudio que é colocado no ouvido do apresentador e pelo qual a produção lhe dá instruções e informações. Ok, parecia que seria fácil. Eu só teria de repassar adiante o que a produtora falasse no meu ouvido. O programa começou. Logo no primeiro bloco, eu deveria entrevistar um ginecologista que responderia às perguntas que as telespectadoras fariam pelo telefone.

Comecei a entrevista. Apresentei o entrevistado. Fiz perguntas genéricas sobre o trabalho dele, aguardando as questões dos telespectadores, que viriam pelo ponto eletrônico. Mas não vinha nada. Falei mais um pouco, e o silêncio no ponto continuava. Para um apresentador que está ao vivo, não receber informações da produção é como dirigir um carro em uma estrada à noite com os faróis apagados.

Espichei mais um outro assunto qualquer, já começando a suar frio. No ponto eletrônico, nem um zumbido, a produtora não dizia nada. De repente, ela apareceu correndo no estúdio, e por detrás das câmeras disse: "Ferrou, ferrou! Se vira, se vira!" Havia ocorrido um problema técnico. Ela não conseguiria falar pelo ponto, eu teria de conduzir a entrevista sozinho.

Ótima pergunta, Rafael!

Eu não sabia o que falar. E em uma hora dessas, não dá tempo de pensar, nem de chorar. Então, vindo de algum lugar desconhecido do fundo de meu cérebro, pensando enquanto estava falando, perguntei: "Doutor, a mulher, quando chega a uma certa idade, começa a ter problemas com a lubrificação. O senhor poderia falar sobre o assunto?"

O médico convidado olhou para mim, ficou calado por um instante e...: "Ótima pergunta, Rafael! Esse é um assunto da maior importância." A partir daí, a entrevista e o programa se desenrolaram sem problemas. O gelo havia sido quebrado. Eu retomei o controle da comunicação.

Comecei este capítulo com esse relato porque aquela situação que eu vivi é similar a outras vividas por nós na comunicação com outras pessoas, principalmente nas relações corporativas. Quando você está dando uma palestra, apresentando um produto, ou em uma reunião importante, há momentos que exigem reações rápidas, como se você estivesse em um palco de teatro, ou, como aconteceu comigo, em uma transmissão ao vivo. Não há possibilidade de parar, nem de consultar anotações.

Há vários outros truques de improvisação que podem ser usados para manter uma narrativa em voo de cruzeiro. Um deles é utilizar algum objeto próximo de você ou situação inesperada que surja durante sua apresentação e colocá-lo no contexto do assunto que está sendo tratado. Se você está em pé diante de uma plateia e uma das pessoas que o está ouvindo levanta-se por qualquer motivo, para ir ao banheiro, por exemplo, você pode usar a deixa para dizer algo que desperte a atenção e a simpatia de seus ouvintes: "Estou vendo que as pessoas já estão se levantando para ir embora. É uma pena, porque estou chegando agora ao momento mais importante da palestra". Certamente o comentário divertirá as pessoas e as tornará mais relaxadas e receptivas.

Certa vez, quando eu estava realizando a cobertura jornalística do Festival Internacional de Cinema de Berlim, usei um recurso de improvisação para tornar a reportagem mais relevante. Antes de contar o que se passou, é preciso explicar como são essas coberturas de grandes eventos: elas parecem, em alguns momentos, uma luta de boxe. Um evento como esse festival atrai jornalistas do mundo inteiro, e o espaço e o tempo para gravar imagens e fazer perguntas é muito curto. Por isso, todos se empurram, se acotovelam e dão golpes de corpo que lembram aquelas confusões na pequena área quando é cobrado, no futebol, um chute de escanteio.

Eu estava espremido entre operadores de câmera e repórteres, quando algumas das personalidades que participariam daquele evento começaram a chegar. Identifiquei alguns deles como atores do elenco do filme *Cinderela*, do diretor Kenneth Branagh, lançado em 2015. Na confusão do empurra-empurra, fiquei ao lado de uma mulher vestida com roupas chamativas e um cabelo pintado de alaranjado. Mesmo sem saber quem era ela, instintivamente pedi para que respondesse a algumas perguntas e consegui uma rápida e simpática entrevista.

De volta ao local onde editaria o material, descobri que aquela mulher era Sandy Powell, uma das mais premiadas figurinistas do cinema, que já ganhou três Oscar de melhor figurino e fora indicada para a Academia pelo seu trabalho em *Cinderela*. Ou seja, era alguém de grande importância na indústria cinematográfica. Quando fiz a edição final da entrevista, gravei um áudio para dar a devida importância ao material que tinha em mãos e falei algo como: "Pessoal, consegui uma entrevista fantástica e exclusiva com a figurinista Sandy Powell, que ganhou dois Oscar pelos figurinos dos filmes *Shakespeare Apaixonado* e *O Aviador*". (Depois desse Festival de Berlim, Sandy ganharia mais um Oscar pelo filme *A Jovem Rainha Vitória*).

Nesse episódio, utilizei essa técnica de lançar mão do que o ambiente está me dando como informação, que neste caso pode ter sido o de alguém com um visual tão especial como o de Sandy Powell e seus cabelos alaranjados, para contextualizar uma informação e usá-la em minha comunicação. Uma estratégia de grande utilidade quando você tem poucos elementos à sua disposição.

Naquele momento, eu não sabia nada sobre Sandy Powell, mas conhecia o que rolava no festival. Comecei perguntando: "Qual é a importância de participar de um evento como este?" À medida que Sandy ia respondendo, me dava pistas de quem ela era e do que havia feito. A partir de suas respostas e das informações que eu tinha sobre o festival, eu ia elaborando mais perguntas.

Em todas as circunstâncias, é preciso mostrar confiança e presença de espírito para que sua audiência fique com você. Especialmente quando esse emissor que está momentaneamente na berlinda é alguém que tem liderança diante daquele público. Alguns recursos de comunicação são providenciais nesses momentos. Como termos preparado, anteriormente, um roteiro que nos permita recuperar o fio da meada e voltar para o ponto central de nossa exposição, mesmo se for interrompida (veja dicas nesse sentido no Capítulo 3). Também pode-se partir das perguntas e afirmações que surgem de seus próprios interlocutores, que quase sempre mostram o melhor caminho a que aquela comunicação pode levar, para dar continuidade à sua exposição. Ao longo daquele programa sobre questões femininas, foi esta última estratégia que segui, pedindo mais explicações e aprofundando os assuntos que aquele especialista trazia.

Ter recursos de comunicação como os que foram citados é uma exigência para aqueles que pretendem ser líderes nas organizações em que trabalham, ou no meio em que atuam profissionalmente. Um líder deve desenvolver uma capacidade de comunicação diferenciada dos outros funcionários da empresa. Isso porque, se você está disposto a assumir um cargo de liderança dentro de seu negócio, precisará transmitir a outras pessoas seus conhecimentos.

Falando tecnês

Enquanto escrevo isso, me vem à mente uma entrevista que fiz certa vez com um especialista em computação gráfica. Embora tenha nascido aqui, em Londrina, ele já morava, na ocasião, há mais de 15 anos fora do Brasil. Esse especialista é um dos maiores diretores de animação do mundo. Trabalhou em grandes produções de cinema de Hollywood, como *Superman*, *Velozes e Furiosos* e *Mogli, o Menino Lobo*. Acendemos as luzes, ligamos a câmara, e fiz a entrevista. E não entendi nada.

Ele só conseguia falar em "tecnês". Usava termos tão técnicos para contar como era fazer a animação, que a conversa se tornou incompreensível e chata. Ele era um gênio. Produzia coisas incríveis, que muita gente gostaria de saber como eram feitas. Mas não conseguia comunicar isso. Somente os nerds que trabalhassem com ele ou conhecessem a área profundamente seriam capazes de compreender sua mensagem. Ele falava em português, mas aquilo tudo parecia outro idioma.

Qual foi a dificuldade, o grande ruído? Ele é um nerd que vive dentro de seu mundo particular. Domina sua área e é referência para os colegas. Mas será que uma pessoa com essa limitação de expressão teria o perfil para liderar uma equipe e se relacionar com os outros departamentos de uma organização? Duvido muito.

O líder precisa ter a habilidade de dizer com clareza, para as outras áreas, o que a área dele faz. Ele terá de explicar, vamos imaginar, para o departamento de Recursos Humanos as necessidades de treinamento de sua equipe. Ou descrever com clareza o perfil do empregado de que ele necessita, para ser compreendido por quem não domina sua especialidade. Também precisará de argumentos claros para convencer o financeiro da necessidade de uma verba extra para adquirir um software.

É parte da rotina dos líderes de áreas participar de reuniões com a alta liderança da empresa. Nelas estarão os gestores de todas as áreas, para definir estratégias, relatar seus desempenhos, fazer projeções, fixar metas. Esse é o momento de uma conversa adaptada, não de conversas técnicas. Para se alinhar nesse ambiente, um líder tem de possuir habilidades de comunicação bem mais amplas do que aquelas que utiliza junto aos demais especialistas que trabalham diretamente com ele.

Uma trajetória que costuma ser comum nas empresas, e que deve ter sido aquela trilhada pelo nosso nerd, é a do funcionário que se destaca pelo conhecimento de um determinado assunto e, com o tempo, vai sendo promovido para cargos de maior responsabilidade. Quando ele chega a um nível importante de liderança, a empresa costuma investir em sua formação, para que ele passe da condição de funcionário promissor para tornar-se um líder de fato. Uma das habilidades mais críticas que ele deverá desenvolver é exatamente essa capacidade de se comunicar, tanto com seus superiores quanto com seus subordinados.

Um cliente que recentemente procurou meus serviços viveu exatamente essa experiência. Contador de profissão, ele começou a se dar bem em seus negócios e ampliou seu escritório. "Hoje tenho outros contadores que trabalham para mim, tornei-me um empresário", ele conta. Esse cliente deixou o trabalho de contabilidade do dia a dia e está aperfeiçoando habilidades de liderança: como falar com as pessoas, comunicar-se, interagir com sua equipe, enfim, como liderar.

Líder comunicador e líder zen

Costumamos pensar que o desempenho de um empresário, executivo ou gerente como comunicador dependerá, entre outras causas, de sua personalidade. Pessoas mais extrovertidas terão mais facilidade em interagir com os outros. Já os tímidos precisarão de mais energia para construir as pontes necessárias entre eles e aqueles que os cercam.

Não há como negar que a personalidade de cada pessoa tenha um peso significativo em seu desempenho profissional. Mas tanto o líder introvertido quanto o mais expansivo são capazes de impactar de maneira positiva seus comandados com suas diferentes abordagens. O líder comunicador, que é aquele que tem mais facilidade em compartilhar informações, é capaz de utilizar todas as ferramentas que estão à sua disposição. Ele é hábil nos contatos pessoais, sabe dosar o uso da emoção e facilmente agrega as pessoas em torno de seus projetos. O entusiasmo e a capacidade de envolver e estimular aqueles que o ouvem são suas características mais marcantes.

Já o líder introvertido também passa suas mensagens com eficiência, mas em um estilo mais reflexivo e contido. Seu modo de se expressar é mais comedido do que o do líder comunicador. Poderíamos até chamá-lo de "líder zen". Ele conquista o respeito de seus subordinados por sua história, pela sua clareza. Todos nós algum dia já vimos líderes como esses. Eles costumam ficar em silêncio. Mesmo em momentos agitados, mantêm o perfil baixo, interagem pouco, não desperdiçam palavras. Quando se manifestam, suas frases têm grande efeito, repercutem na mídia, são repetidas, podem mudar comportamentos.

Sejam esses líderes comunicadores ou zen, o que, de fato, convencerá as pessoas de que o que eles propõem é verdadeiro e deve ser levado em conta são suas atitudes. E ter atitudes, mesmo quando ela é apenas um gesto sem palavras, é fazer comunicação. Assumir uma postura que seja coerente com o que você prega em sua organização exige firmeza, atenção constante e até mesmo abrir mão de alguns privilégios.

Um presidente no bandejão

Um exemplo marcante disso que estou dizendo testemunhei quando fazia uma reportagem em uma fábrica multinacional de pneus, na época em que era repórter em uma revista sobre caminhões. Eu passaria o dia na empresa, visitando suas diversas instalações. A fábrica era enorme. Parecia uma pequena cidade, com os escritórios, departamento de recursos humanos, marketing e, naturalmente, o chão de fábrica, no qual os pneus eram feitos.

No meio da visita, o presidente me convidou para almoçar. "Opa! Almoçar com o presidente de uma multinacional! Que honra!", pensei. "Com certeza vamos a um belo restaurante!" Na hora combinada, nos encontramos no pátio e fomos andando pelo parque que havia dentro da empresa. Chegamos até uma grande fila, e entramos no final dela, atrás dos outros funcionários. Era a fila do bandejão. O presidente almoçava ali, com seu terno e sua gravata, ao lado dos operários, com seus macacões manchados de graxa e do pessoal do escritório, com camisa social.

Naquele espaço da empresa não havia distinção hierárquica. Todos eram iguais diante do bandejão. Isso tinha um impacto. Os funcionários se sentiam respeitados e, como consequência, respeitavam seu líder. Não estamos falando de diferenças salariais, nem de hierarquia, nem da obediência às determinações do chefe devida pelos subordinados. O recado que é passado por líderes que agem assim, como esse presidente da fábrica de pneus, é o de que naquela organização cada um exerce uma função, mas todos são iguais em sua humanidade, têm direitos que devem ser levados em conta e respeitados.

Fazer as mensagens fluírem

Um líder que sabe manejar a comunicação não aplica essa habilidade exclusivamente em sua relação com os empregados. Ele também cuida para que as informações fluam entre as diversas áreas da empresa e entre as pessoas que fazem parte desses setores. Listei a seguir dez posturas necessárias para que a comunicação percorra com sucesso os setores mais importantes da empresa.

A primeira delas é a de que esse comandante-chefe seja claro quanto à meta da empresa e sobre qual caminho será percorrido para atingi-la. Ele deve mostrar a todos aonde quer chegar. O segundo passo é apresentar a toda a equipe o plano geral de seu projeto. Nesse momento, o líder deve fazer isso sem aprofundar as etapas. Ele deve fugir do discurso técnico, algo que aquele superespecialista em computação gráfica não conseguiu fazer na entrevista que me concedeu.

O ponto três é setorizar as informações. Ou seja, definir quem será o responsável por cada área da empresa e terá a seu cargo relatar à liderança como aquele departamento está cumprindo as metas gerais da organização. Quando o líder determina quem são aqueles que responderão por uma atribuição específica, ele está colocando em prática uma estratégia de comunicação. De novo, essa pessoa nomeada deve ser capaz de se expressar na linguagem daquele setor, mas também ter a habilidade de dialogar com integrantes de outras divisões.

Essa comunicação entre os líderes de áreas específicas é algo bastante relevante, e o ponto quatro de nossa lista trata disso. Cabe ao líder maior encorajar os que comandam esses setores a falar entre si sobre assuntos do dia a dia que requerem o esforço conjunto de mais de um departamento. É desnecessário e improdutivo que eles esperem pela grande reunião geral para tratar de algumas questões. Por exemplo, se a área de vendas está precisando de uma rede de internet que seja três vezes mais rápida do que a atual, o líder de vendas deve procurar o do financeiro e mostrar sua demanda. Este, por sua vez, verificará o orçamento para decidir se aquele investimento é viável.

O processo de tomada de decisões será muito mais ágil caso os setores tenham essa liberdade de comunicação. É claro, resoluções relevantes deverão chegar ao principal líder, que — essa é a quinta postura — estabelecerá as etapas e a frequência dos feedbacks que receberá. Isso poderá ser feito em reuniões diárias, semanais ou mensais, dependendo da dinâmica interna e do tamanho de cada empresa. O papel da comunicação nesse momento é evitar que algum erro como, por exemplo, o atraso em cumprir uma meta, se propague em um efeito cascata e as pessoas só percebam quando o estrago já estiver feito. Feedbacks constantes permitem que a situação seja mantida sob controle e que as correções e mudanças de rumo sejam feitas a tempo.

O item de número seis é simples, mas fundamental: ao final de um ciclo, ou de um momento em que se enfrentou uma crise, o líder deve dar seu feedback. Analisar o que foi positivo e o que tem de ser melhorado naquele período. Afinal, ele é o líder, aquele que apontará o caminho para atingir as metas acordadas.

Falamos de momentos de crise, e é nesse instante, conforme sugiro neste sétimo item, que cabe ao líder controlar as reações e emoções que surgem no grupo quando há dificuldades. Por meio da comunicação direta, honesta e clara, ele deve ser capaz de criar um ambiente em que não seja algo aceitável que um setor ou empregado culpe os demais por falhas que ocorrerem. O que se busca é criar um meio em que todos assumam suas responsabilidades e se apoiem mutuamente para cumprir o que lhes foi solicitado.

Esse ponto está diretamente ligado à questão seguinte, de número oito, que preconiza caber à chefia consolidar a visão de que a empresa funciona como um organismo vivo. Quando um de seus órgãos falha, todos os outros serão atingidos e sofrerão. Se ali se escutam acusações de que os problemas sempre são dos outros, isso é um sintoma de que os integrantes talvez não estejam inteirados, ou se sintam identificados, com a missão da empresa.

Desafios e problemas sempre surgirão nos negócios. Mas também haverá o momento de festejar vitórias e conquistas. No item nove, portanto, recomendo que um líder deve parabenizar e celebrar tanto os êxitos gerais, quanto as iniciativas e atitudes individuais, que vão além das obrigações de um determinado cargo, trazendo vantagens inesperadas para a organização.

Vamos imaginar, como um exemplo disso, aquela situação em que o departamento de vendas solicita ao financeiro uma internet mais veloz. O financeiro consulta o pessoal de tecnologia da informação e pede um levantamento de preços no mercado. Recebe a informação e aprova o orçamento. É nesse momento que pode ocorrer o esforço extra: um funcionário da TI fecha o negócio com um desconto de 20%, sem que ninguém houvesse solicitado que ele negociasse o preço com o fornecedor. É nesse momento que o líder deve parabenizar publicamente aquele empregado. Não só pelo benefício financeiro, mas como um estímulo à proatividade dos demais integrantes.

O último ponto desta lista, mas não o menos importante, é sobre o feedback que o líder recebe. Ele deve se perguntar, entre outras questões, se todas as informações de que necessitava para realizar seu trabalho lhe foram entregues. Se as trocas de informações entre os setores fluíram. Ou se foram tomadas todas as providências necessárias para tornar melhor a comunicação interna. Quando o líder cria um método que lhe permite receber feedbacks precisos, ele trabalhará de uma maneira segura e protegida.

Feedback oculto

Feedbacks precisos são, também, a melhor ferramenta para evitar ruídos na troca de mensagens. Para que a comunicação aconteça em sua plenitude, é preciso que ela se movimente como em um círculo. O emissor lança a mensagem, o receptor a capta e dá o feedback para o emissor, que também produz sua resposta para as ações do receptor e emite uma nova mensagem, que chega ao receptor, que lhe dá um feedback... e assim a roda da comunicação vai girando. Por isso, um bom comunicador não é apenas alguém que fala ou escreve bem. Ele só merecerá a medalha de comunicador do ano se fizer essa ciranda girar e nunca interromper seu movimento.

Vamos aprofundar um pouco mais sobre o feedback que o líder dá para seu receptor, seu subordinado. Existem duas formas pelas quais o feedback se manifesta. A primeira é aquela em que alguém se comunica diretamente com quem enviou uma mensagem, e a outra, mais sutil, é o retorno que é passado de uma maneira indireta, pelas ações não verbais de quem recebeu a mensagem.

Ódio na rede

Ter clientes satisfeitos é a grande conquista de qualquer empreendimento, o melhor feedback que se pode esperar. Isso tranquiliza e dá equilíbrio aos integrantes. Neste nosso mundo atual, tão repleto de informações, a maior parte delas negativas e pessimistas, ter uma postura equilibrada é o que mais tem sido buscado.

Um dos maiores males que essa má comunicação provoca está na proliferação de mensagens de ódio, os chamados *haters* (palavra da língua inglesa, cuja tradução aproximada seria "aqueles que odeiam") nas mídias sociais. Experimente publicar qualquer informação sobre o êxito de alguma iniciativa sua ou de sua empresa na internet. É muito provável que haverá pessoas, que na maioria das vezes nem conhecem você, que postarão comentários ofensivos e desagradáveis desqualificando os fatos positivos que você está contando.

Mesmo sabendo que essa agressividade é gratuita e gerada por mentes tristes e negativas, é muito difícil tomar conhecimento delas sem que isso nos deprima e nos desencoraje. Como apresento programas na TV e coloco com regularidade vídeos que tratam da comunicação em plataformas como o YouTube, posso me considerar uma figura pública. Como todas as outras, eu também sou vítima desses *haters*. Confesso que isso me faz mal. Tanto é assim, que recomendei à minha equipe que não me passasse essas informações que questionam, de uma maneira leviana e sem argumentos, minha integridade e minha ética.

Recomendo ao leitor que faça o mesmo. Afinal são ataques gratuitos de pessoas que, se sentindo protegidas trancadas em seus quartos, colocam nessas agressões o pior que têm dentro delas. Com isso, sentem uma satisfação que nunca entenderei qual é. É uma comunicação que não agrega absolutamente nada à nossa trajetória pessoal ou profissional. Mensagens de ódio têm como único objetivo ferir os outros, tornar a vida deles menos brilhante, mais triste. Que proveito podemos tirar disso? Isso não significa, no entanto, que não devemos estar abertos para receber críticas construtivas. Mas essas devem ser feitas com respeito e com o único objetivo de contribuir para que possamos ser pessoas cada vez melhores.

Embora não tenham qualquer relação com essas mensagens de ódio, existem feedbacks negativos que são necessários para o bom andamento do processo de comunicação em uma empresa. Os bons líderes não devem fugir deles. Não seria correto, nem mesmo honesto, que um chefe observasse uma atitude incorreta de seus subordinados e não lhes chamasse a atenção.

Um mau resultado financeiro, por exemplo, não pode deixar de ser comentado pela liderança, que cobrará as responsabilidades dos empregados do setor. Esse feedback negativo que será dado pelo líder deve ser, no entanto, feito de maneira respeitosa e com o objetivo de deixar claro as expectativas que a direção tem a respeito do desempenho do funcionário. O que se quer é promover o crescimento do profissional que, eventualmente, pode enfrentar problemas na empresa.

Feedback aberto ou fechado?

Há, no entanto, opiniões diversas sobre como esse feedback ruim deve ser dado. Alguns defendem que o retorno positivo é algo para ser feito de maneira pública, enquanto o negativo sempre ficaria restrito a uma discreta conversa individual entre o líder e o subordinado. Outros afirmam que o feedback negativo, quando é tornado público, é educativo para todos os integrantes e deixa claro o que é esperado pela direção.

Minha opinião é a de que os feedbacks negativos podem ser abertos ao grupo, mas sempre como um ajuste de conduta. Não se quer expor ninguém, e, sim, dar um exemplo real de algo que interfere e prejudica o trabalho em equipe. "Isso que estou dizendo a você não é para dar uma lição de moral em público. O que vou falar também serve como uma reflexão para o restante da equipe", é o que um líder deve dizer em um feedback negativo.

Retornos negativos costumam ser emitidos de um lugar que exige uma resposta ainda mais delicada: do lado dos clientes. Como reagir quando seu público consumidor dá sinais, ou diz abertamente, que não está satisfeito com seu trabalho é um assunto que daria um outro livro. Mas, entre todas as reações possíveis, a menos recomendável é a de sempre considerar que o cliente não tem razão.

Pelo contrário, as críticas devem ser recebidas com uma mente aberta, e se a relação com o cliente insatisfeito não tiver sido danificada de maneira irreversível, o mais produtivo é tentar incentivar esse cliente a explicitar em que pontos a empresa falhou em atender às necessidades daquele consumidor.

Eu me recordo com detalhes de quando recebi um feedback ruim de um cliente, e esse acontecimento me fez mudar de uma maneira definitiva a maneira de me relacionar com minha clientela. O fato se deu logo depois que passamos, na produtora, a utilizar uma tecnologia de vídeo digital de alta resolução. Visitei vários possíveis clientes dizendo que tínhamos um equipamento de primeira linha que produziria vídeos com uma qualidade que ninguém mais na cidade oferecia.

Boi magro

Um dos clientes, que comercializava carne do gado, que também era de sua propriedade, se interessou em fazer uma publicidade. Ele aprovou o roteiro que fizemos, e ficou acertado que iríamos até sua propriedade rural para gravar imagens, inclusive do rebanho. Fomos até a fazenda e gravamos vários *takes*. De volta à produtora, editamos o vídeo do comercial e marcamos uma reunião para mostrar o resultado final do trabalho.

Cheguei entusiasmado no cliente. O vídeo havia ficado excelente, comentei com ele. Colocamos o filme para rodar. O cliente assistiu e disse, seco: "Muito ruim esse material". Na hora, senti até uma dor no peito. "O quê? Como assim muito ruim?", eu perguntei. Nosso filme não estava ruim, disso eu tinha certeza. No entanto, fiquei tão chocado com a reação do dono da empresa, que nem consegui conversar nesse dia. Voltei para o escritório chateado, estressado.

Mais tarde, voltamos a conversar sobre o vídeo. O cliente disse: "Esse material não está bom. Vejam esses bois que vocês estão mostrando. Estão muito magros, não posso mostrar bois magros assim para o público". Ah, bom! O problema era dos bois, e não meu.

Eu não me sentia responsável por essa avaliação. Primeiro, porque não sei nada de bois. Aquela era uma questão técnica do negócio que eu não tinha como entender. Depois, porque quem nos indicou o que filmar na propriedade foi o gerente da empresa. Aliás, sobrou para ele uma boa parte da indignação do proprietário. Depois que entendi o motivo do desgosto do cliente, tudo ficou mais fácil de resolver. Ficou acertado que voltaríamos a gravar imagens do rebanho em uma época em que eles estivessem mais bem nutridos.

Tirei valiosas lições desse episódio. A principal delas é a de que passei a antecipar o feedback de meus clientes. E faço isso com perguntas: Como você quer o texto do vídeo? Que tipo de trilha sonora agrada mais a você? O boi vai ser gordo ou magro? Ou seja, que característica de seu produto é boa e qual deve ser evitada? Faço perguntas para tentar eliminar ao máximo os ruídos da comunicação e para entender, traduzir mesmo, o feedback de alguém que não está habituado a dar feedbacks.

Mas deixando os bois de lado e voltando à vaca fria dos feedbacks internos, há líderes que têm dificuldade em oferecer retornos negativos para seus empregados, mesmo quando o relacionamento com o funcionário já está em uma fase de sério desgaste. É o feedback de conduta, sobre o qual falamos há alguns parágrafos. Trata-se do retorno a ser dado, por exemplo, quando um funcionário, de maneira recorrente, não cumpre prazos, não é caprichoso, ou não entrega o que foi acertado.

Conversa difícil

Como se conduzir quando é necessário fazer uma comunicação difícil como essa? Costumo aconselhar aqueles que me pedem opinião sobre o assunto recomendando que a conversa se dê em três passos. Em primeiro lugar, perguntar ao empregado se está acontecendo alguma coisa fora do normal, se ele vem passando por alguma dificuldade pessoal. "Tenho percebido que você não está mais entregando seu trabalho com a mesma qualidade, está fazendo as coisas de qualquer jeito", é uma maneira de iniciar a conversa. "Essa é a sensação que eu tenho. É isso mesmo? Eu gostaria de ouvir o que você tem a dizer a respeito."

No segundo momento da conversa, deve ser relembrado o que foi combinado em relação às tarefas pelas quais o empregado em questão é o responsável. Na minha empresa, eu diria a ele: "Somos uma empresa de comunicação, temos de nos comunicar bem com nosso cliente. Essa é nossa expectativa com seu trabalho, e isso não está acontecendo."

O terceiro ponto é um aviso claro, que deve ser entendido completamente pelo funcionário e que encerra a conversa. "Tenho percebido que esse comportamento seu tem sido uma constante. Se isso continuar, não poderemos mais trabalhar juntos, pois não estamos nos entendendo. Eu quero que você continue conosco, quero que evoluamos juntos e possamos estabelecer uma relação de confiança. Mas você precisa mudar sua postura, do contrário entenderei que a empresa e você não estão alinhados, em sintonia."

Essa conversa é uma chacoalhada que o líder dá no empregado que não está correspondendo às expectativas e descumprindo o pacto que foi anteriormente acertado. Se ele entender o recado, "O que foi dito é verdadeiro. Meu líder percebeu que estou sem energia ou perdi meu envolvimento", ele pensará. A partir dessa reflexão, ele poderá decidir mudar sua postura. Mas, caso isso não aconteça, o líder terá de enfrentar outra fase, que também é vista como espinhosa por alguns: demitir o funcionário que não está sendo produtivo.

Hora de demitir

Dispensar os serviços de alguém sempre foi algo que me foi penoso. Isso ocorre porque me envolvo muito com minha equipe. Para mim, e para milhares de outros empreendedores, executivos e gerentes, a confiança nas pessoas com quem trabalho é colocada muitas vezes à frente da competência que a pessoa possa ter. Mas há momentos em que essa relação é quebrada, e é preciso tomar uma posição mais assertiva diante disso.

Se a decisão de dispensar os serviços de um empregado foi tomada de maneira irreversível, há alguns procedimentos que tornam esse momento mais transparente, respeitoso e profissional. A primeira providência é preparar o ambiente para que essa conversa difícil não apanhe o empregado completamente de surpresa. O mais indicado é chamar a pessoa e avisá-la que dali a algum tempo, 20 minutos ou meia hora, você quer que ela vá até sua sala para uma conversa.

É importante que ela entenda que o assunto a ser tratado será sério. Demonstre isso com um tom de voz e uma expressão facial graves e formais. Nesse momento, o funcionário já estará procurando em seus arquivos mentais uma razão para aquele encontro que se pronuncia tão cerimonioso assim. Na grande maioria das vezes, a pessoa tem a ideia clara de que seu desempenho não está atendendo às expectativas. É bem provável que ela já tenha se sentado com o chefe, em um momento anterior, para aquela conversa de advertência. Por isso, ela estará talvez adivinhando o que será tratado dali a alguns minutos.

Iniciada a conversa, o líder dirá algo como: "Fulano, tenho percebido que você já não é mais o mesmo. Já conversamos sobre isso naquele dia, mas desde então não observei nenhuma mudança em seu comportamento". Como nessa conversa a decisão de dispensar o empregado já foi tomada, esses argumentos devem ser expressos com calma, equilíbrio e serenidade. Não é uma briga, uma repreensão. O momento do conflito já passou, o que está acontecendo ali é o início de um processo de demissão. Não há, portanto, nenhum motivo para o líder se exaltar.

Também deve ser deixado claro para o empregado que foram as atitudes dele que fizeram a situação chegar até aquele ponto. Não é que o líder tenha decidido, por algum capricho pessoal, ter aquela conversa dura. Colocado isso, é hora de explicar para o funcionário qual é o objetivo daquela reunião. Antes de anunciar a demissão, deve-se chamar a atenção para uma característica positiva do empregado e dizer que essa qualidade garantirá que ele encontre outra colocação em alguma empresa, mais afinada com o perfil dele.

"Você é uma pessoa que não se sente à vontade com um horário fixo para iniciar o dia de trabalho, como fazemos aqui. Mas você viu que aquela empresa está contratando profissionais por produtividade? Você poderá trabalhar em sua casa, e dessa forma eu penso que se sentirá mais feliz", o líder diz. Esse chefe acredita que o funcionário se sentirá mais à vontade com outro empregador, por isso, ele diz, o está liberando para procurar algo em outro lugar. "Vou te dispensar, porque se a gente continuar dessa forma, nossa relação, que é de confiança, vai se romper, e isso eu não quero."

O líder deve agradecer ao funcionário demitido pelos serviços que ele prestou à empresa. As contribuições que foram dadas devem ser citadas pelo chefe, e deve-se deixar claro que a decisão é profissional. "As portas que você abriu aqui continuarão abertas, e o que você trouxe para a empresa se tornará um legado". Atenção! É preciso entender que "portas abertas" não significa que ele poderá ser recontratado. Seria cruel com o líder deixar o empregado que será dispensado com falsas esperanças apenas para tornar essa conversa menos desagradável.

A essa altura, o líder apresentou os fatos, deu a notícia da demissão, encorajou a pessoa e a agradeceu pelo seu trabalho. É o momento então de perguntar ao ex-funcionário se ele deseja falar alguma coisa. Caso ele queira, deve-se deixá-lo falar. No final, a conversa deve ser encerrada com o líder reiterando que a empresa está de portas abertas e o que foi criado não será esquecido. Esse é um cuidado que deve ser tomado para não criar inimigos. Quanto mais sua empresa cresce, quanto mais seu negócio prospera, mais amigos você pode ter, ou mais inimigos. Isso depende da forma como um líder se comunica com seus empregados, mesmo quando ele se vê obrigado a dispensá-los.

Eu sou um líder?

Enfatizamos aqui o quanto a liderança de uma empresa, para ser competente, terá de fazer um excelente uso da comunicação. Mas talvez o que escreverei agora deveria estar no começo deste capítulo, e não em seu encerramento. Muitas pessoas não se consideram líderes. Acreditam que os chefes, os *big bosses*, são aqueles que comandam grandes equipes em organizações que faturam milhões. Talvez esses leitores falem algo assim: "Eu não sou líder. Eu trabalho em uma empresa, faço meu trabalho e recebo um salário. Eu não sou líder. E eu não tenho capacidade para ser líder."

Não estou de acordo com essa visão. Na minha opinião, você, leitor, é o líder de sua vida. E isso não é apenas uma afirmação retórica. Você é o líder de sua vida, porque as decisões que você toma, ou que deixa de tomar, trarão inevitavelmente resultados. Bons ou ruins. É você quem decide levantar cedo e ir trabalhar. É você quem decide quando tomar um remédio. A decisão de fechar um negócio é sua. Aceitar um desafio ou fugir dele é algo que é você quem determina. Você é um líder, porque quando você bate o martelo em uma resolução, você está assumindo uma postura de liderança.

Definir o que você fará, é necessário entendermos isso, terá repercussões. Impactará na vida de sua família, influenciará os rumos de sua empresa, provocará mudanças na rotina de sua rua, de seu bairro. Nós formamos uma enorme e intrincada rede de relacionamentos. Qualquer ação tem reflexos em nosso entorno e ecoa muito mais longe do que imaginamos. E quando o que fazemos repercute e é percebido pelos outros, estamos fazendo comunicação. E nisso todos nós somos um *big boss*.

O próximo capítulo discorrerá sobre como entregar notícias informativas, positivas, persuasivas e negativas.

A Influência das Notícias

"Quem não se comunica se trumbica."
Abelardo Barbosa, o Chacrinha *(1917-1988), apresentador de televisão*

Dona Gláucia Maria sentia muitas saudades da filha, Regina, que havia quatro anos se mudara do interior do Paraná, onde moravam, para os Estados Unidos com o marido. Sem muito dinheiro, ela só falava com a filha uma vez por mês, pois o interurbano não era muito barato. Escrever cartas e e-mails? "Ah, isso não é para mim, não", ela dizia. A saudade aumentou ainda mais quando Bruno, seu primeiro netinho, nasceu. Dona Gláucia ficou feliz, mas de noite chorava com pena da filha, que não tinha a mãe por perto para ajudá-la a cuidar da criança.

Um dia, Regina mandou dinheiro para que a mãe pudesse comprar um celular novo. Ela explicou qual a marca e o modelo do celular que a mãe deveria comprar. O aparelho era de última geração. Tinha câmera, podia mandar mensagens por WhatsApp e até gravar vídeos. Com aquele celular, vejam só, dona Gláucia poderia falar e ver a filha e o neto, ao vivo. Parecia até o filme daquela família do futuro, os Jetsons!

Insegura, dona Gláucia pensou: "Puxa, será que vou conseguir saber usar um celular tão cheio de coisas assim?" Foi quando se lembrou do rapaz da loja em que ela já havia comprado sua batedeira de bolo, o liquidificador e trocado seu velho sofá por um maior. O nome dele era Marcos, o Marquinhos. Ele a tinha ajudado a escolher os eletrodomésticos e explicado com muita paciência como eles funcionavam. Ela tinha bastante confiança nele.

A loja, daquele estilo multicoisas, vendia de tudo, inclusive o celular que ela queria comprar. Marquinhos foi novamente simpático. Mostrou para dona Gláucia como ligar o aparelho. Ajudou a escrever em um papel todas as etapas e botões que precisavam ser apertados para ligar a câmera e conectar à internet. Fez até um desenho, para ficar ainda mais fácil para ela entender.

Dona Gláucia voltou para casa e conseguiu, depois de algumas tentativas, fazer tudo certinho. Falou naquele dia mesmo com a filha e viu o netinho ao vivo pela primeira vez. Ligou de novo no dia seguinte. Agora, duas vezes por semana ela conversa com a filha. Já ouviu a voz do Bruninho e até cantou uma musiquinha de ninar, e ele dormiu!

Um novo mundo

Gostei tanto dessa história, que até fiz um vídeo seguindo esse roteiro. Ficou emocionante. Mas uma das coisas que mais encanta quando revejo esse vídeo é pensar sobre o que, de fato, aquele vendedor entregou para dona Gláucia. Marquinhos fez mais do que uma venda que lhe garantiu uma comissão no final do mês. Ele mudou a visão de mundo daquela senhora humilde.

Com aquele aparelho, que qualquer criança de hoje manipula sem nenhuma dificuldade, dona Gláucia mudou o relacionamento com a filha. Conheceu o neto, reduziu sua angústia com a falta que a filha lhe fazia, e resgatou sua própria autoestima ao conseguir de novo atuar como mãe conselheira e acolhedora.

Se o gerente da loja e líder de Marquinhos aproveitasse essa história para mostrar a toda a equipe como algo que parece apenas mais uma venda é, na verdade, a criação de valor e de oportunidades para as pessoas, os vendedores concordariam que o trabalho que fazem é muito mais significativo do que talvez lhes pareça. Entendendo isso, eles se sentiriam valorizados, se engajariam mais nos negócios e se tornariam mais produtivos e felizes profissionalmente.

A INFLUÊNCIA DAS NOTÍCIAS

Essa é uma amostra do poder que a entrega de notícias positivas é capaz de gerar. Um feedback favorável de um cliente tem a capacidade de confirmar os valores, a visão e a missão da empresa. O propósito da organização torna-se claro para seus integrantes, que sentem que seu trabalho tem um sentido real e beneficia os outros.

É papel do líder captar informações relevantes, como histórias reais de clientes que foram impactados de maneira positiva pelo negócio, a exemplo de dona Gláucia, e noticiá-las a seus funcionários. Trancado dentro de sua sala, ou envolvido com suas tarefas, sem ter uma visão do funcionamento geral da empresa, são poucos os empregados que entendem como o que produzem tem um valor real para muitas pessoas.

Eu me lembro de ter conversado exatamente sobre isso com minha equipe quando participamos de uma convenção, que nós organizamos, voltada para a área de medicamentos. O evento havia terminado, e estávamos cansados. Comentávamos sobre os vídeos que havíamos feito. Eu estava feliz com o resultado de nosso desempenho técnico, mas me emocionava ao perceber o que mais me havia motivado naquele evento.

Comentei esse sentimento com meu pessoal: "Esses vídeos que fazemos têm impacto sobre as pessoas que vieram nessa convenção e mudam sua maneira de ver o mundo. Elas estão na área da Medicina, fazem remédios que salvam vidas. Com certeza cada um levará para sua cidade, para sua realidade, a experiência vivida aqui. Sentir que sou parte disso é o que me motiva, me faz sentir relevante. Isso me mostra que nosso trabalho é importante". Quando a equipe percebe isso, cria-se um maior engajamento, e o desejo de continuar a investir em seu crescimento profissional é fortalecido.

Nunca acreditei muito naquela receita que ensina que o importante é bater metas, gerar cada vez mais dinheiro, vender mais, maximizar ganhos e minimizar perdas. Certamente não podemos ter um negócio que não gere lucro e que não se sustente. Mas é preciso ir além disso e ter esses ganhos que não são contabilizados somente em dinheiro. Costumo imaginar que, se estamos só atrás do lucro, nos comportamos como alguém que corre em uma esteira. Corre, corre, corre, fica exausto, suado, e quando desce da esteira, está no mesmo lugar.

Da mesma maneira, muita gente começa a trabalhar às oito da manhã e vai até às seis da tarde, para no final do mês pagar as contas. E começa outro mês, e paga de novo as contas; começa outro mês... e seguem assim em um círculo vicioso, executando um trabalho que não sabem bem se traz algum benefício que não seja enriquecer o patrão. Nem mesmo isso é sempre verdade. Com uma equipe desmotivada e com baixa energia, o dono da empresa também não conseguirá grandes ganhos.

É função do líder trazer notícias positivas que quebrem essa monotonia, esse tédio mortal que é dedicar as melhores horas de sua vida para algo que não se sabe bem que serventia tem. Entre essas notícias, as que costumam mobilizar de maneira mais profunda os funcionários são as que contam histórias de superação na trajetória da empresa pelo esforço de seus empreendedores.

Caminhão atolado

Esses relatos são ainda mais saborosos quando essa personagem que passou por cima dos obstáculos chegou à posição de líder de um grande empreendimento. Foi o caso do jornalista João Milanez (1923-2009), fundador da *Folha de Londrina* e da TV Tarobá, em Cascavel. Assisti a uma de suas palestras, na qual ele relembrava, com um brilho nos olhos, do esforço que fez para fazer a *Folha de Londrina* – um jornal que ganhou o respeito nacional – tornar-se realidade.

Ele contava como, em 1948, foi de caminhão até São Paulo, a 540 quilômetros de distância, buscar bobinas de papel para imprimir o jornal. Não havia asfalto na estrada, e o caminhão atolou, angustiando João Milanez, que imaginava que perderia o prazo de lançamento do jornal. Essa e outras histórias provocavam um grande impacto sobre as pessoas.

Na época da palestra, ele era um homem bem-sucedido, mas quando informava que até quase a vida adulta havia trabalhado no campo em uma pequena cidade de Santa Catarina, as pessoas imaginavam que, se ele havia conseguido realizar tanto com um início tão modesto, elas também teriam como conquistar seus sonhos. Entre os empregados de Milanez, ouvir esses relatos gerava uma empatia que se transformava em um engajamento profundo com a meta da empresa e a sensação de fazer parte de uma história empresarial consolidada.

Quando alguém que se tornou bem-sucedido narra sua história aos seus comandados, isso costuma inspirar reações de entusiasmo entre as pessoas. "Se essa empresa tem uma história, começou pequena e depois prosperou, eu também posso chegar lá, criar minha própria história." A percepção de que se está trabalhando em uma organização que progrediu de uma maneira sólida e fundamentada em um esforço contínuo traz tranquilidade para seus integrantes. "Uma empresa rica, com fundamentos, por isso posso confiar."

Essa é uma forma de relacionamento bem diversa do que se vê em outros grupos empresariais, que preferem incentivar seus funcionários a entregar mais resultados, incentivando disputas internas. Conheci algumas assim. Em uma delas, era mostrada em um mural, à vista de todos os funcionários, a posição de cada um dos empregados em relação ao cumprimento das metas que haviam recebido. Havia o nome da pessoa e, ao lado, a representação de um carrinho de corrida. Quanto mais próximo o carrinho de corrida estivesse do final, mais perto de cumprir o objetivo que lhe fora passado a pessoa estava. Os carrinhos posicionados na retaguarda eram aqueles funcionários que não haviam conseguido um bom desempenho. Tudo isso era muito ruim. A começar pelo incentivo a uma disputa entre as integrantes, que, na verdade, deveriam ser treinados a trabalhar em equipe. Sem contar que os que entregavam menos resultados eram expostos publicamente de maneira humilhante e abusiva.

A empresa estava dando uma notícia de forma desastrosa, na minha opinião. Essa estratégia dificilmente traria uma sensação de confiança ou satisfação de trabalhar na organização, além de motivar um clima de disputa predatória entre as pessoas.

Uau, um milhão de faturamento!

Mesmo as organizações que adotam uma política de relacionamento bem diversa dessa, optam pela transparência e por trazer notícias positivas para seus empregados, precisam estar atentas a eventuais mal-entendidos. Esses ruídos na comunicação costumam acontecer mesmo quando as empresas divulgam o valor de seu faturamento como o resultado positivo do esforço de todos os integrantes.

"Uau! A empresa está faturando um milhão por mês! É um dinheiro que eu não conseguiria gastar em toda minha vida! E meu chefe está me negando 200 reais de aumento?" A conta não é tão simples assim. Vai depender de quanto a empresa precisou desembolsar para alcançar esse montante. Ela pode ter gastado R$1.200.000. Nesse caso, estaria no prejuízo. É um grande ruído na comunicação, não é? Os empregados não costumam ter acesso à informação completa sobre a vida financeira da organização.

É daí que surge toda a confusão. Se a empresa acha relevante comunicar seus resultados financeiros para o público interno, deve fazê-lo, mas com o cuidado para colocá-los em um contexto que mostre seu real significado.

Um eficiente empregado que trabalhava comigo cometeu um equívoco parecido. Um dia, foi até minha mesa e comunicou que estava saindo da empresa. "Se eu abrir meu próprio negócio de produção de vídeos, penso que vou ganhar mais", ele disse. "Eu vejo o quanto você cobra pelos serviços, e se eu fizer uns três trabalhos por mês, já seria o que ganho aqui". Desejei sorte a ele e recomendei que fosse com fé na nova empreitada. Mas recomendei que ele prestasse atenção, porque havia contas para pagar, impostos e despesas que talvez ele não estivesse levando em conta.

Para resumir uma longa história, depois de algum tempo, ele voltou: "Rafael, você já preencheu aquela minha vaga?" Eu perguntei o que havia acontecido, afinal, ele havia aberto uma empresa, criado uma marca. "Ah, é muito gasto, muito investimento. Com o preço que estou cobrando pelo vídeo, estou no prejuízo." Parece banal não levar em conta os gastos que um negócio obriga o empreendedor a ter, mas muita gente comete esse engano de só fixar sua atenção no que pode entrar de dinheiro e se esquecer dos custos.

É de grande importância, portanto, informar da maneira mais clara possível aos seus funcionários sobre o que significa o faturamento de sua empresa. Do contrário, eles podem fazer opções incorretas ou sentir que não são profissionalmente recompensados por você. Se sua estratégia para atingir suas metas empresariais passa obrigatoriamente pela divulgação de seu faturamento, o melhor é informar também quais foram os investimentos necessários para que a empresa chegasse àqueles resultados.

Da mesma maneira, devem ficar claros quais são os benefícios que seu negócio proporcionará para o empregado quando o faturamento atingir o total almejado. Quando ele entender de maneira clara, sem o ruído da desconfiança, qual é a parte que lhe cabe no desempenho financeiro da organização, isso fortalecerá a relação dele com você.

A empresa experimentou um semestre favorável? Isso é uma boa informação, que não deve ficar restrita a poucas pessoas. É sempre uma excelente estratégia divulgar boas notícias para a equipe e também para o público externo. Aquele bom resultado é um fato, e como se diz, contra fatos não há argumentos.

Verba esquecida

Certa vez fui incumbido de uma missão diferente de tudo o que vinha fazendo em minha vida profissional: assumir a Secretaria da Cultura de Londrina por quatro meses. Estávamos em um governo de transição e, até que a política se acertasse, fui convidado para ficar nessa rápida interinidade no cargo. Essa passagem relâmpago por um órgão público me mostrou os bons resultados que posso ter ao entregar uma notícia informativa e sincera. No caso, a notícia que passei para a equipe era a de que eu não estava ali como político, não tinha compromissos ou devia favores a ninguém. Com isso, eles já se aproximaram de mim.

O então presidente da Câmara de Vereadores que assumira o cargo recomendou que minha atuação fosse a mais transparente possível. E mais, que eu não deixasse de executar todos os projetos e providências que estivessem sobre a mesa. Não foi sem uma pequena surpresa que descobrimos que a secretaria estava na iminência de perder o prazo para receber verbas no valor de R$8 milhões do Governo Federal para obras do teatro municipal da cidade.

Corremos para Brasília e conseguimos garantir os recursos, e os colocamos no orçamento da cidade para a execução das obras. Mas política gira mesmo em um mundo complexo. Um político da oposição começou a questionar publicamente essa notícia, dizendo que tal verba nunca havia sido perdida e que eu contava uma mentira quando dizia que, com muito custo, havíamos recuperado o dinheiro perdido.

A controvérsia só acabou quando, durante uma entrevista, li o documento assinado pelo secretário nacional da Cultura comprovando a dotação orçamentária e dizendo que a gestão anterior havia falhado. A partir daí, ganhamos credibilidade, porque, de novo, contra fatos reais não há o que contestar. Um acontecimento verdadeiro, mesmo quando surge em um ambiente acidentado como é a política, fortalece quem você é, fortalece sua empresa e sua credibilidade.

Notícias boas fazem a diferença. Não as esconda. Pelo contrário, dê a elas a maior relevância possível. Se sua empresa tem um certificado municipal de controle ambiental, por exemplo, isso é uma ótima publicidade. E gratuita. Transforme isso em um selo e coloque-o em seus produtos, no seu site, na assinatura dos seus e-mails. Isso é fazer comunicação com seu público, mostrar que você se preocupa com o ambiente, está alinhado com a busca por um mundo melhor. Traz uma grande diferença para sua marca. Se sua empresa não tem diferenciais, será apenas mais uma no mercado.

Tão importante quanto dar notícias boas é saber quando é o melhor momento para divulgá-las. Tal cuidado vale também para dar notícias ruins. É o chamado *timing*, palavra em inglês que inclusive já está registrada nos dicionários da língua portuguesa como "sensibilidade para o momento propício de realizar algo". Já ouvi de um consultor que o *timing* para lançar um produto ou uma ideia no mercado é um dos fatores mais importantes para o sucesso de um empreendimento.

Nascimento prematuro

Temos exemplos de como um *timing* desfavorável pode fazer com que uma ótima ideia não decole. Tempos depois de a internet passar a tornar-se acessível para o público geral, por volta da década de 1990, surgiram alguns serviços que propunham que os usuários colocassem seus vídeos na rede mundial. Isso permitiria que eles pudessem ser vistos em qualquer lugar do mundo. Só que a ideia, apesar de ser revolucionária, não durou muito tempo. Muitas pessoas ainda acessavam a internet por meio de linhas telefônicas, chamada internet discada, e a velocidade era tão baixa, que um vídeo demoraria a noite inteira para completar seu upload na rede. Não havia meios necessários para tornar aquele projeto viável. Essas empresas fecharam suas portas, e não se falou mais nisso.

Até que em 2005 foi criado o YouTube, uma plataforma que oferecia os mesmos serviços imaginados anos antes. Todos sabem o sucesso que é o YouTube. Em setembro de 2017, os vídeos postados na plataforma eram vistos por mais de um bilhão de pessoas a cada dia. A empresa havia lançado versões nacionais do YouTube em 88 países e em 76 línguas diferentes. Na ocasião, a plataforma de vídeos era o segundo site em número de acessos no mundo, atrás apenas do site da Google, empresa que é, aliás, a proprietária do YouTube.

Mas por que esse estrondoso sucesso do YouTube não ocorreu quando uma plataforma como essa foi concebida no passado? A resposta é: o *timing* não era o correto. As empresas pioneiras surgiram em um momento em que os computadores domésticos ainda estavam ligados à internet por meio de uma linha telefônica, lenta e instável. Naquela época, para baixar uma única música da rede para o computador levava-se, nos dias bons, 15 minutos, ou até mais. Eram os dinossauros da era da internet.

Já o YouTube surgiu quando a velocidade da conexão da internet estava em ascensão, os computadores tornavam-se mais velozes, e começavam a surgir os primeiros roteadores wireless. Os celulares também passaram a captar o sinal de internet de maneira mais eficiente, e a resolução de suas telas aumentou de maneira considerável.

Em resumo, o desenvolvimento da tecnologia possibilitou que assistir a um vídeo na internet se tornasse algo tão comum e simples como dar um telefonema. Ou seja, entre todas as tentativas de fazer brotar uma plataforma mundial de vídeos, a do YouTube foi a que criou raízes, floresceu e se ramificou por todo o planeta, porque sua semente foi lançada no *timing* correto, quando todas as condições favoráveis para seu desenvolvimento haviam se reunido.

Foi essa certeza de que qualquer empreendimento só fará sucesso se surgir no *timing* adequado que me fez protelar a produção de um evento cultural em Londrina. Eu vinha pensando nesse projeto há algum tempo, mas, antes de mergulhar de cabeça nessa ideia, fiz uma análise minuciosa de todas as variáveis que teria pela frente. Era a ideia de um evento artístico, com shows e apresentações de artistas locais. Fiz a minha checklist: tenho a infraestrutura necessária para fazer o evento? Sim. Conheço bons artistas para convidá-los? Sim. As pessoas estão dispostas a pagar um valor adequado para viabilizar o show? Sim. Uma pesquisa que fiz na rede social confirmou que o preço dos ingressos seria considerado razoável. Por último, me perguntei se eu teria um bom público para o espetáculo. Nesse ponto, verifiquei como estava a agenda cultural da cidade e da região nas semanas seguintes. Confirmei que havia muita concorrência, vários outros eventos já estavam anunciados. Havia então um grande risco de não vender um número de ingressos suficiente para cobrir os gastos, e o prejuízo seria todo meu. Não estava, portanto, na hora de fazer os espetáculos. Arquivei aquela empreitada.

Dicas para o *timing*

Desenvolver uma percepção afiada sobre o *timing* correto, tanto para se lançar em empreendimentos como para desenvolver sua comunicação, é algo tão relevante, que preparei cinco sugestões de como decidir se o lançamento de um produto ou de uma ideia está vindo na hora certa.

Em primeiro lugar, aproveite as "febres" de consumo que surgem periodicamente para vender os produtos que estão sendo procurados ou para lançar alguma ideia ou uma ação de comunicação inspirada nela. No momento em que escrevo este livro, a criançada está fascinada com os spinners, um pequeno disco em cores e formatos diferentes, que podemos girar na ponta dos dedos. Essas "febres" vão e voltam, como aconteceu com os bambolês, Pokemóns, patins, ioiôs musicais e patinetes.

É preciso rapidez para tirar proveito do tempo de vida dessa febre enquanto ela estiver em alta. Em geral, elas duram pouco tempo. Cuidado! Você precisa identificar se as pessoas ainda querem aquele produto, ou se todos já o compraram. Do contrário, pode ficar com um estoque invendável nas mãos, ou uma estratégia de comunicação que já ficou datada e não sensibiliza mais ninguém.

O segundo ponto é prestar atenção às datas especiais e conectar seu negócio e comunicação a elas. Por exemplo, a época das Olimpíadas. As lojas venderão mais produtos relacionados a esportes. Um personal trainer aproveitará as notícias sobre essa disputa esportiva para atrair mais clientes. Um médico poderá oferecer seus conhecimentos para falar na mídia sobre os cuidados nas práticas esportivas. Afinal, é um momento em que a procura por notícias sobre saúde, aptidão física e exercícios estará em alta. Técnicos de modalidades esportivas serão procurados pelas emissoras de tevê ou poderão lançar blogs tratando dos jogos e disputas que estão no topo da lista de atenção das pessoas.

Há dois cuidados a tomar nas estratégias de comunicação que são montadas em torno dessas datas. A primeira é bem clara: só se deve fazer referência a esses acontecimentos, que têm dia e hora amplamente conhecidos, na época correta. Por exemplo, montar uma estratégia de comunicação fazendo referência ao Carnaval, quando se está no mês de agosto, é uma perda de energia e recursos.

Outro motivo de cautela é quando se decide por associar sua comunicação a um ídolo. É necessário pesquisar com rigor os antecedentes dessa pessoa. Caso um esportista tenha sua imagem pública questionada, por algum malfeito, isso pode causar constrangimentos para as empresas que o patrocinam. Foi o que ocorreu com o norte-americano e ciclista profissional Lance Armstrong, acusado de usar medicamentos para aumentar a performance física. Armstrong havia vencido o Tour de France, a mais prestigiada disputa do ciclismo mundial, por sete vezes consecutivas, de 1999 a 2005, um recorde na história do evento. Depois da descoberta do *doping*, todos seus títulos foram retirados, e Lance Armstrong foi banido para sempre dos esportes olímpicos.

A dica de número três nos faz lembrar daqueles visionários que lançaram o portal de vídeos e deram com os burros na água por terem chegado cedo demais, quando não havia tecnologia disponível para sustentar suas ideias. O cuidado que deve ser tomado é o de verificar se há tecnologia adequada para que suas ideias façam sentido. Caso o problema não seja inexistência de uma tecnologia, é preciso que você tenha uma estrutura e orçamento suficientes para tornar sua ideia real. O alerta não se restringe à criação de novos produtos, mas também engloba uma campanha de comunicação. Não se pode morrer na praia, lançando algo que não temos recursos para garantir a continuidade.

Bico fechado

A discrição é uma boa qualidade para o empreendedor, é o que digo na minha sugestão de número quatro. Por mais que fiquemos entusiasmados quando surge a ideia de um projeto, devemos guardar essa informação para nós, até o momento mais adequado para torná-la pública. Todos os dias temos uma, duas, três boas ideias. Em geral, elas surgem quando estamos debaixo do chuveiro. Mas, enquanto elas não estiverem maduras e sua viabilidade parecer remota, não devemos sair por aí alardeando-as para todas as pessoas.

O que acontece é que a maior parte dos projetos se mostra inexequível quando começamos a pensar neles seriamente. Isso é natural, o livre pensar não tem grandes compromissos com a viabilidade. Mas se desenvolvermos o hábito de comentar com todos que encontramos sobre projetos que não se tornarão reais, é provável que percamos nossa credibilidade. As pessoas não nos levarão tão a sério como gostaríamos e pensarão duas vezes antes de concordar em se juntar às nossas propostas.

Não adiar a decisão sobre assuntos importantes, principalmente quando se trata de dar notícias ruins, é a minha sugestão número cinco. O *timing*, nesse caso, é considerar como urgente responder a questões de relevância. Um exemplo: você se comprometeu com seu cliente a entregar um serviço ou produto em um dia determinado. No entanto, ocorreu algum problema de logística, ou mesmo na execução do trabalho, e o atraso é inevitável. Informe a ele já no momento que você identificar esse problema. Não espere o cliente perceber da pior maneira que sua entrega está atrasada, que é exatamente não recebendo o prometido na hora programada.

Trata-se de uma política da minimização de danos. Atrasar será ruim, pois isso pode trazer prejuízos reais para seu cliente. No entanto, o aviso de que os prazos não serão cumpridos poderá evitar males ainda maiores. Quando ocorre a quebra da promessa sem nenhum aviso, cria-se de imediato uma frustração. Dessa frustração surgem a raiva e o descrédito. Provavelmente, nesse momento, o cliente se afastará para sempre e, ainda, questionará sua reputação junto a outras pessoas.

Este último parágrafo nos remete de volta a um ponto importante neste capítulo: como dar notícias negativas para seu público. Gostaria de expor a maneira como acho que isso pode ser feito lembrando, como exemplo, um fato que tem sido comum na indústria automobilística de todo o mundo: convocar os proprietários de automóveis a irem até suas oficinas fazer um *recall* do veículo. Como se sabe, a palavra em inglês *recall* refere-se a uma convocação pública feita por um fabricante para que aqueles que adquiriram um bem o tragam de volta para o conserto gratuito de algum defeito de fabricação.

Se analisarmos essa iniciativa a fundo, podemos até considerar que aquela fábrica de automóveis específica não tem grande competência, por colocar em circulação milhares, muitas vezes milhões de veículos com problemas que podem até mesmo colocar em risco a vida dos ocupantes. Mas quase nunca pensamos dessa maneira, porque a comunicação da necessidade de um *recall* é feita com grande profissionalismo por essas indústrias.

Elas dificilmente colocarão uma publicidade solicitando aos proprietários que levem seus carros às oficinas porque, vamos imaginar, se houver um acidente as pessoas poderão morrer carbonizadas, porque o tanque de combustível tem tendência a explodir se o carro for atingido por trás. Elas dirão que serão reforçados alguns componentes do porta-malas e de suas peças adjacentes para incrementar a resistência estrutural e evitar danos a componentes internos do sistema de combustão. Essa iniciativa, concluirão, é um esforço da empresa em aumentar ainda mais a segurança do veículo.

Não há aí qualquer mentira. Mas dificilmente as equipes de comunicação da indústria automobilística darão destaque ao risco de morte ou mencionarão que estão convocando os motoristas porque a lei as obriga a fazer isso. Não estou propondo que ninguém engane as pessoas ou aja de maneira cínica. Mentiras têm pernas curtas, logo se descobre que alguém quer nos trapacear. Mas também não é necessário utilizar uma linguagem técnica ou chamar a atenção para questões extremas, que certamente não serão entendidas ou recebidas com serenidade pelos receptores da mensagem. "Nossa empresa se preocupa com sua segurança, por esse motivo colocará um novo equipamento de airbag em seu carro com foco na segurança, na qualidade de vida e na satisfação de nosso cliente."

Neste texto não há qualquer mentira. Redigida assim, a notícia, que podia ser entendida como algo ruim, transforma-se em um bom evento. Notícias ruins se espalham rapidamente, mas as notícias boas também podem viralizar no boca a boca. "Você não vai acreditar! Eu troquei o airbag do meu carro por um melhor, não paguei nada por isso, e ainda tomei um cafezinho de graça na revendedora autorizada."

Molho mofado

Minha experiência mostra que a atitude que o cliente menos admira é a da empresa que, diante de algum problema, tenta encontrar uma justificativa para algum erro, sem assumir sua responsabilidade. Quando digo experiência, estou mesmo falando de algo que eu vivi. Isso foi quando comprei um molho de tomate de uma marca superconhecida no mercado brasileiro. Quando abrimos a embalagem, havia fungo dentro do molho. Grande, nojento, parecia um pedaço de rato.

Minha esposa ligou para o SAC – Serviço de Atendimento ao Consumidor – da empresa. Imediatamente eles reconheceram o erro e pediram desculpas. Em seguida, solicitaram que guardássemos a embalagem para que seu sistema de controle de qualidade avaliasse o problema. Quando passaram em casa para recolher a embalagem, nos bonificaram com uma caixa com produtos da empresa.

A fabricante de molho percorreu três passos virtuosos em sua comunicação: reconheceu a culpa e em nenhum momento questionou se nós estávamos falando a verdade ou não; demonstrou responsabilidade ao pedir a embalagem para aprimorar a segurança de seus produtos; e ao nos dar a caixa de brinde, forneceram uma compensação pelo aborrecimento com um gesto simpático. Fiquei satisfeito com a maneira como eles agiram no episódio. Rapidamente me esqueci da decepção. Continuei a ser um consumidor de seus produtos e comentei o assunto com muita gente, fortalecendo a estratégia de comunicação daquela organização.

Ainda que tenha sido competente a resposta dessa indústria alimentícia diante desse fato tão negativo, essa é uma reação adequada apenas para esse momento de crise. Seria uma decisão de marketing completamente incorreta, e mesmo suicida, se ela promovesse sua marca dizendo algo como: "Compre os alimentos que produzimos. Se você encontrar fungos ou qualquer outro corpo estranho dentro deles, nós lhe daremos uma caixa de nossos produtos." Quem teria coragem de consumir qualquer coisa produzida por eles?

Notícias persuasivas

Para convencer seus consumidores de que seus produtos são bons e que sua marca é confiável, essa empresa usaria de outro artifício: as notícias persuasivas. Persuadir é convencer alguém de algo ou levar uma pessoa a se decidir por determinada coisa. Pode haver alguma confusão entre notícias persuasivas e manipulação de notícias. No entanto, são coisas diferentes. Quando uma notícia ou um fato são manipulados, toda a comunicação a seu respeito é deturpada ou completamente falseada com a intenção de enganar alguém ou trazer vantagens para os autores da manipulação.

Já a notícia persuasiva pode também ser uma tentativa de convencer alguém sobre um fato que não é verdadeiro. Mas, quando se fala de notícia persuasiva em comunicação, nos referimos mais a uma informação que é passada usando-se técnicas de convencimento de temas neutros ou positivos.

Uma notícia persuasiva pode tentar induzir seus receptores a tomarem atitudes usando diferentes abordagens. Certa vez vi um comercial de uma universidade. Aparecia um garoto na escola com expressão de sonhador. Em uma linha do tempo, ele foi crescendo, mudando de escola e conhecendo novos amigos. Depois ele entrou na universidade e se formou. Na sequência, ele aparece em vários lugares do mundo, com outros profissionais, aplicando o que aprendera. Ao ver aquilo, o telespectador que era, ou pretendia ser, um universitário imaginava: "Poxa, se eu seguir esse caminho, também vou realizar meus sonhos."

Por outro lado, existem técnicas de persuasão que têm um componente dramático que causa impacto por fazer com que nos sintamos escandalizados ou tristes com a mensagem que nos é passada. Eu me lembro de uma peça publicitária do Governo Federal que alertava para o perigo do consumo de drogas, mais especificamente do crack. Na tela aparecia uma pessoa semiesquelética, que lembrava um zumbi, dizendo algo como: "Crack? Não vale a pena, não entre nessa." Era chocante, aflitivo mesmo, mas funcionava ao nos persuadir a ficar longe das drogas.

Como somos seres de emoção, as notícias persuasivas têm um grande efeito sobre nós quando usam esse tipo de sentimento. Algumas técnicas podem fazer com que essa comunicação atinja o coração de seu receptor. Mas isso tem de ser feito levando-se em conta o bom gosto e o comedimento.

Uma notícia que tente alertar as pessoas, principalmente o público feminino, sobre a necessidade de se fazer exames preventivos contra o câncer de mama chamará a atenção se tiver um texto forte como este: "Já imaginou perder sua mãe para o câncer?" Ninguém ficará indiferente a algo assim, e talvez desperte na audiência o impulso de procurar se proteger, ou às pessoas que ama, desse risco. Mas a carga emocional que essa mensagem carrega deve ser avaliada com cuidado, pois o tiro pode sair pela culatra, e a crueza da mensagem pode provocar rejeição no receptor.

Outra estratégia de persuasão é buscar um envolvimento íntimo com seu receptor, fugindo da impessoalidade que existe na comunicação. Por exemplo, dirigir-se ao receptor pelo nome cria um vínculo que facilita a transmissão da mensagem. E mais: quando esse relacionamento entre emissor e receptor se torna mais pessoal, a tendência é a de que ele escute o que você tem a oferecer com mais atenção e até mesmo se sinta constrangido em lhe dizer "não".

Meu amigo, telespectador

Isso aconteceu comigo quando enviamos e-mails para algumas pessoas em uma estratégia de comunicação do programa[1] que realizo na televisão em Londrina. A ideia era convidar os espectadores que haviam mandando mensagens candidatando-se a participar de uma edição especial do programa. O e-mail começava com uma saudação como "Olá, meu amigo telespectador". Enviamos a comunicação para muitas pessoas. No dia do programa

---
[1] O autor apresentou o programa Entretendo até dezembro de 2018.

especial, um rapaz se aproximou de mim e disse: "Olá, Rafael. Eu vim aqui para ver seu programa porque você me mandou o e-mail. Eu pedi licença lá no trabalho para faltar. Você me convidou, e não tinha como eu não vir". Não é fantástico isso? Ele sentiu como se aquela mensagem fosse para ele, e isso mudou seu comportamento.

A estratégia da persuasão vai além de criar emoções. Ela propõe que se mostre ao receptor que benefícios ele receberá com aquilo que lhe está sendo oferecido. E o contrário também: o que ele perde se não aderir à sua proposta. Vamos voltar àquele exemplo forte do câncer da mama. O que você ganha fazendo exames periódicos para verificar a presença de um tumor? Você pode detectar a doença em seus estágios iniciais, quando ela é mais facilmente controlável e apresenta grandes chances de cura. O que você perde se não se preocupar em fazer os exames? Poderá descobrir a doença tarde demais, com consequências muito graves para sua saúde.

Uma última sugestão de técnicas de persuasão: seja o espelho de seu receptor. Ou poderíamos dizer, entre na mesma vibração de seu interlocutor, se você quer persuadi-lo a fazer algo ou tomar determinada atitude mental. Uma vez assisti a uma apresentação de Tony Robbins, palestrante norte-americano renomado e autor de best sellers, em que ele falava desse recurso. Espelhar alguém é se relacionar no mesmo nível de intensidade que seu receptor. Se alguém está no nível eufórico, você também conversa naquele mesmo patamar de euforia. Assim, vocês dois entrarão em sintonia. Se a pessoa é calma, tranquila, atue no mesmo humor, e se estabelecerá uma ligação, e a comunicação entre vocês também fluirá.

Falamos de notícias informativas neste capítulo. Discutimos sobre como uma comunicação deve tratar de temas negativos e positivos. Também mostramos técnicas de persuasão. Todas essas maneiras de comunicação não são, em si, nem bondosas nem maldosas. Não prejudicam e nem favorecem a alguém em detrimento de outra pessoa. A comunicação é neutra. Se ela será ética, benéfica e voltada para tornar as pessoas mais felizes, que é o que eu defendo, dependerá da motivação e da ética de cada um. Comunicar é uma ferramenta muito poderosa. Se a utilizarmos sempre com uma boa intenção, teremos sucesso em tudo a que nos propusermos.

No próximo capítulo trataremos da comunicação como aliada e alavancadora de marketing e de vendas.

A Comunicação é a Ponte de Acesso ao Mercado

> *"Só depois que a tecnologia inventou o telefone, o telégrafo, a televisão, a internet, foi que se descobriu que o problema de comunicação mais sério era o de perto."*
> **Millôr Fernandes** *(1923-2012), ilustrador, humorista e dramaturgo brasileiro*

Prestar serviços como assessor de imprensa – ou seja, o profissional que se esforça para divulgar notícias sobre uma empresa ou pessoa física na mídia – não está no foco dos serviços que presto para meus clientes. Faço isso apenas em alguns casos especiais. Mas, no passado, trabalhei como assessor de imprensa. Na ocasião, além de ator, eu era encarregado de divulgar aquele espetáculo itinerante, a Caravana Ecológica, sobre o qual falei no Capítulo 3. Essa função me deu uma excelente oportunidade de aprender como funcionam os jornais, TVs e rádios de cidades pequenas e médias em várias regiões do Brasil.

Nesse período, dois episódios mostraram para mim de maneira clara o alcance da comunicação quando esta é feita em moldes profissionais. No início dos anos 2000, não era comum usar o Google ou outras ferramentas online que facilitassem a tarefa de encontrar os meios de comunicação para divulgar o espetáculo. Tudo era feito à mão. Eu chegava alguns dias antes da trupe à cidade em que iríamos nos apresentar e verificava na lista telefônica os telefones dos jornais, rádios e, nas localidades maiores, das TVs. Colocava o material de divulgação em uma pastinha e ia lá falar sobre nossa apresentação. Na condição de assessor de imprensa, era eu quem dava entrevistas explicando o que fazíamos e qual era o objetivo do espetáculo.

O primeiro desses encontros aconteceu na cidade de Itabaiana, no interior de Sergipe. Marquei uma entrevista em uma rádio local da cidade. Na hora combinada, estávamos, eu e o locutor, no estúdio, quando ele me apresentou para os ouvintes: "Estou aqui com o Rafael Arruda, da Caravana Ecológica, esse espetáculo teatral que está andando o Brasil e hoje está em Itabaiana. Rafael, conte para mim um pouco sobre esse espetáculo."

Comecei a explicar para os ouvintes o que era a apresentação, e, para a minha surpresa, o locutor se levantou e saiu do estúdio. O programa era ao vivo, e ele me deixou ali sozinho já na primeira pergunta, e sumiu de vista. Enquanto eu respondia, ou melhor, fazia meu monólogo, eu pensava: "Esse cara não vai voltar?" Era uma rádio pequena, ele havia se levantado para atender alguém que o havia chamado na porta da emissora. E lá ficou. Sozinho no estúdio, continuei falando: "Deixa eu contar para vocês como começou essa história da Caravana Ecológica..." Falei, falei e falei. Até que o locutor voltou, 26 minutos depois! E chegou dizendo: "Que maravilha, Rafael! Muito obrigado. Então, só resumindo, que dia é a apresentação? Qual é o horário?"

O segundo fato ocorreu em Campo Grande, capital do Mato Grosso do Sul. Ali procurei um dos mais importantes jornais da cidade para divulgar a mesma Caravana Ecológica. Eu já havia enviado antecipadamente o material para o editor do caderno de cultura do jornal, já que se tratava de uma apresentação teatral. No entanto, para reforçar a divulgação, fui pessoalmente até a redação. Chegando lá, ele me disse: "Já tenho todas as reportagens prontas para a edição, não há espaço para falar do seu espetáculo."

Apressei-me em convencê-lo da importância da Caravana. Nós estávamos em uma turnê nacional, passamos por várias cidades do país, aquela apresentação seria a única em Campo Grande, era um espetáculo que havia recebido prêmios. Como assim não sairia no jornal que ele editava? Ele coçou a cabeça e acabou se convencendo. "Ok", ele disse. "Senta aí no computador e escreve a reportagem!" Aquilo era muito inusitado, quase inacreditável. Um editor pedir para um assessor de imprensa redigir o que quisesse na própria redação? Mas, claro, escrevi o texto. No dia seguinte, meu texto, sem que fosse mudada uma única vírgula, foi publicado no jornal, chamando as pessoas para a apresentação.

As pessoas acreditam

O que esses dois exemplos, mesmo sendo singelos, comprovaram para mim é como um comunicador bem preparado é capaz de conquistar espaços para divulgar seu produto ou uma ideia. Não escrevo isso aqui para me gabar. O que quero é demonstrar como é indispensável que quem faz comunicação, seja ele assessor de imprensa de um grupo de teatro ou alguém responsável pelo marketing de uma grande organização, domine o conteúdo do que vai dizer para ser capaz de "vendê-lo" de maneira eficaz. Se você demonstra segurança e conhecimento, as pessoas acreditarão em você.

No episódio em que fui deixado sozinho diante do microfone de uma rádio para falar durante 26 minutos (em um programa de rádio, isso é uma eternidade), só consegui ter o que dizer durante todo esse tempo sem engasgar, repetir ou enrolar o ouvinte porque eu conhecia bem a proposta da Caravana Ecológica. É provável que alguns ouvintes tenham mudado de estação. Mas os que ficaram até o fim passaram a entender muito sobre o tráfico de animais silvestres no Brasil, o tema de nosso teatro.

Já em Campo Grande, o que me fez convencer o editor a reabrir as páginas que já estavam prontas para publicar a reportagem que escrevi foi a qualidade do produto que eu estava lhe oferecendo. O espetáculo tratava de um assunto sério, politicamente correto, que gozava da simpatia das pessoas. E, além disso, era um evento que estava percorrendo todo o país, e o editor poderia pensar que, se aquela turnê tinha fôlego para caminhar por todo o Brasil, devia ser coisa boa. E, de fato, era um belo espetáculo.

Essas constatações reforçam uma verdade que é a de que não há marketing nem venda de produtos ou serviços sem uma estratégia inteligente de comunicação. Os dicionários de língua portuguesa trazem a definição de marketing como "o conjunto de ações, estrategicamente formuladas, que visam influenciar o público quanto a determinada ideia, instituição, marca, pessoa, produto, serviço etc.", ou seja, é pura comunicação.

Marketing também envolve a criação de valor, o que fica claro em outra definição, desta vez da American Marketing Association: "Marketing é uma atividade (...) para criar, comunicar, entregar e trocar ofertas que tenham valor para consumidores, clientes, parceiros e a sociedade em geral."

Mas que tipo de valor é esse ao qual essa definição de marketing se refere? Costumamos usar valor e preço como se fossem sinônimos, mas o marketing é capaz de agregar um valor ao bem que vai além do que está escrito na etiqueta de preço. Um ganho sutil que vai além da funcionalidade daquele bem. É o deleite que aquele produto ou serviço proporciona e que está associado a uma qualidade que é subjetiva.

Relógios com um toque a mais

Um exemplo que torna isso mais simples: você precisa comprar um relógio. Um bom relógio mostra a hora certa, sem atrasar ou adiantar em relação à hora oficial. É uma tecnologia conhecida, e até mesmo modelos simples de marcas desconhecidas são capazes de exercer essa função perfeitamente. No entanto, há marcas de relógios que têm uma história, uma tradição. São usados por pessoas ricas e bem-sucedidas e acabaram por se tornar símbolo de status. Por esse motivo, seus compradores estão dispostos a enfiar a mão no bolso e pagar até mil vezes mais para ter um modelo que conta com uma história e uma aura de sofisticação do que teriam de desembolsar por um relógio genérico. Não importa que os dois sejam capazes de marcar as horas com uma precisão idêntica.

O mesmo ocorre com automóveis, vinhos, advogados, médicos ou pastas de dente. A narrativa, ou storytelling, que acompanha esses produtos e serviços produz um valor extra que ultrapassa a utilidade implícita desses bens.

Esse valor oculto é exatamente o que mais nos fascina. Por isso pagamos a mais para termos aquele produto ou serviço, que poderíamos obter de outro fornecedor por um preço mais em conta. O quanto vamos gastar fica em segundo plano. O que queremos comprar é aquela experiência que algo exclusivo poderá nos fornecer. Não nos importamos se o "algo mais" está só em nossa imaginação.

Falamos alguns parágrafos atrás sobre relógios. Há entre eles uma marca que é um ótimo exemplo de como a comunicação é capaz de agregar um valor subjetivo a um produto. Trata-se da marca Rolex, fundada em 1905 e respeitada mundialmente por suas inovações tecnológicas. Seu fundador, o alemão Hans Wilsdorf, foi pioneiro ao inventar tanto o relógio automático, que funcionava com o movimento dos braços sem precisar que lhe dessem corda, como o primeiro modelo comprovadamente à prova d'água.

Só isso já seria suficiente para garantir o reconhecimento da qualidade dos relógios Rolex. Mas o que fez a marca conquistar corações foi o instinto de comunicador de Wilsdorf. A começar por sua escolha do nome "Rolex", fácil de pronunciar em vários idiomas, curto o suficiente para ser impresso no corpo do produto e com uma sonoridade que lembrava o ruído de quando se dá corda aos relógios.[1] Hans Wilsdorf também associou sua marca por muitos anos à inglesa Mercedes Gleitze, a primeira mulher a atravessar a nado, em 1927, o Canal da Mancha, e que levava um dos seus relógios à prova d'água preso em uma corrente no pescoço.

Seu prestígio já havia subido, literalmente, até as nuvens no início da Segunda Guerra Mundial (1937-1945), quando os pilotos da RAF inglesa descartavam os relógios que recebiam do governo e compravam, do próprio bolso, os Rolex que Wilsdorf fabricava. Até mesmo os inimigos, os alemães, conheciam a fama da marca e confiscavam esses relógios dos ingleses quando os faziam prisioneiros.

Ao saber disso, Hans Wilsdorf executou mais uma jogada de mestre em marketing: comprometeu-se a substituir os relógios tomados pelo inimigo sem cobrar nada dos pilotos. Além da simpatia geral que o gesto rendeu à empresa, os pilotos norte-americanos, que também combatiam à época na Europa, ficaram conhecendo os tão disputados Rolex. Isso abriria o enorme e lucrativo mercado dos Estados Unidos para a marca, tornando-a definitivamente um objeto do desejo mundial.[2]

Acredito que esse exemplo mostre de maneira clara o que uma comunicação feita de maneira competente pode gerar para as empresas. Se estas souberem usá-la para fazer com que as pessoas também percebam um valor extra em seus produtos, o sucesso virá de uma maneira natural. Não é preciso dizer, no entanto, que mesmo uma comunicação primorosa não será capaz de vender gatos para quem está interessado em lebres. Caso o produto ou serviço fornecido não seja de qualidade ou não entregue o que é prometido, cedo ou tarde os clientes se decepcionarão e migrarão para outro fornecedor.

---

[1] What Makes Rolex Tick?, David Liebeskind, *Sternbusiness Magazine*, 2004 - http://w4.stern.nyu.edu/sternbusiness/fall_winter_2004/rolex.html (conteúdo em inglês).

[2] Idem.

Comunicação passo a passo

Implantar uma estrutura competente de comunicação em uma empresa é tarefa que deve ser desenvolvida em várias frentes. O caminho a ser percorrido, naturalmente, varia de acordo com a cultura empresarial de cada organização. No entanto, relaciono a seguir os passos mais relevantes nesse processo.

1. **Como usar sua logomarca:** A logomarca, ou seja, o símbolo que é usado para identificar uma empresa, é a representação gráfica de uma organização. Ter uma logomarca é algo obrigatório para uma empresa que se preze. É a carteira de identidade empresarial, o nome, e o "rosto" pelo qual ela poderá ser reconhecida e escolhida pelos clientes. Algumas vezes elas serão só uma imagem, como o desenho da maçã mordida, que representa a Apple, a fabricante de notebooks, tablets e smartphones. Ou combinarão imagem e letras, como faz a Ford, com sua tipografia típica impressa sobre um oval azul.

   Por ser algo tão relevante, a marca de uma empresa deve ser usada de maneira rigorosa. Não se pode modificar sua forma, cor ou nome de uma hora para outra. Da mesma maneira que você jamais colocaria a foto de outra pessoa ou um nome diferente em seu documento pessoal.

   Para evitar que a marca seja modificada e a identidade da empresa se perca, é necessário criar um manual de uso da logomarca. Nesse manual estarão previstas todas as diferentes formas com que a marca poderá ser usada nas mais diversas situações em que ela poderá ser utilizada. A marca estará na margem superior esquerda ou na da direita nos impressos da companhia? As letras que a compõem estarão em *itálico* ou **negrito**? Qual é a tonalidade exata de suas cores? O que muda na logomarca quando ela é impressa sobre um fundo preto ou um branco? Se você não sabe como fazer isso, entregue sua logomarca para um designer e peça para que ele crie um manual de uso.

2. **Crie uma papelaria personalizada para a empresa:** Não, papelaria não é uma loja que vende material escolar ou artigos de escritório. No mundo do design gráfico, papelaria é o conjunto de artigos, como papéis de carta, envelopes e cartões de visita, entre outros, que serão identificados com as cores e a logomarca da em-

presa. Mesmo a comunicação que é feita por meio da internet tem uma identificação que lembra aquela da papelaria, como os e-mails que trazem o logotipo da marca da empresa remetente.

3. **Reestruture ou faça seu site:** Se os papéis de carta e envelopes com o timbre da organização ainda sobrevivem nesses tempos internéticos, por outro lado, estão em adiantado processo de extinção aqueles folhetos e fôlderes – aqueles impressos constituídos por uma folha de papel com uma ou mais dobras – que traziam informações a respeito das empresas. Mas falar em extinção não está correto. Esse tipo de comunicação impressa se transformou nos sites. E todo mundo sabe que não dá mais para ficar fora da internet. Afinal, todos os seus concorrentes e clientes em potencial andam por lá. Se você não está na internet, desculpe, você não existe.

O site deverá contar o que você e sua empresa são e o que oferecem como produtos ou serviços. Nele também poderá estar sua história empresarial e os canais de contato para que os eventuais clientes falem com você. Há sites que estão frequentemente renovando seu conteúdo, relatando os serviços que prestaram, contando novidades sobre a empresa ou até mesmo colocando notícias jornalísticas fornecidas por alguma agência de notícias.

Não há nenhuma obrigação, no entanto, de que você alimente o site com novidades todo o tempo. Ele também funcionará bem com informações "frias", que não serão renovadas sempre. O que não é bem visto na rede de computadores são aqueles sites que colocam informações datadas, como "Esta semana nossa empresa completa 10 anos de existência", e deixam essa notícia por semanas, meses ou até anos a fio. Isso dá a impressão de desleixo e incompetência em comunicar. Se há alguma novidade pontual que mereça ser registrada, é melhor fazer em sua página em outras plataformas, como o Facebook ou um blog, por exemplo.

4. **Produza um vídeo institucional da sua empresa:** Sou produtor de vídeos, e nem por isso estou puxando a brasa para minha sardinha. Mas dificilmente você encontrará uma ferramenta de comunicação mais eficiente do que um vídeo, assunto que detalharei no próximo capítulo. Veja as vantagens que ele oferece:

quando é colocado na internet, ele pode ser acessado em qualquer lugar do mundo. Sua empresa está em Porto Alegre, mas ela pode ser vista em Manaus, na África do Sul ou em Pequim instantânea e simultaneamente.

Se você tem uma equipe de vendas, o vídeo pode chegar ao cliente antes do vendedor, agilizando os contatos. Você tem uma fábrica? Qualquer um pode fazer uma visita virtual às suas instalações, estejam o empreendimento e o interessado onde estiverem. O vídeo empresarial pode ser armazenado em alguma das várias plataformas públicas existentes na internet, como o YouTube. Também poderá estar em um servidor exclusivo de acesso mais restrito.

5. **Cuide da aparência de sua empresa:** Gravar imagens de sua empresa torna necessário que você cuide da aparência de suas instalações. Além dos cuidados óbvios com a limpeza e organização dos ambientes, pode-se considerar também a possibilidade de rever a decoração ou até montar cenários na empresa para fazer as filmagens. Mostrar que sua empresa é esteticamente charmosa agregará ainda mais valor ao seu negócio aos olhos dos clientes. Isso sem falarmos que eventualmente sua empresa receberá clientes e visitantes em suas instalações físicas. Mantenha-as, portanto, sempre atraentes.

Da mesma maneira, a percepção de que seu empreendimento é sólido e bem-sucedido fará com que as pessoas se sintam mais confiantes em fazer negócio com você. Eu me lembro do que aconteceu com um amigo meu que exemplifica o que estou dizendo. Ele fazia parte de uma banda e se apresentava em shows e festas. O grupo sempre ia em uma van alugada até o local do espetáculo.

Certa vez, quando precisavam tocar em uma cidade vizinha, meu amigo foi até a locadora para reservar a van. Mas o dono da empresa disse que todas estavam alugadas. No entanto, como a banda era um bom cliente, a locadora colocou à disposição deles um micro-ônibus zero quilômetro que acabara de ser comprado. O aluguel? Por uma camaradagem, sairia pelo mesmo preço da van. E foi então que essa banda, que caberia folgada em uma van, chegou ao local do show em um micro-ônibus reluzente. Quando o cliente os viu, arregalou os olhos: "Puxa, vocês estão grandes, hein? Eu ia pedir um desconto, mas agora, vendo o tamanho da estrutura de vocês, fiquei até com vergonha. Mas não tem importância, meu evento vai ficar grande também."

A notícia correu, outros clientes ficaram sabendo. A banda cresceu, se tornou algo maior. As oportunidades se multiplicaram e mais dinheiro entrou. Tudo isso aconteceu, mesmo se por uma obra do acaso, pela maneira com que meu amigo comunicou que a empresa dele era poderosa: exibindo um perfil mais empoderado, que transpirava sucesso. Tudo isso por passar de uma van para um micro-ônibus.

É claro, o sucesso duraria apenas um show, caso o grupo não fosse competente e não entregasse o que prometia. Mas a nova imagem dos integrantes da banda descendo de um micro-ônibus era poderosa. Clientes gostam de fornecedores que não só sejam competentes no que fazem, mas que também pareçam competentes aos olhos do mercado. E se orgulham em associar a própria imagem à desses fornecedores de sucesso.

6. **Crie um padrão de roupas para os funcionários:** Este item também diz respeito ao cuidado com a imagem da organização. Estabelecer um código de apresentação dos funcionários dependerá do perfil da empresa. Em um escritório de advocacia, por exemplo, bermudas e calças jeans rasgadas parecerão distantes da expectativa dos clientes que procuram um aconselhamento legal. Mas em uma startup da área de TI, na qual a idade média dos integrantes está próxima dos 25 anos, um terno e uma gravata é que provocarão ruído na comunicação.

Se a estética de sua empresa permite, determine aos funcionários que usem uniformes. Não estou falando necessariamente de macacões de brim cinza, mas de um padrão de vestuário, que pode ser calças jeans e uma camisa polo, por exemplo. Independentemente do estilo de vestimenta escolhido, o que essa padronização comunicará a respeito de sua empresa é a imagem de um negócio organizado e compromissado com o trabalho.

Também este item merece que nos estendamos um pouco mais. Cada vez há mais empresas que valorizam seu código de vestimenta, ou *dress code*, como é chamado em inglês. Em algumas empresas, ele é seguido à risca. Certa vez, fui com minha equipe gravar um vídeo em um laboratório fabricante de medicamentos, e um dos integrantes do nosso time foi barrado porque estava vestido com bermudas. A empresa não permitia (e se esqueceu de nos avisar) que esse tipo de roupa fosse usado em suas dependências.

Equipes de filmagem têm, muitas vezes, que subir em telhados, passar por debaixo de mesas para fazer ligações elétricas, ficar muito tempo sob o sol... portanto, usar bermudas chega a ser algo aconselhável nesse trabalho. Esse tipo de roupa informal, portanto, não se choca com o *dress code* de uma produtora de vídeo.

Algumas empresas determinam, como fazia aquele laboratório, o código de vestimenta para seus funcionários. Outras não fazem essa recomendação de maneira explícita, mas o estilo de vestimenta de seus líderes e diretores acaba sendo a referência para os demais funcionários. Outra tendência que diz respeito à forma como se espera que os integrantes de uma empresa se vistam é o da *Casual Day*, ou Sexta-feira Casual, quando é permitido aos empregados de empresas que exigem roupas mais sóbrias que, excepcionalmente nesse dia, vistam-se de maneira mais relaxada. Mas mesmo esse Casual Day tem seus códigos, e com certeza são poucas empresas que veem com bons olhos funcionários com chinelos de dedo, batas ou tops.

7. **Insira a logomarca de sua empresa em seus produtos ou em suas embalagens:** Dependendo do produto que você entrega, invista até mesmo em uma sacola com a marca da empresa impressa. Essa ação de marketing pode ser poderosa. Algumas sacolas que trazem a logomarca de uma empresa muitas vezes nos parecem mais interessantes do que o produto que vêm nelas. Porque as achamos atraentes, elas comunicam qualidade e incorporam o valor de seu design ao valor do produto propriamente dito. Além disso, usamos essas sacolas para carregar outras coisas por aí, fazendo publicidade gratuita da empresa.

8. **Invista em mídia:** Se você não tem recursos para comprar espaço na mídia de maneira regular, selecione algumas datas ou eventos para fazer isso. Por exemplo, no aniversário de sua empresa, faça alguma publicidade na televisão, rádio, internet ou publicações que circulem no segmento em que sua empresa atua. O importante é estar presente na mídia. Isso lhe dará autoridade e fará bem ao seu negócio.

9. **Participe de eventos no seu setor:** Seus parceiros, fornecedores e concorrentes estarão nas feiras e congressos da sua área. Você não pode perder essas oportunidades. Quem é visto é lembrado, e seus clientes e parceiros gostarão de saber que sua empresa está saudável e no mercado. Ver você atuante nesses eventos fará com que eles renovem a confiança em seu empreendimento, que continuem a acreditar na seriedade de suas ações.

10. **Continuidade: Aplique todos os nove itens anteriores sem parar:** Esse é o grande segredo: não deixe esfriar seu esforço em promover a comunicação de sua marca. É natural nos empolgarmos com nosso novo site, ou com a renovação de nossa logomarca, e depois, à medida que o tempo passa, deixarmos de lado essas ações de comunicação. Só voltaremos a pensar no assunto muito tempo depois, às vezes anos mais tarde. Isso fará com que aquele site e até mesmo nossa marca vão se tornando obsoletos e parem de funcionar como um bom atestado de nosso negócio. É necessário, portanto, alimentar nossa comunicação de maneira constante.

Cuidados pessoais

Esses benefícios e riscos que o gerenciamento da marca de empresas pode trazer se aplicam igualmente ao marketing para profissionais liberais. Também para eles há alguns cuidados que podem fazer com que suas "marcas" pessoais tragam sucesso para suas carreiras. Algumas das sugestões a seguir têm grande semelhança com as recomendações feitas para as empresas.

Assim como trouxemos recomendações de comunicação para as empresas, propomos os itens a seguir para que os profissionais liberais e autônomos usem a força da comunicação a favor de seus negócios:

1. **Crie sua logomarca:** Da mesma maneira como fazem as empresas, profissionais liberais também podem tirar proveito em ter uma marca própria. Pode ser uma logomarca, com uma imagem, ou uma tipografia, ou seja, usar tipos de letras específicos que identificarão seu nome ou o de seu negócio.

2. **Produza um material básico de comunicação:** Assim como as empresas, profissionais liberais também precisam ter instrumentos que lhe sirvam de apresentação. Cartões de visita, cartas de apresentação ou panfletos explicando os serviços que eles prestam são exemplos desse material básico. Tendo boa qualidade gráfica, ou seja, bem impressos e em um papel com um grau de sofisticação adequado, eles agregarão mais qualidade à comunicação.

3. **Coloque conteúdo na comunicação que você distribui:** A ideia é ir além de uma simples apresentação pessoal, embora isso também seja importante, e associar seu nome a uma informação que seja útil às pessoas. Um médico, por exemplo, pode produzir um fôlder que discorra sobre prevenção do câncer de mama. É provável que um grande número de pessoas se interesse em guardar o impresso para ler com mais atenção ou entregar para outras pessoas se informarem. Junto desse impresso estarão informações sobre o médico ou sua clínica, unindo, assim, um esclarecimento de interesse geral com a comunicação sobre o profissional.

4. **Tenha parceiros na comunicação:** Isso pode diminuir seus custos de marketing e multiplicar o alcance da divulgação de sua expertise. Você pode propor para jornais ou revistas de seu segmento que publiquem artigos de sua autoria que tratem de temas de interesse geral. O veículo de mídia ganhará ao prestar um serviço de relevância para seus leitores, e você terá uma plataforma de divulgação de sua marca a um custo zero. Por exemplo, você é arquiteto. Seu acerto com a publicação será o de fornecer uma dica de decoração de interiores a cada semana, de 15 em 15 dias, ou em uma base mensal.

Se você mora em uma cidade muito grande, como São Paulo ou Rio de Janeiro, talvez seja mais difícil ter acesso aos escritórios e redações de jornais e revistas de grande porte. Nesse caso, crie seu próprio blog na rede e produza uma coluna virtual semanal. O que deve ser sempre lembrado é que obedecer à periodicidade à qual você se propôs é de grande importância. Caso você tenha anunciado que fornecerá novidades diariamente ou semanalmente, não deixe de cumprir esse acordo. Do contrário, não conseguirá estabelecer um vínculo com seu público. Se seus seguidores acessarem seu blog ou site e só encontrarem postagens velhas, eles pararão de te seguir.

5. **Mantenha seu escritório, clínica ou estúdio sempre arrumado:** Como você prepara sua casa para receber uma visita querida? Você a deixa arrumada e limpinha, certo? Coloca os móveis no lugar, os travesseiros com fronhas novas. Então também deve ser assim em seu local de trabalho. Imagine que seu cliente é uma visita importante que está chegando e deixe seu escritório tão caprichado como se fosse sua própria casa.

Certa vez, ouvi um diretor de uma empresa dar uma bronca em uma pessoa de sua equipe: "Puxa vida, sua mesa está uma bagunça! Você atende empresas, clientes. Se você não consegue cuidar da sua própria mesa, como você vai cuidar dos seus clientes?" Foi um puxão de orelha forte, mas ele estava com a razão. Se alguém vê seu escritório ou mesa desorganizados, o que você está comunicando é desleixo e falta de organização. Que cliente confiará seus negócios a alguém que parece desorganizado e desleixado?

6. **Cuide de sua aparência:** Parece que estou exagerando ao dizer isso, não é? Mas a verdade é que nos deparamos com bons profissionais, adultos já, que não têm tanto capricho assim com sua aparência. Sou testemunha disso. Eu costumava ir a uma dentista, bem recomendada e muito competente. O trabalho profissional dela, pude constatar, era eficiente. Mas havia um problema. Ela fumava muito e, por isso, tinha um cheiro fortíssimo de cigarro. Como eu não fumo, aquilo me incomodava bastante.

Sempre que ela ia tratar meus dentes, parecia que ia colocar um cinzeiro na minha boca. Sua mão cheirava a cigarros. Mesmo ela sendo uma ótima profissional, não voltei mais lá, porque aquilo me repugnava. O mais provável é que ela nem percebesse essa característica, mas ela perdeu o cliente. E eu não devo ter sido o único que se incomodava com aquilo.

Como falei anteriormente, uma marca, seja pessoal ou institucional, está comunicando o tempo todo. Mesmo quando você não percebe. A maneira como você se veste, o estado de suas unhas, cabelo, barba, sua higiene pessoal são uma forma subjetiva (para você, pelo menos) de comunicação. Da mesma maneira como falamos que a empresa deve determinar um padrão de vestuário para seus empregados, você também deve manter uma aparência condizente com a expectativa de seus clientes.

Para as empresas e os profissionais que, por diferentes motivos, não tenham disponibilidade de cuidar diretamente da gestão de sua própria comunicação, sugiro fortemente a contratação de uma assessoria de comunicação.

Um assessor de comunicação é um administrador da informação e o ajudará de uma maneira mais ampla em relação ao que você e seu negócio comunicam a seu público. A ajuda dele será relevante para definir quais os veículos de comunicação atenderão melhor às necessidades de seu negócio. Também será incumbência desse profissional definir uma política de comunicação única para os vários aspectos de seu negócio. Isso é de grande importância. Conheci empresas que contratam uma agência de publicidade que oferece um certo estilo de comunicação, mas que tem seu trabalho comprometido quando, por exemplo, o departamento de marketing responsável pelas criações internas oferece uma estética e abordagem completamente diferentes. Isso sem contar o gerente, que, deixando de lado as recomendações da agência de publicidade, cria por iniciativa própria outra tipologia e cores para assinaturas de e-mails, ou o diretor que gosta de arriscar em suas próprias estratégias de marketing. Um assessor de comunicação competente apontará que essa comunicação indisciplinada faz surgir uma empresa sem personalidade definida, perdendo a oportunidade de fortalecer sua marca junto ao mercado.

Contratando um assessor de imprensa

No início deste capítulo, registrei uma rápida definição do que é assessoria de imprensa. Explicando um pouco mais, as funções de uma assessoria de imprensa são amplas, mas sua principal tarefa é gerenciar o relacionamento de uma pessoa física, de uma empresa ou de uma entidade pública com a imprensa. No jargão dos assessores de imprensa, "plantar" uma notícia em um órgão de imprensa significa conseguir convencer os editores de um jornal, site, rádio ou televisão a divulgar uma informação que trate o cliente do assessor de maneira favorável e positiva.

Foi o que fiz quando falei sobre a Caravana Ecológica naqueles intermináveis 26 minutos na rádio em Itabaiana, em Sergipe, e ao escrever a notícia sobre o espetáculo para um jornal em Campo Grande, no Mato Grosso do Sul.

Não é difícil entender os benefícios que uma notícia favorável pode trazer para seu negócio. É que, em tese, jornais, revistas, rádio e noticiários de televisão costumam ser isentos ou críticos nas notícias que divulgam. Ou seja, tudo que eles dizem parece mais verdadeiro, e as pessoas acreditarão no que estão lendo, vendo ou ouvindo.

A conclusão é a de que a mídia convencional empresta essa credibilidade à notícia que você está divulgando. A possibilidade de as pessoas acreditarem que você de fato é um profissional competente torna-se muito maior. Esse é o melhor dos mundos para sua empresa. É esse o desafio do assessor de imprensa: convencer a mídia isenta a falar bem de você. Mais uma vantagem: a mídia séria não cobra nada para dar uma notícia sobre seu trabalho. Já se você optar por uma publicidade paga de sua empresa, isso sairá caro. Tal fato torna o retorno econômico dessa comunicação espontânea ainda mais interessante, mesmo computando o que você pagará pelo trabalho da assessoria de imprensa.

Elaborei mais esta lista a seguir. Nela trago cinco razões para um profissional liberal ou uma empresa decidirem-se a contratar os serviços de uma assessoria de imprensa.

1. **Você vira notícia:** Um assessor de imprensa competente é capaz de divulgar suas ações profissionais no mesmo linguajar usado pela mídia. Isso aumenta sua credibilidade.

2. **A relação custo x benefício é favorável:** Quando prestam contas para seus clientes sobre os resultados que alcançaram, as assessorias de imprensa costumam medir o espaço que a notícia ocupou na mídia impressa ou o tempo em que a notícia foi veiculada no

rádio ou televisão e transformar seu valor em dinheiro, de acordo com a tabela publicitária desses veículos.

Ou seja, se a notícia sobre seu negócio no rádio teve uma duração de um minuto, é consultada a tabela publicitária para aquele horário e calculado qual seria esse valor. O resultado equivale ao quanto a emissora cobraria por uma publicidade de um minuto em sua programação. Como a rádio tratou a informação como notícia, você não terá de pagar nada por isso. É claro, o custo da própria assessoria de imprensa tem de ser levado em conta, mas quase sempre ele será mais baixo do que o ganho que você experimentou.

3. **Seu discurso ficará afinado:** Como os assessores costumam saber que tipo de assunto interessa à mídia e ao público – grande parte dos assessores é jornalista –, eles são capazes de orientá-lo sobre quais temas terão melhor repercussão e quais assuntos devem ser evitados quando você fizer uma declaração pública.

4. **Você será protegido:** Lidar com a imprensa não é coisa para amadores. Jornalistas podem pressionar as pessoas contra a parede e fazê-las dizer algo sobre o qual elas preferiam não se manifestar. Um bom assessor pode protegê-lo desse perigo e blindá-lo contra essas investidas maliciosas. Ele irá orientá-lo e mesmo controlar o acesso da mídia até você.

No caso das empresas, esse papel de protetor que o assessor de imprensa pode ter é ainda mais estratégico. Em situações em que a empresa se envolva em alguma polêmica sobre seus procedimentos ou produtos, o assessor de imprensa será o porta-voz da organização nesse momento de crise. Será ele quem prestará informações para a mídia e quem deverá ter sensibilidade para diminuir os eventuais danos à marca ao posicionar de maneira segura a empresa diante do assédio dos jornalistas.

5. **Você se tornará uma autoridade:** Assessores de imprensa podem não ter o mesmo conhecimento técnico que você. Mas eles sabem como organizar sua expertise em um formato que seja acessí-

vel, tanto para a mídia quanto para o grande público. Isso fará com que você, ou sua organização, seja reconhecido como uma autoridade no assunto com o qual trabalha.

Embaixadores e soldados

Pelo que foi dito até aqui, podemos considerar que os assessores de imprensa atuam como se fossem os embaixadores de seu negócio. Mas, se sua empresa oferece produtos para o mercado, ela também não pode prescindir de bons soldados que lutem pela atenção dos clientes. Ou seja, vendedores competentes.

E um bom exército de vendedores não se forma sem uma boa comunicação. Isso porque, quando algo é comercializado, o que se vende vai além do produto em si. Para explicar melhor, vamos imaginar que alguém vá a uma loja à procura de um martelo. A pessoa entra e pede para o vendedor: "Eu queria um martelo, por favor". Mas esse comprador não quer exatamente o martelo. O que ela quer é um prego na parede para, digamos, pendurar um quadro.

Quando refletimos sobre isso, entendemos que uma venda é sempre uma transação mais complexa do que se pode imaginar inicialmente. Aquele cliente quer um martelo que tenha boa empunhadura, pois ele não tem prática com ferramentas. O instrumento precisa ser seguro, a cabeça do martelo não pode sair voando perigosamente quando ele der uma martelada. O material deve ser de boa qualidade, para não quebrar quando for usado. Não pode ser leve demais, porque aí não se conseguirá fazer o prego furar a parede, e há o risco de quebrar o reboco; nem pesado demais, para entortar o prego ou, pior, achatar o dedo do martelador. E se o martelo for bonito, melhor ainda. Seria ótimo que houvesse opções de cores e de design. Pode ser, ainda, que o cliente não precise de martelo. Como neste caso foi constatado que ele precisa de um prego na parede, talvez uma pistola de pregos automática seja a melhor opção.

Quem poderá entender todos esses desejos e oferecer o que o cliente está imaginando? O vendedor, claro. É aqui que está o segredo de uma venda bem-sucedida. Se o vendedor sabe as características do produto que está comercializando, é capaz de dar uma resposta a todas as dúvidas do cliente e mesmo sugerir maneiras mais eficientes de usar o produto. Portanto, um vendedor com essa expertise fechará bons negócios. Mas, se não conhecer o produto ou, pior ainda, atender o comprador de maneira desatenciosa, todo o investimento que o fabricante do martelo fez em marketing, qualidade, tempo de desenvolvimento, design etc. irá por água abaixo, pois o freguês procurará outra loja de ferramentas.

O exemplo do martelo é singelo, mas imagine uma venda que envolva grandes valores e produtos mais complexos, como equipamentos médicos, aviões, computadores de grande porte, apartamentos e máquinas pesadas. Nesses casos, é ainda mais indispensável que o vendedor esteja preparado para persuadir positivamente alguém sobre os benefícios que aquele produto poderá proporcionar e sua superioridade sobre o dos concorrentes.

O vendedor competente constrói uma relação com o consumidor, cria uma reputação. É essencial que ele não apresente falsos benefícios, não minta. Já ouvi muitos argumentando que não há como vender sem mentir. Não concordo com esse pensamento. O que ele deve fazer é descobrir o que há de verdade no produto que se quer comercializar. Há estratégias de comunicação que permitirão que esse profissional encontre o que é correto e verdadeiro em seu negócio e possa oferecer isso para o cliente. Essa é a única maneira que lhe permitirá crescer de maneira sustentável.

Se o que você tem de melhor é o preço, comunique isso com eficiência. Se é a durabilidade, foque nisso. Perceba que esses dois exemplos também têm seus lados negativos. O que é barato pode ser mais frágil, porém, por conta do preço baixo, você pode comprar mais unidades. Se o produto quebrar, ou perder sua eficiência, você terá outro novo em mãos para substituí-lo. Aquilo que é mais durável pode ser mais caro, mas se você adquiri-lo, economizará em longo prazo, evitando trocas. Caro leitor, garanto a você que todo produto ou negócio tem algo bom a ser explorado, estudado e comunicado. Faça um exercício e liste dois diferenciais nos produtos que você vende ou nos serviços que você presta. Agora amplie sua atenção a eles e deixe seus clientes saberem disso.

Profissionais do comércio que levam a sério seu trabalho investirão em sua própria formação e manterão uma postura ética e honesta. Mas grande parte da formação do vendedor também é de responsabilidade do líder da empresa. Ele é quem tem conhecimento dos benefícios que a organização pode proporcionar, sabe quais são seus diferenciais e domina os princípios com os quais ela trabalha. Esse líder é quem falará com a equipe de vendas, entendendo que eles, bem como os assessores de imprensa, serão os porta-vozes da empresa junto ao público. São esses vendedores que darão a cara da organização para os clientes em potencial.

"Não dou conselhos, só vendo câmeras"

Abro um parêntese aqui para dizer que, na minha opinião, os vendedores brasileiros se destacam positivamente pela empatia com que costumam tratar os clientes. Quando vou aos Estados Unidos, costumo procurar novidades em filmadoras digitais, que uso na minha empresa. O atendimento dos vendedores norte-americanos é bem diferente.

Certa vez, em Nova York, fui à B&H Photo Video, a maior loja de audiovisual dos Estados Unidos. É o lugar dos sonhos para quem trabalha na área. Eu queria comprar uma câmera fotográfica que também filmasse, o que era uma novidade na época. Escolhi a câmera, mas fiquei em dúvida sobre a melhor lente. Perguntei ao vendedor: "Qual lente você me sugere para essa câmera?" Ele respondeu: "Olhe para as prateleiras atrás de mim, eu tenho mais de 300 lentes aqui." Eu insisti: "Sim, mas qual você poderia me recomendar como a mais adequada?" Ele não se abalou: "Eu acho que você tem que estudar mais sobre o assunto, leia mais a respeito, e depois volte aqui para comprar quando você souber o que quer."

Talvez ele tenha sido cuidadoso por causa da legislação do país, talvez seja uma questão cultural. Talvez tenha sido apenas antipático. Mas acredito que eu nunca ouviria uma resposta dessas de um vendedor brasileiro. Um vendedor daqui talvez tentasse me ajudar de maneira mais efetiva, me perguntaria qual a minha necessidade. Agiria como um consultor de vendas, e não alguém que está ali só para tirar os pedidos. Dificilmente diria algo frio e impessoal como a forma como o norte-americano encerrou a conversa comigo: "Eu estou aqui para vender câmeras, não para indicar câmeras."

Nunca mais voltarei à B&H de Nova York porque o vendedor não me atendeu como eu gostaria? Não. Como eu disse, a loja é uma das maiores dos Estados Unidos, e sua oferta de produtos é inigualável. Eu nunca mais retornaria à B&H se houvesse uma outra loja com um estoque tão variado como o dela e com vendedores atenciosos e cooperativos? Sim, talvez eu me tornasse cliente dessa outra loja, pois ela atenderia a todas as minhas necessidades e expectativas. Além de me fazer sentir mais à vontade e bem atendido.

O que faz, então, um vendedor ser tão bom que traga clientes do concorrente para o estabelecimento em que trabalha? A comunicação. Acredito que as dez sugestões a seguir deem uma pista do que imagino que um vendedor competente comunica aos seus clientes.

1. **Manter uma boa aparência:** Assim como o profissional liberal, que citei anteriormente, o vendedor também é o cartão de visitas do negócio. Não é preciso muita explicação, não é? Alguém bem cuidado, bem vestido e asseado ganha pontos imediatamente no quesito empatia.

2. **Estudar os produtos ou serviços que vende:** Naquela fórmula de emissor e receptor da comunicação, no primeiro momento o vendedor será o receptor das informações sobre o que venderá. Depois de dominar os diferenciais que o produto ou serviço que vende tem sobre os concorrentes, será o emissor da comunicação desses benefícios para seus clientes.

3. **Conhecer em profundidade o seu público-alvo:** O que os potenciais clientes consomem? Qual é o nível de renda deles? O que fazem em seus momentos de lazer? Ter esse conhecimento dará pistas de como a abordagem de venda deve ser feita para que vendedor e cliente estejam na mesma sintonia.

4. **Entender as necessidades individuais do comprador:** O vendedor deve atender aos desejos e anseios dos clientes, não aos dele. Parece óbvio isso, mas quem já não ouviu um vendedor insistir para que um cliente leve um produto porque ele, o vendedor, está precisando cumprir a própria meta de vendas ou deseja obter um bônus pela sua performance? Esses são desejos do vendedor que, certamente, nada têm a ver com o que o comprador está almejando. Quando o comerciante entende as necessidades de seus fregueses, sua comunicação torna-se mais eficaz e as vendas chegam a um bom termo.

5. **Oferecer os benefícios reais do produto:** Vamos lembrar o exemplo do martelo sobre o qual falei alguns parágrafos atrás. As pessoas não compram um martelo, mas um prego fincado na parede; não querem fazer uma endoscopia, mas ter saúde; ninguém gosta de ficar apertado em uma poltrona, em um avião sacolejante, por três horas. O que se ama são as praias do Nordeste. É preciso, portanto, afinar o discurso e mostrar os benefícios reais que os produtos e serviços proporcionam.

6. **Criar vínculo para fidelizar o cliente:** A maneira mais segura de fazer isso é agir sempre de maneira correta e atenciosa com as pessoas. Usar argumentos de venda honestos, oferecer um café ou entabular uma conversa sobre assuntos gerais quando o cliente estiver disposto a bater um papo. Enfim, criar um clima agradável e descontraído fará com que o comprador e o vendedor se sintam mais felizes e relaxados. O vínculo que será criado certamente terá repercussão na relação comercial futura entre os dois.

7. **Nunca pensar apenas em uma única venda:** A ideia é estabelecer uma relação duradoura com o cliente. Não se deve pensar apenas naquela transação, em ter o ganho pontual e momentâneo que ela proporciona. O que se quer é dar perenidade ao negócio. Assim, a comunicação do vendedor deve ter como meta transformar aquele comprador em um consumidor constante. Isso se faz levando-se em conta os procedimentos tratados nos itens anteriores.

8. **Cuidar da língua portuguesa:** É claro que não é necessário dominar a língua portuguesa como um integrante da Academia Brasileira de Letras. Mas quando falamos de maneira incorreta, principalmente quando escrevemos errado, nosso ouvinte ou leitor imediatamente levanta uma suspeita sobre nossa competência. Mesmo se entendermos tudo a respeito do negócio que estamos vendendo, se falarmos um "menas", "a gente vamos" ou "seje o que for", provocaremos um forte ruído na comunicação. Nosso interlocutor poderá pensar que, afinal, não temos tanto conteúdo assim.

9. **Manter-se informado sobre os produtos dos concorrentes e de outras tendências de mercado:** Os clientes são alvo da comunicação de outros profissionais liberais e empresas e, portanto, estão informados a respeito de tendências e da qualidade das demais opções disponíveis no mercado. Por esse motivo, é necessário ter argumentos para expor as qualidades do produto que comercializa. Do contrário, quem parecerá ser o especialista será o comprador, e não quem está tentando fazer a venda.

10. **Entender que todo vendedor deve ser, antes de tudo, um comunicador:** Quanto mais habilidade em comunicação alguém tiver, mais eficaz será seu desempenho em vendas. É preciso, portanto, aprimorar de maneira constante suas habilidades em comunicação. E, também de grande relevância, desenvolver paixão pelo que se faz. O bom comerciante vende também com o coração.

Marketing de conteúdo

Há, ainda, outra forma de comunicação que vem se tornando uma ferramenta cada vez mais presente, sobretudo na internet, para divulgar marcas. Trata-se do marketing de conteúdo, uma estratégia de comunicação que consiste em divulgar informações relevantes, de maneira gratuita, sobre uma determinada especialidade. O propósito disso é tornar o autor do conteúdo reconhecido como uma autoridade no assunto e fortalecer sua marca pessoal ou a de sua empresa.

Posso dar um exemplo pessoal. Com frequência, posto vídeos no YouTube e em outras mídias na internet com dicas sobre comunicação. Qualquer pessoa pode acessar esses vídeos, que são curtos, e tirar proveito do conteúdo que está ali. Isso não lhes custará nada. O ganho que eventualmente tenho com essa divulgação é ser reconhecido como uma autoridade em comunicação. Não se trata de uma vaidade pessoal, mas de uma iniciativa que, além do prazer pessoal que sinto em poder colaborar para que as pessoas se comuniquem de maneira cada vez mais precisa, poderá ter impacto positivo no meu negócio.

Como é possível acessar a internet de qualquer lugar do planeta, a produção desses vídeos é uma poderosa ferramenta de marketing, que poderá fazer com que seus autores alcancem uma ampla audiência e tenham sua expertise reconhecida nacional e internacionalmente.

Ok, o conteúdo pode ser acessado gratuitamente, mas produzir marketing de conteúdo tem um custo. Como fechar essa conta? Em primeiro lugar, como informei, o reconhecimento de que esses produtores de conteúdo são autoridades em seu campo de atuação reforça suas marcas. À medida que se tornam conhecidos, as pessoas terão confiança em seus conhecimentos e se sentirão encorajadas a contratar seus serviços. É aí que a receita é gerada.

Palestrantes e consultores também experimentam sucesso com essa estratégia e atraem interessados às suas palestras e seminários. Por isso têm investido de maneira firme nos vídeos que são postados no YouTube. A estratégia costuma funcionar da seguinte maneira: você acompanha de graça as postagens que esses especialistas fazem na internet. Em algum momento, esse autor anunciará que fará uma palestra ou dará um seminário, mas dessa vez as pessoas terão de pagar um ingresso para assistir ao evento. Como os seguidores reconhecem o autor como uma autoridade, eles concordarão em investir nessa experiência. Poderão mesmo pensar que, depois de usufruírem dos conhecimentos sem terem de desembolsar nada, é justo que em algum momento recompensem, com dinheiro, o trabalho do autor.

Ao longo deste capítulo, discorri sobre várias estratégias de comunicação que trazem conquistas para uma marca pessoal ou de uma empresa. Considero que essas estratégias não só agregam um tremendo valor, que garantirá a continuidade dos negócios, como também criam as condições necessárias para assegurar que pessoas físicas obtenham excelentes realizações profissionais. Empresas podem chegar a um fim, serem compradas ou fundirem-se com outras maiores. Um profissional liberal sempre terá a possibilidade de se associar a empreendimentos maiores ou mudar de cidade ou de país à procura de oportunidades mais atraentes.

No entanto, em qualquer situação, favorável ou desfavorável, o único ativo que você sempre poderá manter é o seu bom nome, sua credibilidade, sua autoridade em alguma área do conhecimento. A comunicação é o instrumento mais eficiente para valorizar essa autoridade, para garantir que você sempre terá uma boa imagem e o respeito por parte de seu público.

No próximo capítulo falaremos das principais tendências em comunicação, de que forma elas impactarão os profissionais e as empresas e de que maneira estes devem se preparar para essas mudanças.

A Força do Vídeo

"Se você de fato gosta de cinema, então você é capaz de fazer um bom filme."
Quentin Tarantino, *cineasta norte-americano, autor de Pulp Fiction*

Tempos atrás, eu estava na casa de meu pai, que hoje está com 70 anos de idade, e o observava brigando com seu celular. Ele apertava as teclas e parava. Digitava de novo e parava. Coçava a cabeça, falava sozinho. Seu rosto mostrava cada vez mais sinais de irritação. De repente, explodiu: "Não! Não vou mais usar o celular." E desligou o aparelho, depois de umas três tentativas, jogando-o para o lado.

Passada pouco mais de uma semana, me encontrei novamente com ele. Estava com o celular na mão, e continuava digitando, sempre desajeitado. "Ué, pai! Não havia desistido do celular?", perguntei com uma pontadinha de ironia. Ele deu um suspiro: "É... não tem jeito, vou ter que usar o celular, não tem mais como viver sem ele. Mas não dá para ser um aparelho que só ligue e desligue, igual a um telefone?"

Meu pai tem razão na primeira metade de sua frase. Sim, não é mais possível viver sem celular. Por outro lado, hoje já não se consegue escapar da internet, dos aplicativos que enviam textos, imagens e sons em tempo real, que estão disponíveis na rede mundial de computadores e são acessíveis

153

pelo celular. Os aparelhos celulares, portanto, há muito deixaram de ser meros telefones. São computadores de bolso e, quando ligados à internet, podem acessar todas as formas de comunicação que o ser humano é capaz de produzir.

Isso significa que uma imensa oferta de possibilidades está à disposição de cada vez mais brasileiros. Veja o que os números dizem: em agosto de 2017, os brasileiros utilizaram 242.167.504 meios de acesso às linhas de telefonia móvel, de acordo com dados da Anatel, a Agência Nacional de Telecomunicação. Ou seja, para cada grupo de 100 brasileiros há 117,5 aparelhos ou chips capazes de acessar a internet.[1] O país tem quase mais celulares do que gente. E isso mostra um novo e promissor panorama da comunicação no Brasil, como também no resto do mundo, onde esse cenário também está presente.

Fora da rede, nada existe

Praticamente tudo o que fazemos atualmente, de trocar uma receita de bolo até uma reunião para definir a estratégia do lançamento de um novo modelo de avião transcontinental, pode ser feito por intermédio de alguma das muitas mídias sociais. Por isso, se você, profissional liberal ou empresário, não estiver na rede, será como deixar de existir, até mesmo para seus parentes e amigos próximos.

A relevância da internet em todas as formas de comunicação não é, portanto, algo que se possa questionar. Mas como tudo isso evoluirá no futuro? Ao olharmos para essa paisagem, vislumbramos três caminhos que a comunicação deverá percorrer nos próximos anos.

O primeiro, que já está em rápido movimento, é o uso crescente de vídeos como forma de comunicação. Não tenho dúvidas de que os vídeos serão a tendência da vez, pelo simples motivo de que essa é a forma de comunicação mais completa que existe. Além das imagens em movimento e do áudio que ele reproduz, o vídeo é capaz de exibir imagens de qualquer lugar da Terra, e até mesmo de fora do planeta, e ainda registrar imagens e áudios históricos. Todas essas possibilidades podem ser colocadas a serviço da comunicação empresarial.

---

[1] http://www.anatel.gov.br/dados/component/content/article?id=283

A segunda grande tendência da comunicação é a utilização de aplicativos e sistemas que, nos aparelhos celulares, tablets, computadores e outras plataformas, permitem automatizar e acelerar até mesmo as tarefas mais corriqueiras de nossa existência. São eles que permitem, por exemplo, a rápida expansão do ensino a distância, uma modalidade de estudo que já está desafiando as imensas distâncias geográficas do país e permitindo o acesso universal a uma educação de qualidade.

A terceira evolução, que já citei no capítulo anterior, é a multiplicação do marketing de conteúdo. Isso se refere ao fornecimento de informações relevantes, quase sempre em vídeo, que dizem respeito à especialidade do emissor da comunicação. Essas ações de marketing de conteúdo têm como propósito fazer com que seu autor seja reconhecido como autoridade naquele assunto específico e, com isso, atraia negócios.

Imagem do futuro

Falarei em seguida sobre a força que o vídeo vem acumulando na comunicação. Mas, antes de tudo, quero deixar registrado que estou ciente de que é uma temeridade arriscar qualquer prognóstico sobre as mudanças que as novas tecnologias poderão provocar em nossos hábitos de comunicação e na maneira como nos relacionamos uns com os outros.

Ninguém é capaz de prever com acerto o que virá pela frente para além de um espaço de, digamos, três anos. Muitas vezes, nem mesmo nesse prazo. No entanto, posso garantir que a relevância dos vídeos como forma de comunicação está ainda em seu início e que provavelmente continuará assim ainda por bastante tempo.

Falei há alguns parágrafos de como o vídeo traz um conjunto de diferenciais — imagens em movimento, sons, saltos no espaço e no tempo —, algo que as outras formas de comunicação reproduzem de maneira parcial. Mas, além dessas particularidades, o vídeo tem outra vantagem sobre as demais mídias, que é a sua elasticidade em relação ao tempo. Você pode contar uma história em um vídeo em 10 minutos, em um minuto ou em 30 segundos, mantendo sua essência, graças aos seus recursos de imagem e som. Outras mídias, claro, também podem resumir uma história, mas de forma menos eficiente. Como hoje valoriza-se cada vez mais as mensagens curtas e chamativas, os vídeos são os novos queridinhos da comunicação. Já ouvi a previsão de que nos próximos cinco anos os vídeos responderão por 80% de toda comunicação veiculada na internet.[2]

Pode-se argumentar que um vídeo no formato profissional demanda mais tempo, recursos narrativos e dinheiro do que as outras mídias. Sim, não há como negar isso. É preciso ter uma equipe, equipamentos caros, pagar por deslocamentos e ter uma mesa de edição para finalizá-lo. Mas, em favor dessa mídia, pode-se dizer que há hoje uma nova estética que tornou aceitáveis, e até desejáveis, vídeos que utilizam um estilo mais despojado, com uma narrativa mais informal e minimalista. Ainda por cima, mais barata.

Vídeo tradicional

O que estou dizendo talvez fique mais claro com o seguinte exemplo. Em uma mesma praia estão duas pousadas concorrentes. Elas são semelhantes em conforto, tamanho e no valor da hospedagem. Os dois proprietários decidem divulgar, por meio de vídeos, as vantagens de seus estabelecimentos e a beleza do lugar, com o objetivo de atrair mais clientes.

Um deles prefere uma comunicação mais tradicional. Ele entra em contato com uma produtora e solicita a produção de um vídeo. Um roteiro é preparado prevendo a gravação de imagens tanto da pousada quanto da praia em que esta está localizada. Uma equipe é designada para isso e vai até o local fazer as gravações. Haverá ainda um apresentador, que aparecerá em cena descrevendo as belezas do local e realizando uma breve entrevista com o proprietário.

O roteiro prevê, ainda, o uso de imagens de outros locais paradisíacos, como praias do Nordeste e ilhas do Pacífico e do Caribe, para mostrar que o cenário em que está a pousada nada fica devendo a esses pontos turísticos consagrados internacionalmente. Por fim, serão usados mapas com animações mostrando como chegar até ali e tabelas de preços. A explicação desses roteiros e mapas será feita gravando-se a voz do apresentador em off.

---

[2] https://www.cisco.com/c/en/us/solutions/collateral/service-provider/visual-networking-index-vni/vni-hyperconnectivity-wp.pdf (conteúdo em inglês)

Vídeo amador

Já o proprietário da segunda pousada decide usar outra linguagem para o vídeo que produzirá. Sua principal motivação não é economizar dinheiro, embora ele não tenha nada contra poupar recursos. O que ele quer é experimentar uma narrativa mais despojada e casual, que pareça um vídeo amador e feito em casa. Ele já viu esse tipo de material na internet e considera que essa é a abordagem que melhor o representa. Ao ver esse vídeo mais informal, ele imagina, os clientes entenderão que na sua pousada encontrarão um ambiente familiar, aconchegante, no qual se sentirão como se estivessem em sua própria casa.

Ele próprio imagina um roteiro e memoriza, ou registra por escrito, os locais que filmará, o que dirá e que sequência de imagens usará. O equipamento será seu próprio celular. É um bom aparelho, com uma câmera de boa qualidade. O texto será falado ou lido por ele mesmo. Explicará os equipamentos que sua pousada possui, enquanto grava cenas dos quartos, da sala de refeições, da varanda. Depois irá até a praia, mostrará a areia, a água clara do mar e a pousada vista da praia. Poderá acrescentar uma ou duas cenas em que aparece mostrando sua cozinha funcionando. E descreverá, ainda, um dos pratos mais pedidos que consta em seu cardápio. Um dos funcionários poderá segurar o celular para gravar a cena, ou ele mesmo poderá fazer uma selfie enquanto descreve o que quer mostrar.

Ao final, editará o vídeo copiando-o para um computador ou fará isso no próprio celular com a ajuda de um aplicativo. Alguns desses aplicativos que permitem editar imagens são, inclusive, gratuitos. Poderá até mesmo colocar uma trilha sonora, para caprichar um pouco mais. Depois é só fazer o upload para o site da pousada ou da página no Facebook.

Qual desses dois vídeos fará mais sucesso? Qual das duas pousadas atrairá mais visitantes seduzidos pela beleza da paisagem e conforto da hospedagem?

Não há uma resposta direta para essas perguntas. Certamente o proprietário que escolheu contratar uma produtora de vídeo terá um gasto bem maior do que seu concorrente. Mas seu marketing poderá ser mais convincente para um público menos aventureiro, que gosta de planejar suas viagens e saber exatamente o que receberá em troca do dinheiro investido.

Um vídeo convencional, como este que exemplificamos, com uma narrativa semelhante à usada nos programas de televisão tradicionais, soaria mais familiar e confiável para uma certa parcela dos possíveis clientes. Conteúdos como reminiscências históricas, tabelas e referências a outros lugares famosos também são fatores de convencimento e de credibilidade. Entre esses hóspedes em potencial talvez estejam pessoas mais velhas ou casais que tenham crianças pequenas e que, por esse motivo, querem ter certeza de que encontrarão uma estrutura capaz de fornecer os serviços pelos quais anseiam. Querem um lazer sem surpresas. Divertido, mas previsível.

Já a pousada que optou por uma comunicação mais informal tem mais chances de receber a atenção de viajantes mais despojados, que gostem de explorar novidades e que pertençam a uma faixa etária mais jovem. Talvez surfistas, pessoas que gostam de trilhas ou de mergulhar. Para eles, a natureza na qual está inserida a pousada pode ter mais relevância do que a estrutura hoteleira em si, embora eles também prezem pelo conforto, uma boa cozinha e serviços de hospedagem de qualidade. Do contrário, acampariam em barracas ou procurariam uma pensão modesta.

Venho percebendo que esses vídeos mais despojados, mais "amadores", estão sendo cada vez mais usados na internet, sobretudo por quem faz vendas online. São aqueles vídeos nos quais o vendedor abre a caixa do produto, mostra suas características, o faz funcionar. Mesmo sites gigantes de venda online oferecem a opção de clicar em um link para assistir a um vídeo sobre o produto que está vendendo.

Produto sem maquiagem

Na minha produtora de vídeo, já fui procurado por um cliente que me perguntou: "Rafael, você faz vídeo com cara de amador?" Eu me lembro de que cheguei a rir e a perguntar para ele: "Se é para ser amador, por que você mesmo não faz?" A verdade, no entanto, é que esses vídeos "com cara de amador" funcionam, e muito. Ao assisti-lo, o cliente entende que não há ali maquiagem do produto ou truques de edição. Ele acredita que o que está vendo ali é exatamente o que chegará em sua casa, caso ele feche o negócio.

É quase uma experiência de degustação do produto. Ele vê a caixa sendo aberta, a cor do produto, qual o peso que ele tem. Ao ver a mercadoria nas mãos do vendedor, ele tem uma ideia de sua dimensão. Se for um aparelho eletrônico, ele ouvirá o ruído que este faz ao funcionar, as luzes que se acendem, e como é seu desempenho na tarefa para o qual foi desenhado.

A FORÇA DO VÍDEO

Enfim, é como estar na loja pessoalmente recebendo informações de um vendedor de carne e osso.

É uma linguagem também eficiente para profissionais liberais ou prestadores de serviço. Um vídeo interativo, mesmo que o cenário seja apenas você sentado em uma mesa, permite aos potenciais clientes captarem informações que texto algum é capaz de passar. A segurança que você passa pela sua voz, seu domínio da língua portuguesa, a riqueza de seu vocabulário, se você é alguém que transmite empatia. Enfim, todo aquele texto oculto existente na linguagem corporal e nos signos não verbais. Caso o emissor seja um bom comunicador, não haverá necessidade de edições ou imagens suplementares.

A escolha por esse formato aumenta, ainda, as chances de esse vídeo "amador" ser visto por um número maior de pessoas. Isso acontece porque o público que o assiste entende que não há uma intenção clara de vender algo. O que atrai o espectador é a oportunidade de acompanhar uma experiência real de outra pessoa, colocando-se no lugar do protagonista e imaginando que ele também poderia ter uma experiência similar.

Quanto mais pessoas veem esse tipo de vídeo, mais chance ele terá de multiplicar sua exposição. Isso porque plataformas como o YouTube têm algoritmos que "entendem" que esse vídeo é bom, já que sua audiência é crescente. Dessa maneira, o YouTube prioriza esse vídeo, que continuará a atrair mais pessoas. Quando os vídeos são superproduzidos e usam imagens e recursos muito profissionais, é como se eles se "desmascarassem", deixando claro que foram feitos propositadamente para vender algum produto. Poucas pessoas clicarão em um vídeo explicitamente comercial. Nesse caso, o YouTube faz o movimento inverso: "esconde" o vídeo ao lhe proporcionar um acesso menos privilegiado, diminuindo sua audiência, ou seja, as visualizações.

Um benefício a mais trazido pelos vídeos é que eles respeitam os diferentes ritmos de absorção da informação que as pessoas têm. É o mesmo que acontece com a leitura. Se alguém está lendo um texto e não entende bem determinada passagem, sempre pode voltar alguns parágrafos ou páginas atrás e ler novamente. Os vídeos hospedados na internet também oferecem essa possibilidade. Não entendeu? Arraste o vídeo para trás e veja de novo. Em uma apresentação ao vivo, não tem como você interromper um palestrante e pedir para que ele repita o que foi dito.

O contrário também é possível. Se o emissor da mensagem fala devagar, como uma tartaruga em câmera lenta, algumas plataformas de exibição de vídeo permitem que a velocidade de exibição seja acelerada, sem interferir na compreensão do que está sendo dito.

A popularidade tanto dos vídeos mais convencionais quanto dos "amadores" pode ser medida de uma maneira clara e exata: pelo número de pessoas que os assistem e, secundariamente, pelos "likes" ou "gostei" que recebem quando estão em uma plataforma que permite esse tipo de interação, como o YouTube ou o Facebook.

O próprio YouTube oferece ferramentas que permitem verificar com precisão qual sequência do vídeo agrada mais aos que o assistem ou o que faz o público desistir de ver o filme. Ou seja, é possível saber o segundo exato em que alguém parou de ver o vídeo ou controlar quais vídeos são assistidos em sua totalidade.

Percebo isso nos vídeos que produzo sobre cinema para meu programa semanal na TV Tarobá. Enquanto mostramos cenas do filme com alguma narração em *off* falando das produções, a audiência se comporta de maneira mais ou menos uniforme. Mas basta entrar alguma cena falada em inglês acompanhada com legendas em português para que um grande número de telespectadores desista de acompanhar a atração. A conclusão é a de que as pessoas não gostam de ler legendas. Essa informação é preciosa e, se eu quiser manter minha audiência firme, terei de usar a dublagem ou cortar cenas faladas em inglês. Com a ajuda dessa ferramenta que analisa o comportamento dos espectadores ponto a ponto, a possibilidade de fazer vídeos que agradem por inteiro o espectador cresce exponencialmente.

Aderência das empresas

Essas facilidades convencem um número cada vez maior de grandes empresas a usar vídeos não apenas para se comunicar com seus clientes em potencial, mas também como uma ferramenta interna de comunicação. Multinacionais usam videoconferências para colocar seus funcionários na mesma discussão, independentemente da região do país ou do mundo em que estejam localizados.

Com as videoconferências feitas em tempo real, essas organizações são capazes de manter todos seus empregados integrados nas mesmas deliberações e discussões corporativas. O mesmo pode ser feito utilizando-se vídeos gravados para instruções mais complexas e técnicas, economizando em deslocamentos de funcionários, ganhando tempo e diminuindo gastos.

Uma cliente que atendo é um exemplo disso. Ela viajava por todo o país ministrando treinamento nas filiais da empresa em que trabalhava como executiva. Gastava algo como R$100 mil por ano com seus deslocamentos. Sugerimos, então, que ela fizesse seus treinamentos por vídeo, no que a ajudamos. Gravamos os vídeos, e eles custaram cerca de R$15 mil para a empresa. Ou seja, além de uma economia direta de R$85 mil para a organização, houve um ganho não mensurável em dinheiro na qualidade de vida dessa executiva, que não mais precisava se deslocar tantas vezes pelo país. A empresa também ganhou quando essa executiva passou a ficar mais tempo na matriz, o que evitou a protelação de decisões estratégicas importantes, como ocorria quando ela não estava no escritório central.

Nosso tempo é, hoje, um recurso muito precioso, e o vídeo é um poderoso poupador de tempo e eliminador de distâncias físicas. Ele economiza tempo para o emissor da mensagem ao colocar um conteúdo que precisa ser conhecido por várias pessoas em, por exemplo, um site que pode ser acessado pelos interessados. Não será necessário, portanto, contar e recontar a mensagem inúmeras vezes para atingir todos os envolvidos.

Essa versatilidade vem permitindo também a rápida e irresistível multiplicação dos cursos de educação a distância, ou EAD. Essa modalidade não é nova, mas, depois do advento da internet, disparou como um foguete, permitindo que muitas pessoas tenham acesso a uma educação de qualidade. O EAD cresceu muito, e a tendência é a de que aumente cada vez mais. Já é possível cursar uma faculdade localizada em qualquer lugar do mundo sentado em sua casa. Professores renomados mundialmente já aderiram ao EAD, e nessa modalidade de ensino, certamente os vídeos são o principal instrumento didático.

Um benefício claro que só o EAD é capaz de proporcionar é a contratação de professores do mais alto nível nacional e mesmo mundial. Isso porque a internet tem o poder da escalabilidade. Ou seja, talvez uma faculdade, depois de fazer as contas na ponta do lápis, concluísse que não teria como pagar a hora-aula de um professor com formação em Harvard ou a palestra de um bem-sucedido dono de uma multinacional para uma plateia de apenas 30 alunos. Mas, se o público para esses dois mestres fosse formado por 5 mil alunos, a relação custo-benefício seria bem mais favorável.

Jovens sem medo

Embora essas mudanças venham atingindo todas as gerações – quem não tem uma avó ou um parente mais velho que retomou os contatos com antigos conhecidos graças ao Facebook? –, pessoas jovens estão mais habituadas com o uso de imagens. Graças principalmente ao avanço da tecnologia, que coloca filmadoras e câmeras fotográficas cada vez mais poderosas nos aparelhos celulares, fazer selfies e vídeos tornou-se algo tão corriqueiro como foi para a seus pais enviar e-mails. Em breve, nunca mais ouviremos alguém dizer que tem medo da câmera ou vergonha de ser filmado.

Com vergonha ou não, fazer bons vídeos e definir uma estratégia de divulgação que os faça trabalhar com eficiência em favor de seu negócio é algo que exige que se preste atenção a alguns pontos importantes. Além de criar conteúdo para mostrar e de ter acesso aos meios técnicos para produzir os filmes, você também deverá adequar o material que produzirá às características da plataforma na qual os filmes serão armazenados. A seguir, algumas dicas de como alcançar sucesso com sua comunicação por meio de vídeos.

1. **Defina o que você quer comunicar** – Qual é a mensagem que você considera importante passar para o público? Parece que todos têm claro o que querem dizer, mas não é bem assim. Há gente que planeja fazer negócios, como vender pizzas, por exemplo. Mas, quando faz sua comunicação, passa a contar sua história pessoal ou a da empresa. É importante que a comunicação tenha um foco claro. Mesmo porque, vídeos que cativam a audiência precisam ser relativamente curtos e objetivos.

2. **Escolha como contar a história** – Há vários recursos narrativos. Pode-se apresentar o enredo com um locutor falando, quando, por exemplo, o tema do vídeo é descrever a trajetória de uma pessoa. O uso de tabelas e gráficos comparativos talvez seja o mais adequado para apresentar ofertas de venda de um produto ou serviço. Criar um clima dramático com uma música e apresentar o texto por meio de legendas é um recurso usado para mensagens espiritualizadas ou religiosas. Alguém enquadrado em cena e olhando para a câmera é uma exposição que lembra o formato do noticiário de televisão ou de documentários e, portanto, eficaz para divulgar informações factuais. Enfim, há várias formas narrativas possíveis.

3. **Cuide do aspecto técnico da produção do vídeo** – Seja para a produção de vídeos no formato mais convencional, ou naquele estilo "feito em casa", ter um áudio de qualidade, uma iluminação bem-feita e a captação cuidadosa de imagens, na qual os objetos não estejam fora de foco e estejam bem enquadrados, pode ser a diferença entre o sucesso e o fracasso entre o público. Mesmo os vídeos "amadores" precisam ter um mínimo de qualidade. Se você oferece vídeos tecnicamente bem cuidados, seu público considerará seu trabalho sério e acreditará na mensagem que você está trazendo.

Isso significa que você só deve se aventurar na produção de vídeo se tiver acesso a equipamentos de primeira? Ou, dizendo de outra maneira: um bom vídeo sempre é caro? Não. É possível gravar bons vídeos mesmo com um celular. Existem no mercado, inclusive, microfones para celulares, que não são caros e melhoram em muito a captação de áudio. Sou um profissional da área de vídeo, mas eventualmente os gravo com um celular. No entanto, sempre é preciso contar com um áudio de qualidade. Um som ruim arruína qualquer vídeo. Cuide para que a gravação se dê em um ambiente que não seja muito ruidoso ou que produza eco ou reverberação.

4. **Seja um especialista no que você tem a dizer** – É preciso ser percebido como uma autoridade em determinado assunto para receber atenção e respeito por parte da audiência. Se você é especialista em algo – em tapeçaria, por exemplo –, divulgue isso, mostre como você domina o assunto, faça um vídeo tecendo um tapete. Isso fará com que você se diferencie dos demais e que as pessoas interessadas em sua especialidade procurem seu canal.

5. **Faça uma lista dos tópicos sobre os quais falará** – Último passo antes de passar para a produção dos vídeos propriamente dita, essa etapa é essencial para que seja definida a periodicidade com que seus vídeos serão colocados no ar. Após relacionar o quanto de material você tem a oferecer, será possível decidir se seu acervo é robusto o suficiente para alimentar vários vídeos ou se é capaz de sustentar apenas algumas poucas sessões de vídeos.

É necessário examinar esse item com atenção. Muita gente se entusiasma com a possibilidade de produzir vídeos e até começa a fazê-los, mas logo descobre que não tem conteúdo suficiente para alimentar o canal, e este acaba morrendo.

Mas se, de novo, você é um especialista em algum assunto, sempre poderá dar suas opiniões e comentar os fatos que acontecem no dia a dia. Vamos supor que você seja um advogado especializado em segurança pública. Quando houver algum fato relevante na sociedade sobre esse tema, seus comentários poderão gerar interesse, já que eles serão analíticos e não apenas reproduzirão o que aconteceu. Então em qualquer época, em qualquer situação, você terá sempre algo a acrescentar ao público.

6. **Crie conteúdos curtos** – Não comece com longas-metragens. No início de seu canal, você ainda estará prospectando quem poderá ser seu público fiel. De início, considere que as pessoas assistirão ao seu vídeo descendo em um elevador, ou esperando o metrô ou o ônibus. Eles disporão de poucos minutos para ver o que você tem a dizer.

Se o vídeo agradar de início, seu público poderá passar a segui-lo, curioso para conhecer mais de sua produção. Aí, sim, você poderá avançar para a estratégia a seguir e passar a criar vídeos mais longos. Em algum momento, vídeos de cinco, dez minutos, até uma miniaula de EAD, passarão também a despertar o interesse de seu público.

7. **Defina uma periodicidade** – Se você anunciar que postará vídeos mensalmente, semanalmente ou diariamente, não deixe de cumprir esse compromisso. Você precisa ser fiel a essa periodicidade para que seu público seja fiel a você.

8. **Interaja com seu público** – As mensagens ou as dúvidas que os seus seguidores publicam devem ser respondidas. Frequentemente o que eles perguntam será uma boa fonte de conteúdo para a produção de futuros vídeos. Além disso, o que eles dizem é um indicativo de que caminho suas informações devem seguir. Responder às dúvidas é uma maneira poderosa de fidelizar sua audiência.

9. **Fale a linguagem de seus seguidores** – Seus vídeos são dirigidos para um público específico? Então use a linguagem com a qual eles se sentem mais à vontade, para aumentar sua interação com a audiência. Vamos supor que você venda produtos para oficinas mecânicas. Nesse caso, talvez a melhor maneira de anunciar uma novidade não seja dizer "A indústria acaba de oferecer ao mercado um novo produto que vai revolucionar os procedimentos de substituição de pneumáticos em todas as mecânicas de todo o Brasil". Esse é um texto que tem pouca chance de sensibilizar mecânicos.

    É preciso falar de outra forma. Talvez funcione melhor algo assim: "Meu amigo, descobri uma ferramenta para trocar pneu sem sujar as mãos. E isso é bom para você e até sua família, pois você vai almoçar em casa, a sua esposa está esperando, e você perde meia hora só para tirar a graxa da mão". Esse é um discurso direto, fácil de entender. Fale sobre o problema que seu público enfrenta e depois anuncie a nova solução: "Já imaginou a gente trabalhar com a mão sempre limpa?"
    As pessoas estão assistindo aos vídeos porque querem algo prático. Se elas quisessem temas genéricos e teoria, buscariam informações em livros.

10. **Comunique-se com o sistema** – As plataformas mais conhecidas que aceitam vídeos, como YouTube, Facebook, Instagram, têm um sistema próprio de reprodução e armazenamento. Um exemplo é a hashtag, representada pelo símbolo #, chamado de jogo da velha ou cerquilha. Colocada antes de uma palavra-chave, a hashtag cria um vínculo com outras publicações que usam a mesma palavra-chave. Por exemplo, se usarmos a expressão #rafaelarruda, os vídeos ou outras publicações que citam meu nome e também estejam marcadas com uma hashtag surgirão quando alguém digitar tal expressão.

    Ainda de grande relevância, os tags, ou metadados, também são palavras-chave relacionadas ao vídeo. Essas tags facilitam o acesso a um vídeo nas ferramentas de procura da internet. Se alguém produz um vídeo sobre a produção de um café especial, a tag "cafegourmet" poderá ser usada para facilitar a quem esteja navegando pela internet encontrar esse vídeo específico. Assim, ao digitarmos a expressão "cafegourmet", a chance de encontrarmos esse vídeo será maior.

Alguém que queira que seus vídeos sejam vistos deve se inteirar dessas questões técnicas. Há empresas especializadas em usar essas ferramentas para otimizar a exibição de vídeos. As plataformas que armazenam vídeos têm regras próprias, que facilitam ou dificultam o acesso a esses filmes, e essas regras devem ser conhecidas.

11. **Invente bordões para seu canal** – Bordão é uma palavra ou frase que o comunicador repete para conseguir um efeito cômico ou emocional e que é usada para tornar-se uma marca pessoal que leve as pessoas a identificar seu autor. É uma ferramenta de comunicação. Na minha carreira na TV, criei alguns deles, como "Garanta já a sua poltrona". E quando falo com o editor do programa para colocar o próximo vídeo, digo: "Solta aí, meu filho". Quando os bordões "pegam", ou seja, as pessoas se encantam por eles e os ficam repetindo, você tem uma publicidade ampla e gratuita.

12. **Nunca pare de se atualizar** – Isso é verdadeiro principalmente para quando sua presença na internet tem importância para seus negócios. As plataformas estão constantemente mudando e aperfeiçoando suas ferramentas de busca e de posicionamento de vídeos. Se você as compreende, terá uma vantagem competitiva sobre os demais players.

Vou dar um exemplo. Recentemente o YouTube mudou sua estratégia de posicionamento. A partir daquele momento, todos os vídeos que tinham violência, palavrões e conteúdo sexual foram "jogados para baixo". Ou seja, quando o internauta fazia uma busca pelo vídeo, ele estava nas últimas posições das listas, o que dificultava que fosse encontrado, diminuindo sua exposição.

Conhecer essas restrições e saber o que as plataformas consideram bom ou ruim terá um impacto relevante sobre a possibilidade de seu vídeo ter uma boa audiência.

Convenções dão resultado

Neste capítulo estamos tratando da importância que os vídeos vêm adquirindo na comunicação. Isso faz sentido na medida em que, acredito, essa é a transformação mais relevante que a comunicação viverá nos próximos anos. Isso não significa que não haja outras mudanças em curso. A multiplicação de ferramentas digitais que facilitam a comunicação, principalmente aplicativos para celulares e computadores, assunto tratado no Capítulo 5, se dá em um ritmo tão rápido, que é quase impossível manter-se informado sobre todas elas.

Outra tendência que vem se fortalecendo – esta até parece caminhar na direção contrária de uma sociedade que cada vez mais se comunica remotamente – é a de as organizações promoverem eventos de corpo presente. São reuniões corporativas ou congressos em que mensagens de relevância das empresas serão apresentadas. Esses encontros mantêm sua importância por serem ocasiões em que é possível ter uma ampla troca de opiniões, e as chances de convencimento e esclarecimento das questões que estão em pauta é muito maior. As convenções são, ainda, um momento em que é possível checar a adesão dos participantes aos princípios e às diretrizes empresariais.

Há organizações que têm dezenas de filiais e centenas ou milhares de empregados. Fazer com que todos ou a maioria deles esteja afinada com as metas da empresa exige mais do que colocar vídeos e textos na internet. Eu mesmo não fazia ideia do poder que esses eventos têm em unir e motivar os empregados. Fiquei convencido disso quando fui contratado, certa vez, para produzir um evento.

Perguntei ao diretor se todo aquele investimento que a empresa fazia trazia um retorno que valesse a pena. Ele respondeu: "Toda vez que organizamos um evento, no mês seguinte os funcionários batem a meta estabelecida em pelo menos 40% a mais do previsto. Se fosse possível, teríamos um evento por mês", ele brincou.

No próximo capítulo iniciaremos a segunda parte deste livro, que trata do *storytelling*. Falaremos sobre os passos para se construir uma boa história que gere emoção e crie engajamento por parte de quem recebe a mensagem.

10 Dicas para você criar seu evento

Defina seu público – É de extrema importância saber para quem você fará seu evento. É para sua equipe? Para seus clientes? Públicos diferentes, estratégias diferentes. Vamos imaginar que seja um evento corporativo para sua própria equipe.

Defina um tema – Recentemente fui chamado para criar um evento para uma multinacional. Ele aconteceu em 2018, ano de Copa do Mundo. Tentando tirar proveito da mídia gerada pelo grande evento mundial, a empresa me pediu que criasse algo baseado nesse tema esportivo. Essa é uma estratégia conhecida de marketing: interagir com acontecimentos externos para fazer com que a comunicação seja recebida com mais simpatia no universo dos negócios.

Crie a identidade visual do evento – O evento tem vida própria, mesmo que esteja vinculado à sua empresa. Isso exige que tenha sua própria logomarca e toda uma identidade visual própria, naturalmente com uma conexão próxima com a linha do tema proposto. Se o tema é Copa do Mundo, os banners e outras peças publicitárias terão imagens de jogadores, por exemplo.

Escolha um local impactante para realizar o evento – Mesmo que sua empresa não tenha muita verba, o simples fato de você sair de suas instalações e ir para um outro ambiente será entendido como um diferencial pelo público.

Crie experiências para seu público – Costumo dizer em minhas palestras que se não é para vivenciar o conteúdo, não tem por que criar um evento. Basta enviar tudo por escrito para seu público. Dá o mesmo resultado? Claro que não! Somos seres humanos movidos a emoções, e por esse motivo, quando sentimos algo, absorvemos maior conteúdo. Recebemos a informação por nossa perspectiva.

Por isso, crie situações em seu evento nas quais o participante terá que levantar da cadeira, interagir e mudar do modo passivo para o ativo. No final, a combinação de receptor e emissor das mensagens que surgiram no evento terá um grande impacto.

Crie analogias – Elas são capazes de fazer com que a mensagem passada no evento continue ecoando na mente das pessoas mesmo depois do evento haver acabado. No exemplo do evento do futebol ao qual me referi, cada palestrante havia recebido uma bola. No cenário do evento também instalamos um pequeno gramado com uma trave. Simbolicamente, ao final da palestra, o palestrante deveria escrever na bola o que fora acordado com o público. Por exemplo: "aumentar o faturamento em 30%". E então assinar seu nome. Ele coloca a bola na marca do pênalti, chuta para o gol, e todos juntos (interação, lembra?) soltam o grito de gooooooooolllllllllll. Ao final do evento, havia várias bolas, com vários nomes e vários acordos. A empresa providenciou um local em seu prédio onde deixar as bolas, para lembrar dos acordos que todos fizeram juntos no evento.

Convide bons palestrantes "de fora" – Trazer pessoas que não fazem parte da empresa para falar aquilo que você mesmo planeja dizer para sua equipe é uma boa estratégia de comunicação. Há duas principais razões para isso: primeiro, um palestrante habilidoso pode dar mais poder a sua mensagem ao usar outros raciocínios e narrativas. Em segundo lugar, ter o aval público de alguém que inspire confiança e admiração por parte do público interno é um fator a mais de convencimento que será agregado às suas posições.

Facilite a formação de networkings – Saia um pouco da sala. Coffee breaks e intervalos não foram criados apenas para engordar as pessoas. Eles são importantes para que o público interaja, troque experiências, se mantenha informado sobre o que há de novo nos mercados. Empregados atentos ao que há de novo na área trazem inovação e desenvolvimento para sua empresa.

Utilize recursos audiovisuais para criar momentos de emoção – Faça vídeos com músicas marcantes, escolha uma trilha sonora que possa se transformar no hino do evento. Você criará uma memória emotiva, e quando a pessoa voltar a ouvir aquela trilha ou ver aquele vídeo, se lembrará do que viveu no evento. Isso aprendi com o autor teatral russo Constantin Stanislaviski (é claro que no contexto da dramaturgia).

Aplique todas as ideias como se fossem um grande show de TV – Escreva um roteiro de tudo o que acontecerá em seu evento. Siga-o à risca. É como se fosse um evento de televisão. Costumo me inspirar nas grandes transmissões. O Oscar, por exemplo, é a junção perfeita de palco, atrações artísticas, transmissão ao vivo e vídeos que são exibidos nos telões. Não há gap (ou silêncios). Isso dará ritmo ao seu evento, evitará a monotonia, gerando mais absorção de informações por parte do público. Além de tornar seu evento muito mais divertido.

Todos Gostam de Histórias

"Aprendi novas palavras, e tornei outras mais belas."
Carlos Drummond de Andrade *(1902-1987), considerado um dos mais influentes poetas brasileiros*

O *storytelling*, a expressão em inglês para "contação de histórias", está na moda. Mesmo que contar histórias para entreter, convencer, ensinar ou até assustar as pessoas seja algo tão antigo quanto a humanidade, nunca antes o marketing, a publicidade, os palestrantes, os líderes empresariais, enfim, toda a comunicação usou com tanta ênfase o *storytelling* para divulgar suas mensagens.

Por que esse recurso está em alta nos últimos anos? Estou convencido de que essa tendência é fruto dos avanços da tecnologia e do crescente entendimento sobre como nossa mente funciona quando processa informações. Hoje há equipamentos que facilitam o uso de imagens, filmes e sons, que são meios eficazes para espalhar boas histórias pelos quatro cantos da terra. Mais do que isso, a ciência conhece cada vez mais quais são as formas mais eficientes e prazerosas de levar comunicação ao nosso cérebro.

Volta e meia surgem artigos na mídia mostrando como a contação de histórias é um caminho rápido e preciso para convencer as pessoas a acreditar, ou no mínimo demonstrar boa vontade em relação às mensagens que lhes são dirigidas. Um desses artigos, publicado pelo jornal inglês *The Guardian*, em agosto de 2014[1], me parece especialmente esclarecedor por, inclusive, citar alguns estudos científicos que explicam por que o *storytelling* é tão eficiente na comunicação.

O artigo, assinado por Brianne Carlon Rush, explica que uma das principais forças do *storytelling* é explicada pela maneira como nosso sistema neurológico reage quando lemos ou ouvimos uma narrativa. Pesquisadores espanhóis mapearam, em imagens geradas por ressonância magnética, como o cérebro de voluntários reagiu ao ouvir histórias. Quando eram feitas referências a "perfume" ou "café", as regiões cerebrais que lidam com o olfato eram ativadas, como se, de fato, a pessoa estivesse sentindo a fragrância do perfume ou do café.

Um resultado parecido surgiu em outro estudo, este conduzido pela pesquisadora Véronique Boulenger, do Laboratoire Dynamique Du Langage, de Lyon, na França. Ao ouvirem frases como "João pegou um livro" ou "Pedro chutou a bola", voluntários acionavam as áreas do cérebro relacionadas à coordenação do movimento dos braços ou das pernas, como se estivessem eles mesmos segurando alguma coisa ou chutando uma bola.[2]

A conclusão desses estudos, informa o artigo do *The Guardian*, é a de que o cérebro humano, em seu funcionamento inconsciente, não faz a distinção entre ler ou escutar uma história e viver essa mesma experiência que lhe foi contada na vida real. É claro, uma pessoa com as faculdades mentais em ordem sabe conscientemente a diferença entre algo que lhe contaram e o que ela experienciou pessoalmente. Mas esses estudos mostram como é poderosa, envolvente e convincente a contação de histórias e atesta sua capacidade de afetar profundamente nossa mente.

---

[1] Science of storytelling: why and how to use it in your marketing, Brianne Carlon Rush, *The Guardian*, 28/08/2014 - https://www.theguardian.com/media-network/media-network-blog/2014/aug/28/science-storytelling-digital-marketing (conteúdo em inglês).

[2] Idem.

Sem emoção é impossível decidir

Há mais um experimento, este publicado em fevereiro de 2013 pela revista norte-americana *Psychology Today*[3], que revela a força que os sentimentos gerados pela emoção exercem em nosso comportamento funcional. O artigo trata de testes relatados pelo professor de neurociência da University of Southern California, Antonio Damasio, que confirmam que a quase totalidade das decisões que tomamos é influenciada prioritariamente por nossas emoções, e não por decisões racionais, como costumamos acreditar.

Ou seja, nos momentos em que devemos escolher entre duas opções que racionalmente parecem oferecer vantagens semelhantes, o que nos faz decidir por uma delas são as emoções geradas em experiências passadas. O professor Damasio fundamenta essa afirmação nos experimentos que fez com pessoas voluntárias cujas conexões cerebrais entre as áreas responsáveis pelo "pensamento" e pela "emoção" foram danificadas por alguma doença ou como consequência de um acidente.

Esses voluntários eram capazes de processar informações racionais quando colocados diante de duas possibilidades. No entanto, não conseguiam decidir qual era a melhor opção, porque não eram capazes de imaginar como se sentiriam emocionalmente diante de cada uma das escolhas possíveis. Portanto, levar em conta apenas uma análise fria e racional não nos permitirá tomar decisões nas inúmeras situações que enfrentamos em nosso dia a dia.

Mas talvez, entre todos, o estudo que mostra mais claramente a relação entre *storytelling*, emoções e racionalidade seja o que foi desenvolvido por Jennifer Aaker, que leciona marketing na Graduate School of Business de Stanford, nos Estados Unidos. No levantamento, que também está citado no artigo assinado por Brianne Carlon Rush no *The Guardian*, a professora Jennifer Aaker propôs como exercício a seus alunos que eles falassem sobre um tema de própria escolha, durante um minuto, diante de toda a classe.

Entre os alunos que fizeram sua exposição, apenas 1 em cada 10 optou por contar uma história ao fazer sua apresentação. Os outros estudantes escolheram formas mais convencionais de apresentação, nas quais citavam números e estatísticas. Na segunda fase do experimento, Jennifer pediu para que os alunos escrevessem tudo de que conseguissem se lembrar a respeito das apresentações que acabavam de ouvir. Do total das respostas, apenas 5% citaram as

---
[3] https://www.psychologytoday.com/blog/inside-the-consumer-mind/201302/how-emotions-influence-what-we-buy (conteúdo em inglês).

estatísticas e dados numéricos que haviam sido expostos pelos colegas. Outros 63% lembraram-se apenas das histórias que haviam sido contadas.

Como o leitor deve ter observado, este livro tem toda sua narrativa estruturada, desde o início, no *storytelling*. Caso eu tenha conseguido contar as histórias que permeiam esta obra com um mínimo de competência, quando sua última página for fechada, o mais provável é que os leitores se recordem com mais facilidade da história das 15 mil camisetas que eu havia encomendado para um grande evento e que, conforme descobri na véspera da abertura, não haviam sido produzidas pelo fornecedor (contei isso no Capítulo 1), do que dos conceitos teóricos sobre comunicação.

Talvez a história contada no Capítulo 2 sobre Honaw, o índio trapalhão que ao mandar sinais de fumaça para declarar seu amor à indiazinha Luyu fez a tribo inteira acreditar que um poderoso exército inimigo estava se aproximando, tenha maiores chances de ser lembrada do que as estatísticas sobre quantos celulares estão ligados à internet no Brasil, que está no Capítulo 9. Aquele perrengue pelo qual eu e minha esposa passamos, conforme conto no Capítulo 5, quando saímos para comprar um carro em um feirão de automóveis que simplesmente não existia, deve ter ficado na mente de quem o leu, pois todos nós já enfrentamos algum dissabor parecido. Enfim, relatos que destacam emoções sempre terão um lugar nobre em nossa memória.

Voltando para a professora Jennifer Aaker, ela corrobora essa afirmação: "As pesquisas mostram que nosso cérebro não tem conexões que o permitam armazenar argumentos lógicos e dados numéricos por um longo período de tempo. Nosso cérebro é estruturado para entender e reter histórias.[4]"

Papai Noel engarrafado

Mas, se a ciência só recentemente vem aprofundando suas pesquisas sobre o impacto do *storytelling* na comunicação (quase todas as pesquisas que citei foram desenvolvidas a partir de 2012), a contação de histórias já é velha conhecida do marketing e da publicidade.

Considero que um dos casos mais espetaculares de *storytelling* são aqueles contados pela Coca-Cola. Desde o início de sua produção, em 1886, em Atlanta, nos Estados Unidos, os fabricantes da bebida investiram pesado na

---

[4] Science of storytelling: why and how to use it in your marketing, Brianne Carlon Rush, *The Guardian*, 28/08/2014.

publicidade do produto. E em quase todas as oportunidades, o marketing do refrigerante era feito tendo como estratégia o *storytelling*.

Nestes mais de 130 anos de promoção da bebida, o feito que considero mais surpreendente é o de a empresa haver criado a imagem do Papai Noel com as características que ele apresenta hoje[5]. Aquele "bom velhinho", gorducho, com bochechas vermelhas, paletó e gorro vermelhos, ar bonachão e a longa barba e cabelos brancos desgrenhados saiu da prancheta do desenhista norte-americano Haddon Sundblom, em 1931, que se inspirou no visual de um vizinho, um vendedor aposentado. Foi nessa época que a empresa passou a veicular de maneira sistemática a publicidade de sua bebida nas revistas mais populares dos Estados Unidos.

Até então, Papai Noel, que é chamado de Santa Claus nos países de língua inglesa, era mostrado em diversas formas e representações: como um marinheiro holandês gordo fumando cachimbo, um bispo com ares pomposos e até mesmo um elfo verde com cara de poucos amigos. Nos anúncios que fazia nos Estados Unidos, nos meses próximo ao Natal, a Coca-Cola passou a usar de maneira massiva a imagem do "bom velhinho", que logo caiu no gosto do público.

Apenas o uso estático da imagem do Papai Noel já seria uma contação de história em si, mas o marketing da empresa foi muito além. Nas situações que Haddon Sundblom criava, aquela figura de aparência bondosa, com sua risada típica – Ho! Ho! Ho! –, era mostrada sendo divertidamente surpreendida assaltando a geladeira pelas crianças que o aguardavam acordadas de madrugada, lendo cartas com pedidos de presentes ou colocando brinquedos nas meias dependuradas diante da lareira. E, claro, tomando copos de Coca-Cola.

Tanto o personagem quanto sua performance alegre e compassiva foram assimilados por praticamente todos os povos do mundo como sendo um mito natalino que sempre existira. Para muita gente, Papai Noel e sua barba branca costumam se movimentar em nosso imaginário no mesmo patamar de figuras lendárias e mesmo religiosas. Poucos acreditariam que aquela figura bonachona que nos remete a momentos felizes e pacíficos foi concebida para vender refrigerantes.

Não há dúvidas de que o case do Papai Noel é uma mostra indiscutível do enorme poder do *storytelling*. Mas, nesse caso, a criatura acabou por dissociar-se de seu criador. Ou seja, é provável que você nunca tenha associado a imagem do bondoso velhinho risonho e barbudo à marca de um refrigerante.

---

[5] http://www.coca-colacompany.com/stories/coke-lore-santa-claus (conteúdo em inglês).

Mesmo agora, que você já sabe que esse Papai Noel nasceu em uma prancheta de desenho, é provável que ele continue a trazer apenas lembranças de presentes, família reunida e luzes natalinas para você. O vínculo do personagem com o produto, parece, rompeu-se de maneira definitiva. O que não é de se estranhar, posto que essas peças publicitárias circularam 80 anos atrás. À época, a imagem daquele velhinho que dizia "Ho, Ho, Ho!" era pura Coca-Cola, e com certeza ajudou a aumentar as vendas do refrigerante.

O público precisa se reconhecer

Portanto, uma história deve posicionar seu enredo e os personagens que o compõem em um contexto que seja familiar e compreensível para o público ao qual ela se destina. Para conseguir isso, o primeiro passo, quando você optar pelo *storytelling* para comunicar seu negócio, é escolher uma trama com a qual o público que consome seus produtos ou seus serviços se reconheça.

Tal identificação pode ser atingida por meio de várias estratégias. Por exemplo, fazer referência aos hábitos de lazer dos clientes, que poderão ser tão diversos quanto gostar de jogar tênis, até ir ao estádio nos finais de semana gritar junto da galera. Saber qual é a classe social predominante entre aqueles com os quais você quer se comunicar é uma boa maneira de produzir uma mensagem eficiente. Afinal, essa informação faz uma grande diferença, pois sua mensagem assimilará o repertório que eles dominam.

Não há nada de elitismo em levar em conta as diferenças de gostos, códigos de conduta ou *background* cultural que as pessoas trazem dos grupos sociais dos quais provêm. Essas disparidades são reais, e não as considerar pode tornar sua mensagem incompreensível para os receptores de sua comunicação. Eu me lembro de uma ocasião em que vários amigos de infância, eu entre eles, nos reunimos em uma festa de casamento. Quando foi servido o jantar, um belo risoto, um desses amigos, de origem simples, comentou baixinho comigo: "Eles estão servindo arroz doce no jantar. Que esquisito!"

Para ele, o que era um bom jantar era mesmo um churrascão, e não aquele arroz empapado e estranho. Certamente sentiu-se frustrado, e é bem provável que nem tenha querido experimentar aquele "arroz doce", por ter sentido repulsa pelo prato. Episódios como esse são inocentes e costumam acabar em risadas, mas comprovam que um ruído na comunicação pode ser provocado quando as diferenças de repertório entre o emissor e o receptor não são levadas em conta.

O cuidado em afinar o discurso para ser entendido pela audiência é fundamental, já que um dos grandes trunfos do *storytelling* é exatamente sua capacidade de criar vínculos com o espectador e captar a atenção dele. E quando você conquista a atenção do espectador, tudo o que você diz passa a ser precioso. Quem não quer isso? Que empresa não gostaria de ser escutada com ouvidos atentos e boa vontade quando fosse expor a boa qualidade de seus produtos ou dos serviços que presta? O *storytelling* é capaz de provocar tal reação.

Além do cuidado em criar histórias com personagens e um enredo que sejam compreensíveis e confortáveis para o público-alvo, no *storytelling* é preciso, ainda, dominar uma habilidade de que nem todos dispõem: saber contar uma história. Isso faz uma grande diferença. Todos nós já encontramos alguém que é um bom narrador de histórias. É aquela pessoa que, mesmo quando conta uma piada que já ouvimos mil vezes, nos faz rir por saber usar pausas, expressões faciais e intensidade de voz para tornar a história atraente.

Mas não é só saber contar. É preciso que a história que vamos contar seja organizada em uma estrutura narrativa que contemple alguns elementos bem precisos. Por mais curioso que isso possa parecer, as histórias que gostamos de ouvir têm, desde que pisamos neste mundo, uma estrutura que quase nunca muda. Faça uma experiência. Lembre-se de qualquer história, filme, novela ou seriado que você tenha lido ou assistido e veja como os quatro tópicos que descrevo a seguir estão presentes no enredo:

- **Apresentação** – É o momento do "era uma vez", em que o personagem e o contexto em que ele está inserido são introduzidos para aquele a quem a história será contada. Vamos exemplificar isso com uma história cujo enredo é bem conhecido. Que tal a fábula da Chapeuzinho Vermelho? Embora já tenha sido contada em inúmeras versões (o francês Charles Perrault, o primeiro a imprimir a história em 1697, dirigia a narrativa a um público adulto prevenindo as mulheres jovens sobre os predadores sexuais, representados pelo lobo[6]), sua trama central não muda. Nessa fábula, Chapeuzinho é apresentada como uma criança alegre e destemida que mora em companhia da mãe. A garota recebe a incumbência de levar uma

---

[6] *Little Red Riding Hood* – Charles Perrault - http://www.pitt.edu/~dash/perrault02.html (conteúdo em inglês).

cesta com alimentos até a casa da avó doente, que reside em uma casa isolada na floresta.

- **Conflito** – Para nos interessarmos por uma história, é preciso que haja um conflito ou um clima de tensão presente na narrativa. Por que gostamos de uma rixa? Ninguém sabe responder ao certo, mas esse gosto pelas desavenças não vem de hoje. O filósofo grego Aristóteles (384 – 322 aC) dizia que, para manter o interesse por uma história, seu herói deveria viver um conflito, configurado na eterna luta entre o bem e o mal[7]. Os conflitos na contação de histórias podem surgir entre pessoas, pessoas *versus* a sociedade, pessoas contra os elementos, pessoa enfrentando seus próprios conflitos internos etc. Chapeuzinho Vermelho pode ser enquadrada na modalidade pessoa *versus* natureza, já que é abordada por um lobo enquanto caminha sozinha pela floresta. O lobo pretende devorar tanto Chapeuzinho quanto sua avó, e, para isso, distancia-se da garota e alcança a casa da idosa antes dela.

- **Clímax** – É o instante de maior tensão da narrativa. O conflito entre os personagens se radicaliza, e a história caminha para o momento da resolução da trama. Na história que estamos tomando como exemplo, o clímax se estende em mais de uma situação: o lobo engana a avó de Chapeuzinho e esta permite que ele entre na sua casa. O feroz animal engole a idosa e fica à espera da chegada da garota. Quando está prestes a ser também devorada, Chapeuzinho Vermelho é socorrida por um caçador, que mata o lobo e, em algumas versões, salva a avó, abrindo a barriga do animal.

- **Desfecho** – O conflito é resolvido. Em geral o que se espera é um final feliz. Chapeuzinho Vermelho e sua avó são libertadas, e o lobo mau é morto. Os que vivem na floresta poderão respirar aliviados, já que o predador não mais os ameaçará. Os tempos, hoje, são bem diferentes daqueles da França de Perrault. Isso mostra que a resolução da história é mais uma solução para o conflito apresentado na

---

[7] *What characteristic does a tragic hero always have?* –
https://www.enotes.com/homework-help/what-characteristic-does-tragic-hero-always-h-387593 (conteúdo em inglês).

narrativa do que um julgamento ou uma tirada moral. O desfecho dependerá da intenção de quem conta a história, do contexto social e do repertório dos receptores da mensagem. A conclusão da trama também está subordinada aos usos e costumes da época em que se passa a história. Nos tempos atuais, sempre haveria alguém que condenaria a morte do lobo, um animal que corre risco de extinção. Quanto aos caçadores que salvaram Chapeuzinho, no lugar de serem vistos como heróis, provavelmente seriam execrados como destruidores da fauna.

É claro, o *storytelling* não deve funcionar de uma maneira linear e compartimentada como esse esquema pode levar a entender. Tramas paralelas, personagens secundários, saltos para o futuro ou de volta ao passado, descrições de cenários e contextos históricos e outros recursos darão o tom de uma maior ou menor complexidade para o que está sendo contado.

Mesmo assim, podemos acreditar que essa estrutura de quatro pontos, ainda que aqui simplificada, é a linha básica de todas as histórias contadas, da beira da fogueira na pré-história até o seriado mais recente da Netflix. Mas em um contexto de negócios, qual é a profundidade que o *storytelling* deve ter? Deve ser profunda ou leve? Extensa ou curta?

As respostas para essas questões dependerão tanto do que se quer contar como do contexto em que as histórias serão narradas. Nos tempos atuais, o que se tornou preponderante é o meio no qual as histórias serão veiculadas. Se sua narrativa será vista em um vídeo no celular, dificilmente alguém a acompanhará caso seja muito longo. A certeza que se impôs na comunicação de que quase ninguém tem concentração ou tempo livre para ler ou assistir a narrativas longas transformou a maneira de nos comunicarmos. Já se fazem vídeos para vender algo com apenas 5 segundos de duração.

Iscas mentais

Eu acredito, no entanto, que o *storytelling* deva correr em uma raia própria. Contar uma história é mais do que simplesmente relatar fatos de uma maneira linear. Como dissemos, é preciso criar um vínculo de emoção com aquele que nos ouvirá. Esse é o diferencial do *storytelling*. Isso exige uma narrativa um pouco mais elaborada.

A contação de histórias de maior repercussão para os ouvintes é aquela que usa como referências as necessidades básicas das pessoas. O que significa exatamente isso? Quer dizer que temas como receber amor das pessoas que são importantes para nós, usufruir de uma vida emocional de qualidade, gozar de condições adequadas de vida, como uma boa casa, saúde e conforto para a família, funcionam como iscas mentais que farão com que os receptores se identifiquem com a mensagem do emissor.

Por esse motivo, a narração de uma história que use momentos felizes de uma família em torno de uma mesa, ou passeando em um parque, pode servir tanto para falar das boas qualidades de uma marca de margarina quanto para propagandear um seguro de vida ou alardear as vantagens de acompanhar um curso de pós-graduação a distância.

Todas as pessoas que vivem uma boa relação familiar querem preservar esse relacionamento. Quem não a tem gostaria de um dia ter. É um desejo universal que nos emociona. Ao vermos um *storytelling* que referencia o amor familiar, costumamos morder a isca, e, por isso, nos tornamos predispostos a cuidar da saúde de nossos entes amados (para alcançar isso, decidimos consumir uma margarina saudável), nos faz querer que eles nunca fiquem desamparados (uma razão para contratarmos um seguro de vida), e queremos sempre lhes proporcionar uma vida confortável (estudar melhorará a chance de termos um bom salário e poderemos comprar coisas, podemos pensar).

Olhando para os possíveis erros que podem ser cometidos ao se contar uma história, o que surge de maneira mais espalhafatosa é o de oferecer uma narrativa que não resolva problema algum de seu receptor. Todo *storytelling* deve objetivar dar uma solução para alguma situação incômoda. Não importa se quem ouve a história não enfrenta exatamente aquele desafio que está sendo contado. O público é inteligente o suficiente para fazer uma analogia entre a história que é contada e sua própria vivência.

"Você, que é fútil, compre esse carro"

Um exemplo da ineficácia de uma narrativa em que seu autor não coloca a resolução de um conflito vivido pelo cliente no centro de sua trama pode ser a de um vendedor que se equivoca em sua estratégia de vender um automóvel luxuoso e caro. Se a narrativa propõe convencer a audiência de que ela deve trocar seu carro atual por aquele de 250 mil reais porque o novo veículo é mais "bonito", mais "luxuoso", o mais provável é que a mensagem seja entendida como "você, que é fútil, compre esse carro para ostentar, fazer inveja a seus conhecidos". Dificilmente o potencial comprador considerará que estão lhe propondo a solução de um conflito. Ao contrário, poderá ter a percepção de que estão lhe criando um problema que até então não constava em suas preocupações.

Talvez a sedução possa ser mais bem-sucedida lançando-se mão de argumentos como "realize o sonho de uma vida", "recompense-se pelo que você já conquistou", "ame-se mais"... embora expressões como essas sejam usadas apenas como conceitos para definir os argumentos da campanha publicitária, e dificilmente serão utilizadas, pois são termos já desgastados pelo uso excessivo. Esforçar-se para realizar os próprios sonhos, desejar que o seu valor seja reconhecido e manter a autoestima em alta são desafios para qualquer pessoa. Geram conflitos internos e dúvidas. Quando essa pessoa é convencida de que a compra de um carro de luxo pode ser uma solução para esses desejos, vários passos foram dados em direção à conclusão da compra.

Do que falamos até aqui, podemos destacar 10 pontos que devem ser levados em conta para estruturar o *storytelling* no mundo dos negócios, quando este pretende levar uma boa mensagem até o cliente.

1. **Defina a necessidade de seu cliente** — A atenção que a história que vamos contar receberá é diretamente proporcional à percepção pelo cliente de que estamos tratando de assuntos que dizem respeito à sua vida. Se você enfrenta problemas com a fiação de sua casa, ouvirá com atenção alguém que promete resolver chateações como curtos-circuitos, lâmpadas queimadas etc. Seu discurso, portanto, deve focar no que seu espectador considera útil, e não no que você quer falar a seu próprio respeito ou de seu empreendimento.

   Certa vez, constatei pessoalmente o poder do *storytelling* quando responde à necessidade de um determinado público. Anos atrás, dirigi um espetáculo a pedido da Secretaria da Mulher de Londrina. Pesquisas haviam revelado um índice muito grande de violência contra mulheres de diferentes classes sociais. Ali repetia-se aquela recorrente e triste história: as esposas que eram abusadas não queriam desfazer sua família, portanto, não denunciavam os maridos à polícia.

   Fui chamado para ser o diretor de uma peça teatral que trataria do assunto. Um espetáculo itinerante com cenário simples, para caber no caminhão que nos levava pela cidade. Era a história de um casal que vivia bem a maior parte do tempo, mas nos dias em que abusava do álcool, o marido batia na esposa. Na apresentação, a esposa agredida se enchia de coragem e denunciava o marido. Esse comportamento fictício era bem diferente daquele adotado pelas mulheres em relação aos maridos agressores.

Apesar da cenografia simples e de ser apresentado em praças e estacionamentos, onde havia grande ruído, ao final daquele espetáculo nós assistíamos às mulheres chorando. Algumas mulheres contaram que, depois de assistirem à peça, criaram coragem para falar das agressões das quais eram vítimas.

O número de denúncias de agressões aumentou naquela época. Não poderíamos ficar mais felizes com esse resultado. Mas o sucesso aconteceu porque nossa apresentação vinha ao encontro de um conflito pelo qual nosso público passava. As mulheres olhavam a atriz encenando uma mulher agredida e se sentiam representadas ali, no palco.

2. **Identifique as características de seu cliente** – Falamos sobre isso alguns parágrafos atrás. Qual é o repertório de seu cliente? Qual o vocabulário que ele domina? Quais pessoas ele admira? Quais são seus valores e sua visão de mundo? Sua história terá muito mais chance de ser compreendida e provocar alguma reflexão entre seus ouvintes se você usar recursos narrativos com os quais eles tenham familiaridade e se identifiquem.

3. **Crie um personagem** – Produzir uma figura animada, um ser humano ou qualquer outra representação com características humanoides, que seja capaz de criar empatia com o público pode ser o diferencial de um *storytelling* de sucesso. As características de um personagem em uma contação de histórias serão determinadas pelo estilo de sua narrativa. Se seu foco está na solução de algum conflito experenciado pelo seu público, o personagem deverá haver enfrentado, ou ainda enfrentará no decorrer da história, dificuldades similares. Ao final do roteiro, esse personagem conseguirá superar a dificuldade ou indicar para o ouvinte maneiras de vencer tal desafio.

Esses mesmos personagens são particularmente relevantes para outra abordagem que envolve igualmente o *storytelling* e sobre a qual ainda não falamos. Trata-se de uma contação de histórias que podemos chamar de institucional. Nela, no lugar de a narrativa feita por uma empresa ou profissional se referir diretamente a alguma necessidade dos clientes, o que se quer agora é conquistar a simpatia do público por meio de uma apresentação, em geral lúdica e muitas vezes "fofinha", de um *storytelling* que envolva personagens que apresentem ou representem os produtos e serviços oferecidos.

Um bom exemplo disso é o que faz a produtora norte-americana dos M&M's, aqueles chocolates coloridos em forma de pastilhas. O marketing da empresa se apoia fortemente nos personagens representados por bonecos antropoformes, que têm corpos redondos como o produto e personalidades bem demarcadas. O perfil comportamental de cada um deles é, inclusive, particularizado no site da empresa[8]. Esses personagens atuam em desenhos publicitários, estão representados em camisetas, pantufas, toalhas de banho, bonés e figuras de pelúcia. Ao mesmo tempo em que consolidam a marca, a venda desses personagens também é uma fonte de renda relevante para a empresa.

4. **Contextualize sua história** – Uma vez criado seu personagem, é necessário que ele seja contextualizado no ambiente em que seu cliente está envolvido. Dessa maneira, a identificação do receptor do *storytelling* com a trama desenvolvida será maior.

5. **Crie situações verossímeis no** *storytelling* – Em todas as histórias que contamos há espaço para ênfases, fantasias e até alguns exageros. Mas quanto mais reais as situações narradas em sua contação de histórias, maior a possibilidade de identificação do cliente com a situação descrita. Se o intuito de sua narrativa for encorajar ou empoderar os que a estão ouvindo, as soluções que você propõe devem também estar próximas da realidade e se mostrarem possíveis de serem atingidas.

---

[8] http://www.mms.com/#character (conteúdo em inglês).

6. **Coloque vilões em sua narrativa** – Além de emprestarem dramaticidade e suspense à trama, os "homens maus" facilitam a narrativa ao representarem de maneira clara os impedimentos ao sucesso e à superação das dificuldades que o cliente terá de enfrentar. Esses vilões devem ter características maléficas e adotar atitudes e crenças que são aquelas que seu público rejeita. Quando, ao final da trama, o "mocinho" derrotar esse "bandido", isso fortalecerá as crenças corretas e os valores que você defende. Note-se que o vilão, nesse caso, não precisa ser necessariamente uma pessoa. Esse inimigo pode surgir na forma da falta de emprego, de uma dor de cabeça ou como uma tempestade.

7. **Pise no freio e não fantasie demais** – Esse conselho pode parecer contraditório com a recomendação de colocar vilões ou inventar personagens para tornar a narrativa mais lúdica. Mas o que proponho aqui é que se tome cuidado para esse *storytelling* empresarial não se transformar em uma peça alucinada de ficção. O foco deve ser mantido: criar uma narrativa que ajude o público a entender as facilidades que seus produtos e serviços podem proporcionar. Dê asas à criatividade, mas sem tirar os pés do chão. Por exemplo: você pode criar o "Cacarieco", o monstrinho da cárie, para falar dos problemas gerados pela falta de higiene bucal. Claro, o Cacarieco não existe, mas a cárie e a dor sim. Se esse personagem fictício mobilizar as pessoas para enfrentar esses problemas, o tiro terá sido certeiro.

8. **Sua história pode gerar filhotes** – Crie produtos derivados da história. Mire-se no exemplo da M&M's. Se você criou um personagem forte em sua narrativa, por que ele não poderia ser materializado e transformar-se em um produto?

9. **Incorpore os filhotes em sua identidade visual** – No marketing, isso é chamado de "derivação". Se o personagem criado fez sucesso, ele pode ser incorporado à linguagem visual de sua empresa. Ele reforçará sua marca e pode ser um bom instrumento de publicidade ao ser oferecido como brinde aos seus clientes.

10. **Escolha o veículo que conduzirá sua história** – É importante definir isso. Seu *storytelling* estará em vídeos no YouTube? Outdoors distribuídos pela cidade? Panfletos entregues em sua empresa? Na televisão ou rádio? Os critérios para definir qual plataforma será usada são, como já foi informado, ditados pelos hábitos e repertório de seu cliente.

No próximo capítulo explicaremos como o *storytelling* pode ser aplicado no cotidiano de negócios dos profissionais.

Histórias de Escritório

"Que o rio da verdade nasça disso (da impressora). E, como se fosse uma nova estrela, que dissipe a escuridão da ignorância e faça surgir uma luz, até então desconhecida, brilhar entre os homens."
Johannes Gutenberg *(1398-1468), inventor alemão que desenvolveu a primeira impressora de tipos móveis*

Quer um excelente e divertido exemplo de um *storytelling* de resultado? Então assista ao filme *Joy, o nome do sucesso*[1]. Lançado no início de 2016 no Brasil, o longa-metragem traz a atriz norte-americana Jennifer Lawrence no papel da também norte-americana Joy Mangano, uma personagem verdadeira que fez sucesso como empreendedora e inventora. A Joy Mangano da vida real transformou-se em uma celebridade ao inventar o Miracle Mop, um esfregão de chão que pode ser lavado em máquinas de lavar roupas, e vender centenas de milhares deles em um canal de vendas pela TV. Joy abriu uma empresa, tornou-se milionária e registrou mais de 100 patentes de utilidades domésticas. Seu faturamento líquido é calculado em 50 milhões de dólares, de acordo com artigo da revista norte-americana *Time* de dezembro de 2015.[2]

---

[1] http://www.adorocinema.com/filmes/filme-226879/

[2] http://time.com/4161779/joy-movie-accuracy-fact-check/ (conteúdo em inglês).

Por que estou iniciando este capítulo falando desse filme? Porque ele mostra de maneira clara como as vendas do Miracle Mop só decolaram depois de Joy Mangano ter convencido os compradores das excelências do produto contando histórias. Tudo começou em 1989, quando Joy Mangano inventou o Esfregão Milagroso, como é o nome do produto, traduzido do inglês. Por ser feito utilizando-se um grande número de fibras de algodão trançadas, ele é mais absorvente do que os produtos concorrentes disponíveis no mercado. Além disso, a parte em que as cerdas eram presas, a cabeça do esfregão, pode ser desatarraxada do cabo e ser lavada na máquina de lavar roupas, aumentando a vida útil do produto.

Joy conseguiu persuadir o QVC, um canal de TV a cabo especializado em comércio eletrônico, assistido por mais de 350 milhões de domicílios em sete países[3], a vender seu esfregão. Isso já era um feito e tanto, pois a todo momento surgem pessoas com os mais variados artigos pedindo para que o QVC os comercialize. No entanto, na primeira vez em que o produto foi apresentado, as vendas foram um fracasso. Diante disso, a emissora decidiu devolver os mais de 50 mil Miracle Mops que sua inventora havia produzido investindo todas suas economias. Um completo desastre financeiro!

Mas Joy não se conformou com a decisão da emissora. As vendas não haviam acontecido porque o vendedor do esfregão não tinha sido convincente e não havia conseguido expor corretamente os benefícios do produto, argumentou. Somente ela, Joy Mangano, seria capaz de conquistar a audiência e fazê-la comprar o esfregão milagroso, garantiu.

Aquilo fugia aos padrões da programação (na QVC, os vendedores eram, em geral, atores contratados), mas a direção da empresa acabou por concordar. Joy Mangano pegou seu mop, foi para diante das câmeras e contou sua história. Ela havia inventado aquele Miracle Mop porque, como mulher, dona de casa e mãe, sabia o trabalho que dava manter uma casa limpa. Mais ainda, tinha uma má experiência com outros esfregões, que eram menos absorventes do que o que ela havia criado e cuja durabilidade era muitíssimo menor.

---

[3] http://www.fundinguniverse.com/company-histories/qvc-inc-history/ (conteúdo em inglês).

Um esfregão eterno

Isso sem mencionar que as cerdas de seu produto eram formadas por nove metros de tramas de algodão entrelaçadas, uma inovação que ela havia desenvolvido nos fundos da oficina de carros de seu pai. Essas cerdas poderiam ser separadas do cabo e levadas à máquina de lavar, o que garantia que o esfregão fosse "eterno", sempre novo após cada lavada. "Este é o último esfregão que você precisará comprar na sua vida", repetia Joy Mangano em suas apresentações. O *storytelling* foi um sucesso. Já na primeira apresentação na QVC, mais de 18 mil mops foram vendidos pelo telefone.[4]

Filmes biográficos sempre exageram, romanceiam, açucaram ou inventam sem qualquer pudor fatos da vida do biografado. No caso de Joy, fiquei feliz ao ler a já citada reportagem da *Time*[5] confirmando que o filme, dirigido por David Owen Russell, é em grande parte fiel à carreira da Joy Mangano de carne em osso. Gosto em especial da sequência na qual fica claro que o público só se convence de que o famoso esfregão vale o investimento necessário depois que a própria Joy desfia as vantagens do produto, contando como sua invenção tornou sua vida de dona de casa mais confortável.

O sucesso sorriu para Joy porque ela foi capaz de acrescentar uma genuína emoção à sua narrativa, algo que talvez não estivesse presente nos argumentos apresentados pelo vendedor que a antecedeu. Para ele, aquele mop era apenas mais um produto, com o qual não tinha qualquer ligação especial. De sua parte, Joy criou aquele esfregão pensando nos desafios que enfrentava ao limpar sua casa, acreditava nas boas qualidades do produto e soube como dizer isso ao público.

Isso é precioso, porque somos feitos de emoções, conforme informei no capítulo anterior. Nossas decisões não são primordialmente racionais, mas, sim, ditadas pela emoção. E qual é uma de nossas melhores fontes de emoção? Exatamente ouvir histórias. Elas têm o poder de nos recompor psicologicamente. Nós as procuramos quando estamos tensos, cansados ou tristes.

Não é o que costumamos fazer quando chegamos em casa no final do dia? Ligamos a TV para ouvir histórias, venham elas como novelas, filmes, seriados ou programas de auditório. Podemos também nos sentar com a

---

[4] http://time.com/4161779/joy-movie-accuracy-fact-check/ (conteúdo em inglês).
[5] Idem.

família para nos queixarmos ou comemorarmos os acontecimentos diários. É comum, ainda, sentirmos falta de um encontro em um bar, combinar um jantar ou uma caminhada na companhia de amigos. Fazemos isso por saber que nessas situações encontraremos quem nos conte suas próprias histórias e escute as nossas com atenção.

Talvez nunca tenhamos dado conta disso, mas estamos envolvidos inteiramente nessa contação de histórias em praticamente todos os momentos de nossa vida. Sejam elas tristes, engraçadas, dramáticas, sérias, sem pé nem cabeça, simples fofocas, maledicências ou até mesmo mentirosas. Elas permitem fazer conexões com o que está ao nosso redor e também com o que vai pelo nosso interior. Desejamos ouvir histórias porque precisamos nos alimentar de emoções.

A força da motivação

Mas vamos voltar um pouco e refletir por mais um minuto sobre a história de sucesso vivida por Joy Mangano. Há nela um detalhe que costuma estar presente nas iniciativas vitoriosas: a motivação. Quando o que movimenta você é o desejo de proporcionar um benefício aos seus clientes, todos os passos para partir de uma simples ideia e chegar até sua concretização com a entrega do produto ao comprador tornam-se mais fáceis.

Não foi assim com o Miracle Mop? Joy não estava satisfeita com os esfregões disponíveis no mercado e pensou que, como ela, outras pessoas também queriam um instrumento de limpeza mais eficiente. Sua motivação foi criar um produto que facilitasse a vida de quem fazia a limpeza em casa. O que a empurrou para a frente não foi, antes de tudo, o desejo de ganhar dinheiro fácil. Claro, a possibilidade de ter um retorno financeiro certamente esteve presente para ela todo o tempo, mas o que a experiência mostra é que, quando o único motor usado pelo empreendimento é a vontade de obter lucro, as chances de sucesso são menores.

A grande vantagem de você oferecer às pessoas um produto com a motivação de beneficiá-las é que a história que você contará sobre ele soará muito mais convincente e honesta. Isso permitirá mobilizar emoções junto aos seus possíveis clientes, que se identificarão com sua narrativa. E, como resultado, o dinheiro recompensará seu esforço.

Se esse produto, por exemplo, é uma nova fralda superabsorvente e mais simples de trocar do que as demais fraldas disponíveis no mercado, todas as pessoas que têm filhos ainda pequenos poderão se interessar.

Este é, portanto, o primeiro passo na direção de uma comunicação inteligente envolvendo *storytelling*: comunicar que você está trazendo algo que solucionará um problema que até o momento não havia sido resolvido de maneira satisfatória. Em segundo lugar, mas também de importância fundamental, é a escolha da mídia na qual você veiculará sua história e divulgará seu produto ou serviço. No início dos anos 1990, quando o esfregão milagroso passou a ser comercializado, nem se sonhava que a internet poderia ser um poderoso e dinâmico meio de comunicação como é hoje.

Atualmente, o número de mídias passíveis de serem utilizadas é enorme. Portanto, decidir o formato que será dado ao *storytelling* – um vídeo no YouTube, inserções no Facebook, ou até mesmo malas diretas por e-mail – é algo estratégico. Se você não tem familiaridade com as ferramentas online, contrate alguém que possa ajudá-lo.

Catapulta de histórias

Tão relevante quanto o formato é a forma como sua história será contada. A narrativa precisa fisgar as pessoas, ser atraente, ter carisma. Há quem nasça com esse poder de encantar, de seduzir e despertar instantaneamente a aprovação e a simpatia dos outros. Quando contam uma história, são ouvidos com atenção e prazer.

Outros não têm essa habilidade de comunicação. São introvertidos, têm um ar severo, não se expressam de forma a prender a atenção de seu público-alvo. A narrativa deles é linear e formal, sem ênfases, nem colorido. Para os que se encaixam nessa categoria, há duas coisas a serem feitas para produzir uma mensagem convincente. Podem, em primeiro lugar, terceirizar seu *storytelling* contratando os serviços de algum formador de opinião, um youtuber, por exemplo, que já tenha alguma audiência consolidada na mídia social. Esse comunicador se encarregará de narrar sua história de uma maneira envolvente e profissional. Mais ainda, colocará seu discurso na plataforma dele, que conta com um grande número de seguidores. Isso funcionará como uma catapulta para sua história, fazendo com que ela chegue rapidamente a um número de pessoas que, sozinho, você demoraria para atingir.

Há, ainda, outra alternativa: acredito ser possível para quase todas as pessoas desenvolver essa forma carismática de contar histórias. Para conseguir isso, seja um bom observador. Assista a vídeos ou palestras de comunicadores que você admira e espelhe suas características, como tom de voz, ritmo, roupas e gestos.

Embora seja uma boa estratégia terceirizar a contação de sua história, como foi dito, isso custará dinheiro. Ao passo que, quando você mesmo produz seu *storytelling*, seu gasto é reduzidíssimo. É que o *storytelling* tem a grande vantagem de ser uma ferramenta de comunicação de baixíssimo custo. Tudo que é necessário é uma câmera na mão e uma ideia na cabeça. O investimento requerido será apenas o do tempo necessário para formular um enredo, imaginar um personagem, definir o objetivo da história que será contada, entender a necessidade do público que será atendido e escrever o roteiro. Depois é só gravar as imagens e o áudio.

Há quem diga que "o feito é melhor que o perfeito" e "o ótimo é inimigo do bom". Esse raciocínio faz grande sentido na internet. Recentemente participei de uma reunião com um youtuber que havia acabado de conquistar a marca de um milhão de inscritos em seu canal. Um feito incrível. Perguntei a ele quais vídeos faziam mais sucesso, e ele não hesitou em dizer que eram aqueles que têm "cara de amador", sem produção alguma.

Como proprietário de uma empresa que também produz vídeos para terceiros, eu não deveria estar dando essa sugestão, mas para profissionais que têm limitação de verba de comunicação, a melhor solução do ponto de vista econômico é produzir seu próprio *storytelling*. E não é só uma questão de gastar menos. Se você terceiriza seu discurso, pode até ganhar escala e alcançar um grande número de pessoas. Mas, como aconteceu com Joy Mangano, você corre o risco de o terceirizado não conseguir passar toda a riqueza de detalhes, emoção e entusiasmo com que você poderia contar sua própria história.

A internet se transforma o tempo todo. Por essa razão, é fundamental testar e avaliar constantemente o que melhor funciona com seu público. Aqui estamos falando de *storytelling*. Quando se trata de outras estratégias de comunicação que já foram tratadas neste livro, não podemos deixar de valorizar uma grande produção que tenha sido feita com todo o capricho possível.

Marketing indireto e discreto

Há uma outra restrição à comunicação, além da financeira, que pode ser enfrentada pelo *storytelling*. Estou me referindo à proibição por parte de órgãos que regulamentam determinadas profissões de que seus associados façam publicidade de seus serviços na forma convencional. Dois exemplos disso são os conselhos regionais de medicina, os CRM, que não permitem aos médicos fazer publicidade de suas atividades, e a OAB – Ordem dos Advogados do Brasil –, que também nega aos advogados o direito a propagandear seus serviços.

Esses profissionais estão impedidos de recorrer a um marketing clássico. Não veremos algo como: "Úlcera? O Dr. Oliveira tem a solução. Mais de mil doentes satisfeitos. Sua dor acaba, ou seu dinheiro de volta! Ligue agora e tenha 10% de desconto em seu tratamento!" A publicidade de seus serviços e qualidades necessariamente precisam ser feitas de uma maneira indireta e discreta. O *storytelling* lhes dá essa possibilidade.

Ao longo dos mais de 10 anos nos quais trabalho em TV, percebi que a entrevista é uma das mais eficazes formas de um profissional "vender" seus serviços sem utilizar os meios tradicionais de marketing. Quando, por exemplo, um médico responde a uma pergunta do apresentador ou de um telespectador, esse profissional conta a história real de alguém que sofreu de um problema de saúde e propõe uma solução. Aí surge o chamado "subtexto", ou seja, uma mensagem oculta nas entrelinhas. É que, ao responder, o médico não apenas esclarece uma dúvida, mas também diz silenciosamente no subconsciente do telespectador que é competente, que tem uma formação adequada para dar soluções para problemas de saúde, que já lidou com casos parecidos, e por aí vai. Os telespectadores que assistem à entrevista identificam inconscientemente todas essas informações, fazem uma avaliação favorável da competência do doutor, e se um dia enfrentarem um problema parecido de saúde, se lembrarão desse especialista.

Mesmo um profissional que não seja chamado para entrevistas poderá usar a comunicação para alavancar seus negócios. Isso pode ser feito, por exemplo, investindo em seus escritórios para torná-los locais em que são reproduzidas mensagens relevantes. Nas suas salas de espera, no lugar do aparelho de TV ligado em um programa policial o tempo todo e das mesmas revistas velhas espalhadas sobre o sofá, o profissional poderá investir em conteúdos que tenham relação com sua especialidade. Ainda usando um exemplo na área de saúde, um dentista, poderá colocar vídeos sobre saúde bucal, alimentação saudável, cuidados com o corpo. Ou dependurar na parede informações relevantes, como cópias de artigos odontológicos de interesse geral, ou material de campanhas de saúde oficiais. Essa providência confirmará a excelência desse profissional como odontologista.

Todas essas abordagens são manifestações do *storytelling*. Um advogado ou qualquer outro profissional, mesmo aqueles que não têm restrições a propagandear suas expertises, poderá fazer algo parecido. A mensagem "procure-me, eu sou melhor do que os outros" surgirá de uma maneira subliminar, indireta. Contará a seu favor com o encanto que as histórias bem contadas produzem em nossa mente e não quebrará as regras ditadas pelos conselhos profissionais.

Mas o que é uma "história bem contada" narrada por um profissional que está tentando vender suas habilidades? É uma narrativa que trata de um tema que interesse a quem a está ouvindo, que mostre claramente os benefícios que esse ouvinte alcançará caso decida adquirir aquele produto ou serviço que é oferecido. A narrativa bem-feita também consolidará a impressão de que o profissional que conta a história é alguém competente, sério e confiável.

A história, para ser bem contada, também deve evitar algumas armadilhas comuns que surgem no *storytelling*. A lista que apresento a seguir relaciona alguns dos erros mais comuns a serem evitados pelos profissionais em sua contação de histórias. Acompanhe.

- **Evite explicações complexas** – Não tome o tempo de seu cliente apresentando a ele a complexidade de seu produto. Grande parte deles não está muito interessada em saber que aquela "borracha" que está no seu produto é, na verdade, um policoropreno, ou seja, um elastômero sintético obtido pela polimerização do cloropreno que tem a grande vantagem de ser quimicamente estável e.... Não, ele simplesmente quer saber se aquela correia da ventoinha do motor do carro que você está vendendo é durável. Se as explicações técnicas são longas e soam como grego aos ouvidos do comprador, o mais provável é que ele vá se desinteressar pela história ou suspeitar que está sendo enrolado. Detalhes técnicos de produção só interessam ao pessoal da fábrica.

- **Não responsabilize o cliente pelo custo de produção** – Um argumento muito usado nos processos de venda, e por isso presentes também no *storytelling*, é justificar o preço caro de um produto ou serviço pelo seu alto custo de produção. Por exemplo, vou cobrar mais caro do que os concorrentes para produzir um vídeo porque comprei um equipamento que me custou os olhos da cara. Ou porque os salários de minha equipe são os mais altos da cidade.

  O desafio em gerenciar os custos de produção e conseguir apresentar um serviço que tenha um preço compatível com o mercado não é do cliente. Cabe a mim, o fornecedor, resolver essa questão. Se houver outros fornecedores com preços menores, ninguém concordará em pagar mais por qualquer coisa por solidariedade a você, que não sabe gerenciar seus custos.

- **Foque na necessidade do cliente, e não no produto** – Parece óbvio dizer isso, mas se você oferecer algo de que seu cliente não tem necessidade, não haverá *storytelling* que o convencerá a pagar por sua mercadoria. Você pode ter comprado um contêiner lotado de casacos forrados de pele, duráveis, elegantes e capazes de suportar um frio de até 15 graus negativos. Mas enfrentará uma enorme dificuldade em vendê-los em Teresina, no Piauí, onde a temperatura média está sempre acima dos 32 graus centígrados. Sempre foque na necessidade do cliente, pois o interesse dele pelo que você tem a dizer está ligado diretamente ao que ele verdadeiramente precisa. Em Teresina, um contêiner de ventiladores modernos com certeza fará sucesso.

- **Falar de preço nem sempre é a melhor estratégia** – Quem tem pouca experiência na venda de produtos ou serviços quase sempre imagina que o preço baixo é o que determina a escolha do cliente. Com certeza todos nós queremos pagar o menor valor possível, mas também queremos ter qualidade e satisfação com o que adquirimos.

  Eu passei por uma experiência que mostra como a ênfase no preço pode ser um tiro no pé. Certa vez, um cliente veio até minha produtora. Estava bravo. "Não quero mais fazer vídeos com vocês, não gostei da pessoa que está me atendendo", ele disse. Perguntei o que havia acontecido. "Ele só falava de preço, das condições de pagamento. Eu perguntava algo sobre o vídeo, e ele não me respondia e voltava a insistir no preço."

O vendedor que atendia ao cliente nervoso estava em um período de três meses de testes na empresa. Mas, percebia-se, que o foco dele estava apenas em cumprir sua meta e receber a comissão pelas vendas. Não queria saber se o cliente ia ou não gostar do vídeo que seria produzido. O vendedor não foi aprovado no período de experiência e foi embora. Mas o cliente também nunca mais trabalhou conosco, pois ficou com uma impressão ruim de minha empresa.

- **Considerar perda de tempo contar histórias** — Seja por preguiça, inabilidade ou ignorância sobre o poder do *storytelling*, muitos fornecedores, quando se dirigem ao seu público, consideram que ir "direto ao ponto" é a melhor estratégia. E o "ponto" para eles é, de novo, preço, condições de pagamento, prazos de entrega. Mas se ele não explica o que é o produto que fornece e a relação que este tem com a necessidade das pessoas, de que adianta falar do preço de algo que elas provavelmente não se interessarão em comprar?

Portanto, para fugir desses erros, seu *storytelling* deverá mostrar as razões para que as pessoas tenham uma boa experiência caso adquiram o produto ou serviço que você está oferecendo. A maneira como você, o fornecedor, desenvolveu tecnicamente seu produto, ou seja, "a polimerização do cloropreno", ou seus custos de produção, são assuntos dos quais os potenciais clientes podem ser poupados.

Sua história pode começar desta maneira: "Estou vendendo um computador que é muito leve; mais leve do que um caderno. Na verdade, é um tablet tão poderoso quanto qualquer outro computador. Ele cabe na sua bolsa. É como se você tivesse sua empresa na palma da mão o tempo todo. Não precisa mais ir ao escritório para resolver questões do trabalho. Eu mesmo tenho um tablet, e o uso o tempo todo. Por isso, sei como ele é capaz de atender a todas as necessidades de um empresário ou de qualquer outro profissional."

Nesse ponto já fica claro como o produto, no nosso exemplo um tablet, pode resolver uma necessidade do cliente. Depois disso, sim, faz sentido explicar os diferenciais produtivos e introduzir a questão do preço. "Esse produto é importado do Canadá. A sede da nossa empresa fica lá. Nossos especialistas investiram anos na pesquisa, desenvolvimento e produção desses tablets. Eles custam muito menos do que você imagina, basta dizer que vários estudantes universitários, muitos que recebem apenas salários de estagiários, têm recursos suficientes para adquirir esse produto..." Dessa maneira sua história começa a tomar corpo e captura a atenção de seu cliente.

Casos de sucesso também são ótimas histórias

Não há nada que acrescente mais credibilidade e poder de persuasão a uma história do que narrar um fato real, um caso de sucesso. Se os estudantes universitários estão comprando tablets, como falamos no parágrafo anterior, conte esse caso, dê nome ao estudante ou à estudante que fez a compra e informe como isso lhe facilitou a vida. Sua história ganhará 10 estrelas no ranking da credibilidade.

Sempre bom lembrar: um caso de sucesso só será um bom divulgador de seu produto se o "sucesso" for de seu cliente, e não apenas seu. Não é a melhor ideia, portanto, transformar e divulgar a história daquela venda que trouxe ótimos resultados para sua empresa. A não ser que você esteja tentando mostrar como o seu negócio gera dinheiro para tentar vendê-lo... O ponto central de um caso de sucesso será, portanto, divulgar como ele deixou o cliente feliz e satisfeito.

Como as demais histórias, os casos de sucesso também devem ter começo, meio e fim. Ele tem início quando o relacionamento entre você e seu cliente começou. Houve um dia em que ele ligou, ou lhe deixou uma mensagem. Foi marcado um encontro, e vocês se conheceram. Da conversa ficou entendida a necessidade que esse cliente tinha, e vocês fecharam um contrato para a prestação do serviço.

A história passa, então, ao relato de como foi o desenvolvimento do trabalho encomendado. Talvez alguns problemas tenham surgido: algum atraso, porque um terceiro fornecedor não lhe atendeu no prazo combinado; ou o próprio cliente não gostou da primeira versão apresentada (lembra-se de quando comentei que uma boa narrativa sempre tem um conflito? Está no capítulo anterior.). No final, os pedidos do cliente foram levados em conta, o trabalho foi entregue, e tudo terminou bem.

Storytelling reflexivo

Quando você transforma um serviço que prestou em um *storytelling*, ganha de bônus uma reflexão sobre seu próprio trabalho. Ou seja, à medida que se organizam os fatos em uma narrativa, surgem de maneira clara quais foram as decisões corretas e incorretas que você tomou.

Tópicos como qual era o plano inicial de atendimento antes da execução e no que ele teve de ser adaptado ou abandonado surgirão quando você fizer o retrospecto de sua ação. O preço imaginado inicialmente foi efetivamente pago? O que houve de acerto, ou erro, na negociação dos valores? Se o cliente não gostou do primeiro resultado apresentado, o que provocou o ruído na comunicação? Se fosse possível retornar no tempo, como você agiria para que os resultados finais estivessem mais próximos do que foi originalmente planejado? Como se vê, *storytellings* podem ir além de apenas contar histórias e têm o poder de transformar seu narrador em um profissional melhor.

Costura de charme

Também quando sua proposta é contar casos de sucesso, os *storytellings* não precisam se limitar a apontar vantagens materiais conquistadas por algum profissional. Eles podem se valer de outros recursos narrativos para angariar boa vontade, simpatia e emoção por parte dos que escutam essas histórias. Um bom exemplo disso é o de um alfaiate que conheço. Ele é competente no que faz, mas o lado mais charmoso de seu comportamento profissional está na maneira como ele desenvolve seu ofício.

Esse alfaiate trabalha completamente sozinho. Se você telefonar para marcar um horário no ateliê, ele mesmo irá atendê-lo. Quando você chegar, será ele quem abrirá a porta. Enquanto tira suas medidas, ele manterá a porta trancada, pois não há ninguém que possa atender algum outro cliente que por acaso chegue ali. É ainda ele que pegará na tesoura, na agulha e na linha para costurar sua roupa. No dia em que a vestimenta estiver pronta, ele pegará o telefone e avisará você. Quando for retirar a peça que encomendou, será ele, novamente, quem abrirá a porta para você, lhe entregará o pacote e receberá o pagamento.

HISTÓRIAS DE ESCRITÓRIO

Com certeza essa descrição do trabalho desse alfaiate, que é um claro *storytelling*, conquistou sua simpatia. Ninguém costuma pensar que ele trabalha sozinho porque é uma pessoa difícil de lidar. Ou que lhe restaram tão poucos clientes, que não é capaz de pagar nem mesmo o salário de uma recepcionista. Ao ouvirmos a história desse alfaiate, imaginamos alguém já mais velho, que poderia ter um grande estúdio de costura, com vários ajudantes, mas preferiu manter-se fiel à ideia de que uma boa roupa tem de sair de suas próprias mãos, do primeiro corte ao último ponto. Por acreditarmos que ele é alguém experiente, pensamos que as roupas que produz serão de excelente qualidade, com um corte preciso e um acabamento cuidadoso. Além disso, gostaríamos de ser clientes dele para termos uma roupa única, uma peça exclusiva, e não algo produzido em massa em uma fábrica cheia de robôs.

Essa história faz brotar em nós uma grande boa vontade em relação ao nosso personagem. Mas por quê? A ideia de vê-lo trabalhando sozinho, costurando, atendendo ao telefone, nos remeta a algo simples e inocente. Chega a comover a deferência com que ele nos trata abrindo a porta, telefonando para avisar que a encomenda está pronta, trancando a porta no final do dia de trabalho. Talvez ele vá de ônibus para casa. Tudo é mais íntimo e próximo. Talvez nos soe familiar, pois lembramos de alguém que conhecemos. Nosso tio já velhinho, nossos pais...

É essa a força e a energia que tem o *storytelling*. Elas nos fazem imaginar, acessam nossas emoções. Estão ao alcance de todos nós. Com elas podemos conquistar nossos sonhos e fazer com que os outros também vejam seus desejos serem satisfeitos.

No próximo capítulo falaremos da utilidade do *storytelling* para incrementar as atividades de marketing e vendas de uma empresa.

A Importância de Trabalhar o Foco do Cliente

*"Algumas vezes, a realidade é muito complexa;
são as histórias que lhe dão forma."*
Jean Luc Godard, *cineasta suíço-francês, um dos
expoentes do movimento francês Nouvelle Vague*

No Natal de 2017, um vídeo, daqueles que dão nó na garganta e fazem escapar algumas lágrimas furtivas, viralizou no YouTube[1]. Nessa época do ano, mensagens tratando de temas como paz, harmonia e superação de desafios invadem as redes sociais. Muitos deles têm em seu elenco crianças, pessoas solitárias, animais e outros personagens que costumam energizar os circuitos que acionam nossa emoção.

Esse vídeo ao qual me refiro tem todos esses elementos e um enredo cujo desfecho a gente já adivinha qual será desde o primeiro segundo.

---
[1] https://www.youtube.com/watch?v=T_tm7H60zbw

Mesmo assim, não conseguimos desviar os olhos até o último frame, e ficamos comovidos e choramos. O filme, intitulado *Um conto de Natal*, não tem diálogos. A trilha sonora, em inglês, fala de gratidão. O roteiro, como veremos a seguir, foi escrito para deliberadamente atingir em cheio nosso coração.

Em *Um conto de Natal*, a personagem principal é uma garota, talvez à beira de seus 13 anos, portadora de Síndrome de Down. Ela corre pelas ruas de um condomínio preparando-se para a corrida de Natal que será realizada em sua escola. Logo descobrimos que ela está fora de forma. Quando faz uma pausa na corrida, apresenta um ar cansado e parece abatida pelo esforço.

Sem que ela se dê conta, seu empenho no treinamento é observado de longe por um senhor negro. Ele, que é um antigo campeão de corridas (o que se depreende pelas velhas fotos que tem em casa), mora sozinho com seu cachorro. De sua sala, ele avista a garota correndo e parando para tomar fôlego. O velho corredor decide ajudar a garota. Compra um livro que ensina técnicas de alongamento e o deixa secretamente na porta da casa dela.

Mesmo sem saber de onde vieram aquelas instruções, a garota começa a seguir os exercícios que estão no livro. Sempre sem ser visto, o antigo corredor decide dar um empurrão extra no treino da menina. Envia seu esperto cachorro para acompanhá-la na corrida e nos exercícios de alongamento. Garota e cachorro tornam-se amigos. Motivada, a garota torna-se cada vez mais desenvolta.

Chega o tão esperado dia da corrida de Natal. O antigo corredor assiste anonimamente da arquibancada. As corredoras se alinham, e é dada a largada. Nossa heroína se esforça, mas é ultrapassada por outras. O antigo corredor lança sua arma secreta: manda o cachorro correr em uma pista paralela à da corrida. A garota vê o animal e se enche de energia e inspiração. Dá uma arrancada final e chega em primeiro, recebendo uma medalha. Enquanto é aplaudida, ela vê que o cachorro volta para o antigo corredor, na arquibancada. A garota sorri, com uma expressão de "agora entendi tudo".

A cena corta para o interior da casa do velho ex-corredor. É noite de Natal e ele está sozinho em casa. De repente, seu cachorro vem até seu lado com a medalha da corrida dependurada no pescoço. O senhor levanta os olhos, intrigado, e diante dele vê a garota sorrindo agradecida. Ela e seu pai estão ali para convidá-lo para a ceia de Natal. Corte de cena e a câmera mostra a imagem de um peru assado sobre a mesa. Em volta dela, pessoas estão sentadas, conversando animadas. A atmosfera é de família feliz e unida. O cachorro volta à cena, novamente com a medalha no pescoço. O antigo corredor a coloca no pescoço da garota. Todos sorriem, felizes. No final, surge a logomarca da companhia de alimentos Sadia, que assina a peça publicitária.

A descrição desse conto de Natal da Sadia pode ter sido longa, mas me estendi por termos aí um bem-sucedido e emblemático exemplo de *storytelling* utilizado pelas empresas. O interesse final da companhia, certamente, é vender os alimentos que produz, particularmente o peru, já que a peça foi produzida para ser veiculada especificamente para as ceias natalinas. Mas para os olhos leigos, principalmente se ainda estiverem lacrimejantes com a meiguice da história, isso não parecerá tão óbvio. Mas a mensagem, como mostrarei adiante, entra em nosso imaginário por portas que nem sempre percebemos que estão abertas.

Peru com nexo

À primeira vista, uma corrida de crianças em uma escola nada tem a ver com um peru assado. Mas a esta altura deste livro, já sabemos que a venda de um produto ou serviço não precisa ser realizada de uma maneira direta e sem imaginação, no estilo "Neste Natal, coma peru!". Também sabemos que uma mensagem que explore nossas emoções e que faça o convite ao consumo de uma maneira indireta e subjetiva é uma forma de comunicação que tem resultados comprovados.

A contação de histórias é a melhor maneira de traçar um nexo entre um peru assado e uma garota que quer se sair bem em uma disputa colegial. O *storytelling* facilmente explorará esse tema para envolver e conquistar o coração e a mente das pessoas.

Vamos cortar um pouco mais fundo a carne desse comercial e analisar os elementos que foram escolhidos para que ele fosse percebido como um prato saboroso e repleto de outros significados pelo público-alvo da empresa. Não sei exatamente qual é o perfil dos potenciais consumidores de peru para a ceia de Natal. Pela ambientação do filme e caracterização dos personagens que o compõem, tudo indica que os produtores do filme estavam mirando em uma classe de médio para alto poder aquisitivo.

Esse público-alvo parece ser composto por pessoas relativamente bem informadas, com acesso às redes sociais e sensíveis a alguns temas que são veiculados nessas plataformas. Por que digo isso? Primeiro pelo estilo das casas e o ambiente que as cerca: ruas arborizadas, espaços generosos, lago, a garota correndo desacompanhada e livre pelas ruas, lembra um condomínio fechado, seguro e de bom padrão.

Em seguida, o tema central, que, como o de quase todas outras histórias de Natal, tem o foco na reunião da família, nas relações harmoniosas entre seus membros, independente da geração a que cada um pertence, e na mesa ampla e farta. Mas neste "Conto de Natal" é adicionado ao enredo outro tema: a inclusão de pessoas. A inclusão é um conjunto de práticas e políticas, oficiais ou não, que têm o objetivo de integrar à sociedade geral pessoas ou grupos com carências, dificuldades ou que sofrem preconceitos por conta de sua condição física, características raciais ou origem social. É um assunto ainda não tão comum quando se trata de uma publicidade dirigida ao consumidor geral, mas que está crescentemente presente nas mídias socais.

A inclusão da qual falo surge neste conto de Natal quando a garota com Síndrome de Down, uma disfunção cromossômica que pode provocar limitações físicas e cognitivas aos que são acometidos por ela[2], é bem-sucedida ao superar na corrida outras crianças que não têm a mesma síndrome. Além de passar essa mensagem, de que pessoas com essa condição são capazes de executar as mesmas coisas que as demais, o roteiro mostra a garota completamente integrada e aceita, tanto na escola quanto na comunidade em que está.

Também há uma mensagem de integração quando o outro personagem decisivo da história é alguém negro. Ele também é aceito pela comunidade em que está e é valorizado no enredo como dono de uma sabedoria transcendental ao solucionar de uma maneira quase mágica o desafio enfrentado pela garota. Um empoderamento que agrada àquelas pessoas sensíveis às muitas dificuldades as quais os negros enfrentam em nosso país.

Empatia transbordante

O que toda essa análise mostra é a construção de um *storytelling* levando em conta o perfil de seu público e os temas que serão capazes de atrair sua aten-

---

[2] http://www.fsdown.org.br/sobre-a-sindrome-de-down/o-que-e-sindrome-de-down/

ção e criar uma empatia que, no final, transbordará para a percepção de sua marca. De maneira extremamente resumida, o filme que descrevi deverá ser percebido da seguinte maneira: essa empresa que produz esse peru para minha ceia natalina tem valores iguais aos meus. Ela valoriza a família e acredita, como eu, que comemorar datas festivas em companhia das pessoas que eu amo pode fortalecer nossos laços, aumentando a chance de sermos sempre unidos e felizes juntos. Além disso, mostra também que devemos deixar de lado nossas visões pré-concebidas e aceitar as diferenças que porventura possam existir entre as pessoas. Se agirmos assim, no final tudo será harmonioso e caloroso, como em uma ceia compartilhada.

Desenvolvida essa empatia, a boa imagem da empresa é reforçada, e uma mensagem subliminar será deixada na mente desse consumidor em potencial. No futuro, quando for ao supermercado, poderá se lembrar dessa marca específica. Virá à sua cabeça um sentimento em que a confiança e a lembrança de uma experiência agradável e repleta de emoções positivas estão inseridas, e esse consumidor associará esses sentimentos ao produto que está à sua frente na gôndola. Seu impulso será o de considerar aquela marca e aquele produto como bons, familiares. Movido por essa sensação, ele colocará a mercadoria em seu carrinho e irá até o caixa fechar a compra.

É bem provável que para escrever o roteiro deste filme seus produtores tenham sido apresentados a pesquisas feitas pela empresa sobre o perfil do consumidor típico do peru de Natal que ela comercializa. Grandes empresas investem nesse tipo de levantamento todo o tempo. Assim, conhecendo os compradores em potencial, contam com elementos para desenvolver seus produtos e, sobretudo, investir na melhor maneira de estruturar sua comunicação.

Histórias de vendedores

A contação de histórias é a forma de comunicação capaz de fazer surgir essa empatia não só entre clientes e empresas, mas também internamente nas empresas, entre seus empregados. Um exemplo disso é a estratégia desenvolvida pelas Lojas Renner, uma das maiores varejistas de vestuário do país. O grupo, que tem sua sede em Porto Alegre (RS), começou, na década de 1990, a coletar histórias reais sobre o relacionamento de seus vendedores e os clientes de suas cerca de 500 lojas espalhadas pelo Brasil. O mote principal era recolher histórias nas quais os empregados do grupo teriam extrapolado suas funções normais e proporcionado uma boa experiência para os clientes das lojas.

Os melhores relatos sobre como os clientes foram beneficiados passaram a ser premiados nas convenções da empresa, conforme explicou o presidente da empresa, José Galló, em entrevista à revista *Exame*, em agosto de 2017.[3] Um dos casos mais inusitados foi o de um vendedor que comprou de uma empresa concorrente, com dinheiro do caixa da loja, um smoking para uma cliente.

Essa compradora havia deixado a peça na loja e não retornou para a buscar. Quatro anos depois, quando finalmente foi à loja retirar a vestimenta, a empresa já não mais fabricava o produto. O smoking não estava mais lá. O vendedor que a atendeu não teve dúvidas e foi a um concorrente, comprou o terno e o deu à cliente.

O fato chegou ao conhecimento de José Galló duas semanas depois. E foi nesse momento que se decidiu que casos como esse deveriam ser conhecidos por toda a empresa. Foi determinado, portanto, que a partir de então histórias como essas passassem a ser escritas pelos empregados. Os casos relatados deveriam ser enviados à diretoria. Os mais impactantes seriam premiados, e seus autores, conhecidos por todo o grupo. Ao que parece, a decisão de Galló entusiasmou os integrantes da empresa. Desde então, mais de 790 mil histórias foram escritas pelos vendedores da rede, contou o presidente à revista *Exame*.

Com essa estratégia, a empresa conseguiu uma ampla adesão de seus empregados a um importante valor do grupo: encantar os clientes. E mais: os funcionários ganharam autoridade para solucionar, mesmo que fosse de maneira pouco ortodoxa, as diversas situações que surgem no seu dia a dia. Esse *storytelling* interno também trouxe repercussões no engajamento dos empregados com a empresa. Desde 2005, informa a revista, a Renner realiza uma pesquisa interna de engajamento. No primeiro ano, esse engajamento chegava a 52%. Em 2017 ele havia crescido para 88%, acima da média nacional, que era de 69%.[4]

---

[3] https://exame.abril.com.br/negocios/para-a-renner-encantar-clientes-da-resultado/
[4] Idem.

Três esferas

A contação de histórias no âmbito das empresas acontece em três esferas. A primeira delas é aquela que engloba o relacionamento da organização com seu público, como o que fez a Sadia com a história da garota corredora. Neste caso, o *storytelling* surgiu em uma ficção em que os atores eram de carne e osso. Mas há outras maneiras de contar histórias, não necessariamente com pessoas, que também enalteçam as vantagens de seus produtos ou serviços. Falarei disso logo em seguida.

Na segunda esfera do *storytelling* empresarial está a contação de histórias em um circuito que fica circunscrito à própria empresa. O que se busca nesse contexto é fortalecer os princípios internos, tornar os empregados mais engajados aos princípios empresariais e, com isso, conquistar uma melhoria geral no desempenho do grupo. É o que faz a Renner quando incentiva seus empregados, inclusive com premiações, a relatar seus casos de sucesso junto à clientela. De quebra, consegue uma ampla adesão ao seu princípio de encantamento dos consumidores. Esses relatos circularão apenas internamente, não chegarão ao público.

Ainda na esfera interna, o *storytelling* também é uma eficiente ferramenta a ser usada nos eventos das empresas, quando é possível colher depoimentos reais dos empregados sobre seu dia a dia de trabalho e a respeito das diversas maneiras que eles encontram para superar seus desafios e melhorar sua performance. Falamos desses eventos no Capítulo 9. Mas essas histórias também podem ser contadas em encontros menos grandiosos.

Ou seja, um evento também pode ter lugar em uma sala separada de seu ambiente de trabalho, na qual você se reunirá com as pessoas em grupos menores. Ali os colaboradores terão oportunidade de contar seus cases. Desde aqueles que envolveram situações e valores monetários de relevância, até contar como as cadeiras que eles usam estão causando dores nas costas em muitas pessoas do departamento e interferindo no rendimento de trabalho.

Criar espaços, sejam eles físicos ou na agenda, para que essas histórias sejam contadas e ouvidas é algo que tem impacto positivo nos negócios. Entre outros benefícios, quando a cultura da empresa admite e incentiva uma abordagem aberta sobre questões internas que interferem no trabalho, a rádio peão, as notícias de corredor e as fofocas acabam por perder, e muito, sua razão de existir. Com o fim desses ruídos na comunicação, grande parte da tensão existente nos ambientes corporativos deixará de existir.

A terceira esfera em que o *storytelling* se mostra eficiente é aquela que está posicionada de fora para dentro. Ou seja, nesse cenário, quem conta a história que deverá ser ouvida é o cliente. Podemos chamar isso de diversas maneiras: pós-venda, o "fale conosco" dos sites das empresas ou os departamentos que costumam estar presentes em empresas maiores que consultam, de maneira regular, os compradores finais ou fornecedores, para que estes relatem e avaliem sua experiência com a organização.

Um cliente que procure a empresa e que conte uma história em que haja elogios ou queixas a respeito de um produto ou serviço que comprou é alguém valioso. Se ele faz contato com o grupo para exaltar a boa experiência que teve, é um sinal espontâneo e legítimo que mostra que se está no caminho certo. O contrário, queixas ou insatisfação talvez até tenham mais valor do que louvores, pois mostrarão o que ou quem não está funcionando, dando pistas sobre onde devem ser feitas modificações. É muito importante a empresa criar esse hábito de ouvir histórias.

Joelhos doloridos

Vamos imaginar, como exemplo, alguém que ligue para o serviço de atendimento de uma grande empresa automobilística e se queixe de que toda vez que vai entrar no carro, bate o joelho no volante. A empresa é gigante, movimenta milhões de reais, os contratos com os fornecedores têm uma longa duração, e qualquer mudança na linha de montagem significa diminuição na margem de lucro. Quer dizer, o senso comum nos diz que ninguém dará a menor bola para aquele cliente insatisfeito e com dor.

Mas no dia seguinte, outro cliente entra em contato com a mesma história. E outro, e mais um. E depois de um tempo fica evidente que há um problema de design naquele modelo de automóvel. Se a empresa continua desconsiderando essas histórias, que são um precioso feedback, logo a informação boca a boca correrá, e aquele veículo passará a ser conhecido como um carro inadequado e perigoso para as articulações. Isso se as queixas não chegarem à imprensa, que multiplicará por mil o alcance da repercussão negativa sobre aquele automóvel, prejudicando as vendas e a reputação da organização.

Às queixas sobre o desconforto do veículo logo serão acrescentadas outras opiniões desfavoráveis, porque é assim que essa comunicação costuma se comportar. Se a resposta da empresa não vier, reclamações contra o "descaso da empresa com seus clientes" também terão destaque. E a coisa só aumentará, deixando o fabricante na defensiva. Essa sequência também é um *storytelling*. E poderosamente negativo.

Se a contação de histórias evoluir dessa maneira, a empresa não poderá fingir que não a está escutando. Os engenheiros daquela fábrica de carros terão de quebrar a cabeça e encontrar uma maneira de abaixar o banco, tornar o volante mais alto, enfim, sair do script existente e adaptar o produto ao gosto do público. Mesmo que isso signifique um impacto sobre os resultados da companhia.

É como se a contação de histórias fosse um rio. Se as empresas fecham suas comportas e não dão atenção a ela, o fluxo transbordará e se espalhará pela mídia social, pela imprensa e por várias outras formas de comunicação. Como resultado, a empresa perderá a iniciativa ao enfrentar o problema e terá de correr atrás de uma solução que poderá ser muito mais onerosa.

As pessoas nunca pararão de contar suas histórias. Tentar canalizá-las a seu favor é o movimento mais inteligente que as organizações podem fazer.

O superliquidificador

Mas, como eu disse alguns parágrafos atrás, há outras maneiras de enaltecer sua marca ou produto contando histórias que não seja usando atores, como se fez naquela história da garota que disputava uma corrida na escola. A maneira mais lógica de fazer isso é mostrando seu produto em uso, acrescentando a isso alguma ação e até mesmo humor. Não consigo me lembrar de um exemplo melhor do que o de um liquidificador, o Blendtec, fabricado por uma empresa norte-americana, cujo fabricante afirmava que era capaz de triturar os mais variados objetos sem se quebrar.

Os primeiros vídeos do superliquidificador surgiram em 2007. Eram apresentados pessoalmente pelo seu inventor, Tom Dickson, e veiculados no YouTube, que então não havia chegado aos dois anos de vida. Dickson colocava itens como bolas de golfe, telefones celulares, cartões de crédito, bolas de gude, Big Macs, bonecas[5], cubos de gelo, lâmpadas e outros objetos dentro do copo do liquidificador e ligava o aparelho. Eles eram triturados até se transformarem em pasta ou pó. Alguns deles, que tinham baterias ou pilhas, ainda soltavam pequenas labaredas.

---

[5] https://www.youtube.com/watch?v=1Ct7PHluJiw (conteúdo em inglês).

A história era poderosa, e Dickson propunha para aqueles que o acompanhavam na mídia social que sugerissem itens que eles queriam ver sendo triturados. Os maiores jornais norte-americanos entrevistaram o criador daquela imaginativa campanha e acompanhavam suas histórias. Ele criou esse *storytelling* tão poderoso e o manteve tão firme na cabeça das pessoas, que a empresa cresceu de maneira rápida, tornando-se um poderoso player no mercado.[6]

Tão forte quanto as lâminas do Blendtec é o poder da contação de histórias. Reflita por um instante. Se você compra um liquidificador, você não espera que ele tenha o mesmo desempenho de uma betoneira e quebre pedras e misture concreto. Você certamente fará uma sopa de legumes, uma vitamina de frutas. O ingrediente mais resistente que você colocará ali será uma cenoura crua ou um pedaço de músculo bovino. Ou seja, ninguém precisa de um liquidificador capaz de pulverizar celulares e bolas de gude.

Com certeza mesmo os concorrentes mais frágeis do Blendtec darão conta, com folga, de liquefazer todos os ingredientes que também passarão por esse super liquidificador. De novo, é uma história bem contada que nos faz considerar que precisamos ter um liquidificador com todo aquele potencial destrutivo, como se estivéssemos indo para uma guerra, e não apenas fazendo uma papinha para o bebê.

Se boas histórias podem atiçar nossa mente, que quer consumir, também são capazes de nos conquistar pela vaidade. Os sorvetes Häagen-Dazs mostram isso. A empresa foi criada em 1961, em Nova York, por Reuben Mattus, que tinha alguma experiência na fabricação de sorvetes, desenvolvida desde que vendia raspadinhas de limão pelas ruas do Bronx, um distrito da cidade. Mattus decidiu-se por uma linha de produção mais sofisticada e com sabores exclusivos, que, pelo preço, seriam consumidos por um público endinheirado.

Ele acreditava que seu produto seria mais valorizado caso as pessoas pensassem que o sorvete era importado. Depois de passar alguns dias na cozinha de sua casa tentando combinar sons que parecessem nórdicos – esses países eram admirados pelos norte-americanos –, criou o nome Häagen-Dazs. Mattus acreditava que o nome soava como se fosse dinamarquês, o que seria especialmente atraente para um sorvete, já que a Dinamarca é famosa pela

---

[6] https://www.blendtec.com/ (conteúdo em inglês).

qualidade de seus laticínios. Seus clientes ficariam envaidecidos de poder consumir algo tão exclusivo. No entanto, as duas palavras não têm qualquer significado em dinamarquês ou em qualquer outra língua conhecida.[7]

Uma saborosa história não confirmada relata que, quando preparava as misturas de seus sorvetes, Reuben Mattus serviu uma porção deles a um amigo, solicitando sua opinião sobre o produto. O amigo provou e disse que eles eram bons, mas não pareciam ser tão excepcionais assim. Um bom sorvete, ponto. Algum tempo depois, Mattus convidou novamente o amigo e pediu que ele, agora, degustasse outro sorvete, este importado. O nome desse produto, vindo do outro lado do Atlântico, era Häagen-Dazs. Seu amigo colocou uma colherada na boca, abriu um sorriso e disse: "Este, sim, é um sorvete de qualidade. Muito bom. Aprenda com eles.".Não preciso contar que o sorvete era o mesmo que ele havia experimentado anteriormente. Mas, impressionado com a informação de que ele era importado e com a sonoridade do nome, o sabor cresceu e passou das papilas gustativas do amigo de Mattus para sua mente.

Nos Estados Unidos, mesmo nos dias de hoje, a informação de que a Häagen-Dazs é norte-americana ainda surpreende as pessoas. E talvez aqui no Brasil também. A impressão de que a empresa vem de algum país do norte da Europa é forte.

Se é estrangeiro...

Esse artifício de dar um nome estrangeiro a um empreendimento e criar uma aura de sofisticação é chamado em inglês de *foreign branding*, "marca estrangeira", em português. Os comerciantes lançam mão desse recurso porque sabem que temos a tendência de concordar em pagar mais por um produto pelo simples fato de ele ser originário de um outro país. Esse é um fenômeno mundial, ensina o professor de marketing Thomar Aichner em artigo publicado no *The International Review of Retail, Distribution and Consumer Research*.[8]

De acordo com Aichner, nos países de língua não inglesa, a tendência é que muitas empresas usem marcas que remetam a nomes no estilo inglês ou

---

[7] https://people.com/archive/reuben-mattus-scooped-the-competition-with-his-pricey-and-nonsense-named-haagen-dazs-vol-16-no-7/ (conteúdo em inglês).

[8] http://www.tandfonline.com/doi/abs/10.1080/09593969.2016.1211028 (conteúdo em inglês).

norte-americano. Já nos países nos quais o inglês é a língua materna, empresas que comercializam cosméticos ou marcas de moda preferem nomes em francês ou italiano. E, de um modo geral, nomes em japonês, escandinavos ou em espanhol são usados para atingir alguns efeitos específicos. Essa escolha de nomes, com o uso de cores ou ambientações de outros países, é, sem dúvida, um *storytelling*.

Um caso que não se encaixa estritamente em um uso de *foreign branding* tem um bom exemplo na cadeia Outback, que oferece um cardápio australiano. O restaurante, que tem várias unidades no Brasil e filiais em vários países, foi criado na Flórida, Estados Unidos, em 1988. Para os falantes em inglês, o nome Outback remete ainda mais à Austrália, já que essa é a denominação que é dada ao interior desértico do continente australiano.

Mas certamente, quando vamos a um Outback, nos deixamos também entusiasmar pela possibilidade de estarmos experimentando sabores de um lugar tão exótico e distante quanto é para nós a Austrália. Isso coloca um tempero a mais em nossa experiência ali. Se fôssemos convidados para ir a uma cadeia de restaurantes da Flórida, talvez o almoço tivesse menos charme. Mais um exemplo que comprova que, no final, somos todos movidos por histórias e pelas emoções que elas nos trazem.

A força do rato

Quando se fala de *storytelling*, não há como não citar o mais bem-sucedido empreendimento do planeta na contação de histórias: a Walt Disney Company, e as histórias do Pateta, Pato Donald e sua família, Minnie, Clarabela e, principalmente, do ratinho Mickey Mouse, o primeiro sucesso da empresa, lançado em 1923. A organização, criada por Walt Disney (1901-1966), tem presença na TV por assinatura, na produção de filmes, games, portais da web e, o que considero mais impressionante, em parques de diversões. Entre esses parques, o Walt Disney World, em Orlando, na Flórida, é o que explora com maior competência o *storytelling*. Não por acaso o parque é o responsável por tornar essa cidade o maior destino turístico dos Estados Unidos. Em 2017, 72 milhões de pessoas a visitaram.[9] Quem já visitou o Disney World certamente concordará que tudo ali parece mágico. Os

---

[9] http://www.orlandosentinel.com/business/tourism/os-bz-visit-orlando-tourism-2017-story.html (conteúdo em inglês).

A IMPORTÂNCIA DE TRABALHAR O FOCO DO CLIENTE

próprios brinquedos e diversões contam histórias. Se você está em uma fila aguardando a hora para embarcar, por exemplo, em uma montanha russa – e há filas que demoram horas –, a todo momento algo ou alguém interage com você. Pode ser algum personagem das histórias de Walt Disney, ou um boneco mecânico que conversa com você, um vídeo em uma tela à sua frente ou uma placa que puxa assunto com você.

Os brinquedos são contextualizados em alguma narrativa que é capaz de envolver você, já o colocando no clima de alguma trama. E isso quando você ainda está na fila esperando, antes mesmo de usufruir do brinquedo propriamente dito. Há cores, luzes, músicas e até aromas específicos que são lançados no ar para validar e reforçar a história que é contada. O *storytelling* do parque da Disney envolve suas sensações auditivas, visuais, gustativas, táteis...

Após o ápice de sua experiência, que é quando finalmente você faz o percurso do brinquedo, desembarca-se dentro de uma loja, que oferece produtos ligados ao tema da diversão da qual você acabou de sair. Se você está no Rei Leão, os brinquedos de pelúcia, os imãs de geladeira, as camisetas e os DVDs são voltados para os personagens, as cores e o ambiente no qual a história se desenvolve. A Pequena Sereia terá uma loja com brinquedos e lembranças que remetem a essa aventura submarina, e assim por diante. Quem consegue resistir a enfiar a mão no bolso e deixar ali alguns dólares em troca de uma lembrança daquela sensação?

Quando seu império do entretenimento já era conhecido internacionalmente e seus filmes e desenhos rendiam milhões de dólares, Walt Disney sempre encerrava suas palestras e apresentações com uma frase de efeito: "Eu espero que nunca nos esqueçamos de uma coisa: quem começou tudo isso foi um rato." Um rato e um *storytelling* competente, está provado, podem mover montanhas.

No próximo capítulo trataremos dos limites éticos que o *storytelling* deve obedecer.

Moral da História: Sem Ética Não Há Final Feliz

"Contador de histórias: a segunda mais antiga profissão da Terra."
Dany Harris, *palestrante e diretor da Fundação John S. e James L. Knight, EUA*

Em 1940, durante a Segunda Guerra Mundial, o exército alemão nadava de braçada na Europa. Todos os seus violentos ataques e planos de invasão e anexação de países estavam dando certo. Os soldados alemães eram rápidos, bem treinados e decididos. Não havia, naquele momento, qualquer força militar na Terra capaz de fazer frente ao seu poder de fogo. Naquele ano, entre os dias 25 de maio e 4 de junho, uma batalha parecia que aniquilaria de vez toda possibilidade de resistência europeia e abriria caminho para a invasão total da França e da Inglaterra pela Alemanha.

O choque se deu em Dunquerque, região na costa francesa, junto à fronteira com a Holanda. Ali, em uma faixa estreita de terra, cerca de 400 mil militares franceses, ingleses e belgas, com todo seu equipamento de guerra, foram cercados por 800 mil soldados alemães[1]. Não havia para onde fugir. Os tanques, os aviões e a infantaria dos exércitos alemães cercaram todas as vias de escape. Os franceses e ingleses ficaram literalmente sentados na praia, olhando para o mar, à espera de alguma saída milagrosa daquela situação. E milagre parecia ser mesmo a única opção, já que os aviões e navios de guerra alemães impediam que qualquer resgate se aproximasse pelo mar.

Dois acontecimentos, no entanto, possibilitaram que os ingleses e franceses se safassem daquela tenebrosa situação. Um deles parecia mesmo um milagre. Sem que até hoje os historiadores tenham chegado a um consenso sobre as razões que os levaram a tal decisão, os alemães suspenderam o avanço que faziam contra as tropas aliadas. Mantiveram o cerco, mas não concluíram a investida final do que seria talvez o maior massacre da história.

O outro acontecimento chamava-se Winston Churchill. O então primeiro-ministro britânico havia assumido o cargo duas semanas antes do cerco às tropas aliadas. Churchill (1874-1965)[2] foi fundamental para a retirada dos soldados do inferno de Dunquerque – um total de 340 mil deles foi evacuado com sucesso, em uma operação que envolveu 933 navios e um número grande de barcos pilotados por civis. Com uma energia surpreendente para os seus 65 anos de idade e muitos gritos e socos na mesa, derrotou as propostas de negociações com os alemães defendidas por alguns políticos e militares ingleses.

Seus discursos, transmitidos pelo rádio, empolgaram o povo inglês, já descrente de qualquer possibilidade de resistir aos alemães. Nos anos seguintes, sua liderança foi fundamental para manter a moral da nação nos anos em que as cidades inglesas, especialmente Londres, foram duramente bombardeadas pela Alemanha. Ao final, os ingleses foram fundamentais para derrotar o ditador alemão Adolf Hitler, em 1945.

Mesmo sendo tratado de maneira unânime pelos acadêmicos como uma personalidade rara na história da humanidade e dono de um carisma que foi capaz de convencer milhões a seguir seu comando quando, como ele mesmo dizia, só tinha a oferecer em troca "sangue, trabalho duro, lágrimas e suor",[3]

---

[1] *Dunkirk – a few facts* – BBC - http://www.bbc.co.uk/pressoffice/pressreleases/stories/2004/02_february/03/dunkirk_facts_figures.shtml (conteúdo em inglês).

[2] *Dunkerque: la derrota victoriosa de Winston Churchill* – El Mundo – 19/07/2017 - http://www.elmundo.es/cultura/cine/2017/07/19/596ce27d46163f405d8b45cd.html (conteúdo em espanhol).

[3] http://www.arqnet.pt/portal/discursos/maio02.html

MORAL DA HISTÓRIA: SEM ÉTICA NÃO HÁ FINAL FELIZ

havia um Churchill que parecia ser o avesso do mestre da comunicação e do *storytelling*, título que, não há dúvidas, ele merecia.

Visto por esse lado menos vistoso, Winston Churchill era um homem desagradável. Acordava ao meio-dia e incluía no seu café da manhã algumas doses de uísque, o que só validava sua fama de alcoólatra. Raramente era visto sem um charuto na boca ou com cabelos penteados. Enfrentava problemas de dicção e gaguejava levemente. Recusava compromissos importantes em determinados horários da tarde, reservados para sua soneca.

Gritava com as pessoas e não raramente dizia grosserias pesadas. Uma dessas foi dirigida a uma deputada do Partido Trabalhista, Bessie Braddock, que o chamou de "bêbado repulsivo". Churchill respondeu: "Minha cara, você é feia. Mais ainda, você é uma feia repulsiva. Amanhã eu serei uma pessoa sóbria, mas você continuará sendo uma feia repulsiva".[4] Em outra ocasião, estava no banheiro quando recebeu uma ligação de um assistente de George VI, o então rei britânico. Sentado em seu próprio trono, Winston Churchill gritou que não iria atender: "Diga a ele que eu só posso lidar com uma m*rda de cada vez!"[5]

Um deslize maior, este com repercussões terríveis, foi o sinal verde que Winston Churchill deu para um dos mais destrutivos, cruéis e desnecessários bombardeios durante a Segunda Guerra. A cidade alvo do ataque foi a alemã Dresden, na qual, os registros mostravam, estavam abrigados militares alemães feridos e milhares de civis que fugiam do avanço dos exércitos russos. De acordo com os cálculos, esses feridos e refugiados somavam 200 mil pessoas[6]. Mesmo tendo essa informação e já estando próximo ao final da guerra – o bombardeio ocorreu ao longo de três dias, 13 a 15 de fevereiro de 1945; a Alemanha se renderia em 7 de maio do mesmo ano –, aviões britânicos e norte-americanos destruíram toda a cidade com bombas incendiárias. Winston Churchill autorizou o bombardeio.[7]

Churchill era um habilidoso *storyteller*. A forma como conseguiu conquistar corações e mentes está associada à sua capacidade narrativa, às frases

---

[4] http://www.independent.co.uk/news/uk/home-news/my-dear-you-are-ugly-but-tomorrow-i-shall-be-sober-and-you-will-still-be-ugly-winston-churchill-tops-8878622.html (conteúdo em inglês).

[5] Idem.

[6] *Dresden: Tuesday, 13 February 1945* – Frederick Taylor – Harper Collins – 2005 - págs. 262-64

[7] Idem.

de efeito e discursos grandiloquentes. Após a guerra, ainda manteve uma carreira política e foi novamente primeiro-ministro inglês. Mas nesse momento já enfrentava oposições políticas e mesmo cidadãos descontentes com sua política. Os deslizes em sua imagem e comportamento e sua postura diante do bombardeio a Dresden, que para alguns foi um crime de guerra,[8] são amostras de que contadores de histórias não estão livres de graves derrapadas éticas.

Preso 12 vezes

Há entre esses personagens, no entanto, aqueles que usam suas habilidades narrativas exclusivamente para produzir ações negativas. Um dos mais impressionantes episódios de *storytellers* que se valeram de sua vocação como narradores para mentir e enganar pessoas foi retratado no filme *VIPs*[9], lançado em 2011. Nele, o ator Wagner Moura representa um personagem real, Marcelo Nascimento da Rocha, que foi preso 12 vezes em vários estados brasileiros por aplicar golpes e cometer crimes tirando proveito de sua enorme capacidade de inventar histórias e se fazer passar por pessoas poderosas e influentes.[10]

Marcelo Rocha deve ser um dos maiores contadores de histórias do Brasil. Um habilidoso *storyteller* que usou essa capacidade para o mal e para proveito próprio. No final, pagou caro por ter feito essa escolha incorreta. Quando ainda não havia sido desmascarado, ele chegou a enganar o jornalista Amaury Jr., conhecido pelos programas de entrevistas com celebridades e pela cobertura de festas e eventos que realiza para TV. Na ocasião em que o entrevistou, o jornalista foi induzido a acreditar que o contador de falsas histórias fosse um dos diretores de uma das maiores companhias aéreas brasileiras.

O poder de persuasão de Marcelo Rocha era tão irresistível, que ele convenceu até mesmo os funcionários da companhia aérea de que ele pertencia aos quadros da empresa e conseguiu um lugar em um dos aviões da

---

[8] https://www.theguardian.com/world/2003/oct/21/artsandhumanities.germany (conteúdo em inglês).

[9] http://www.adorocinema.com/filmes/filme-202439/

[10] http://g1.globo.com/mato-grosso/noticia/2014/03/golpista-que-inspirou-filme-vips-deixa-penitenciaria-apos-quatro-anos.html

companhia para que o próprio Amaury Jr. viajasse. No final, ao que tudo indica, Amaury Jr. levou a empulhação na esportiva e chegou a atuar no filme representando a si mesmo na trama.

Mas a coisa toda não foi apenas uma piada inconsequente. Marcelo se envolveu em ilegalidades pesadas, como roubo de avião, estelionato e tráfico de drogas. Encarcerado no Complexo de Bangu, um presídio no Rio de Janeiro, se viu em meio a uma rebelião de presos. Claro, não perdeu a oportunidade e declarou-se líder de uma das facções criminosas (o que ele não era). Negociou o fim do motim com as autoridades e, mais uma vez, deu entrevistas à imprensa falando das condições carcerárias. Algum tempo depois, foi transferido para a Penitenciária Central, em Cuiabá (MT). Em 2014, após quatro anos de prisão, foi liberado para cumprir o restante da pena em regime semiaberto.

Dois anos depois, Marcelo Rocha havia se transformado em um empresário de eventos em Cuiabá. Trouxe vários shows para a cidade, principalmente bandas de rock. E foi além: organizou uma empresa de consultoria e ministrava palestras sobre o poder da persuasão. Em entrevista ao site de notícias *Midianews*[11], de Cuiabá, Marcelo afirmou lamentar os crimes que cometeu. Afirmou que "a vida de golpista não compensa", e garantiu: "Não faria de novo".

Caminhos de vidro

A exemplo de Marcelo, outros contadores de histórias foram também atraídos pelo lado negro da força do *storytelling*. Mas os fatos mostram que os caminhos trilhados pelos mentirosos, sejam bons contadores ou não, costumam ser feitos de vidro e quebram com frequência, desmoralizando esses narradores de falsidades.

No mundo empresarial, essas histórias enganosas surgem quando alguém assegura que seu produto tem qualidades que, na verdade, são inexistentes ou promete alcançar resultados que seus serviços nunca proporcionarão. A grande tentação que coloca esses mentirosos a se perder é a ilusão de que serão capazes de assegurar para si ganhos rápidos, mas sem investir o tempo e os recursos necessários para criar produtos e serviços de qualidade.

---

[11] http://midianews.com.br/cotidiano/ex-maior-golpista-do-brasil-hoje-vive-como-empresario-de-eventos/275827

Como já falamos neste livro, o *storytelling* é uma das mais eficientes estratégias de comunicação corporativa. Ele é capaz de alavancar a narrativa empresarial por conquistar a confiança dos clientes, facilitando os negócios. No entanto, talvez exatamente porque o *storytelling* atinja de maneira tão profunda nossas emoções, quando descobrimos que as histórias são falsas, nossa indignação é maior do que se formos confrontados com outra mentira qualquer.

Isso aconteceu com o ciclista profissional Lance Armstrong, acusado de usar medicamentos ilícitos para aumentar sua performance esportiva. Falamos dele no Capítulo 7. Armstrong havia vencido várias vezes o Tour de France, o mais disputado torneio do ciclismo mundial. Ostentava um ar de bom moço e reagia com ironia aos seus críticos. Depois que ficou provado que toda sua narrativa era falsa, a reação dos que se sentiram trapaceados foi dura. O ciclista passou a ser considerado como a desgraça do esporte. Perdeu todos seus títulos de campeão e foi banido das disputas oficiais para sempre. Todos os anunciantes que o apoiavam rescindiram seus contratos, temendo que seus negócios fossem contaminados pelo estigma de mentiroso e desonesto que foi colado na figura pública do ciclista.

Pressão para mentir

Até aqui, falamos sobre pessoas que foram os próprios autores de um *storytelling* mentiroso e arcaram com as consequências de terem apostado alto na sua pretensa capacidade de blefar. Mas há ocasiões em que podemos ser pressionados por outros a nos envolver em práticas que passam longe de serem éticas. Isso pode acontecer quando somos empregados em uma organização e nosso superior hierárquico tenta nos fazer cúmplices de alguma falcatrua. O mesmo pode ocorrer quando prestamos serviços para um cliente que nos pede para cometer algum ato ilícito que o favoreça.

Situações como essas podem ser difíceis de enfrentar. Geralmente nos deixam inseguros e com medo. Será que, se eu não atender ao que meu chefe está pedindo, serei despedido? Caso eu não concorde em endossar essa prática ilegal que meu cliente está tentando me envolver, ele não me trocará pelo meu concorrente? Não há uma resposta fácil para essas questões. No entanto, estou convencido de que o ganho que teremos ao abrir mão dos nossos princípios éticos terá fôlego curto. Nossa reputação correrá o risco de ser manchada para sempre. Se concordamos em fazer algo desonesto, nem mesmo quem nos convidou a fazer parte da quadrilha confiará em nós, o que dizer então das outras pessoas que se relacionam conosco, como nossos empregados, colegas, amigos e familiares.

Talvez nem sempre seja fácil saber se o que um superior está pedindo ao seu subordinado seja algo que vá contra os bons princípios éticos. Há, claro, negatividades flagrantes, como roubar alguma coisa ou inventar mentiras explicitamente para prejudicar profissionalmente alguém. Mas alguns pedidos talvez até pareçam inocentes e incapazes de provocar mal a qualquer pessoa. A seguir, uma pequena lista em que relaciono algumas solicitações que, caso alguém em seu ambiente de trabalho lhe faça, devem ser recebidas com um pé atrás. Há entre elas questões que obviamente são de moral duvidosa, e outras são mais sutis. Acompanhe.

- **Denegrir a concorrência** – É antiético criar informações mentirosas sobre seu concorrente para fazer sua empresa ganhar espaço no mercado ou seu produto ser percebido como eficiente. Caso seu crescimento profissional ou o de sua empresa só for acontecer se a imagem da concorrência se tornar ruim, é um sinal claro de que o que você fornece tem uma qualidade inferior. Mesmo se sua fatia de mercado for abocanhada graças a uma campanha de difamação, não será preciso muito tempo para que outro player do mercado, talvez também inescrupuloso, use do mesmo recurso para retirar você de cena.

- **Publicidade sensacionalista** – A princípio pode parecer que não há nada incorreto em usar de algum espalhafato para vender produtos e serviços. Por exemplo, uma criança morreu em virtude de um acidente doméstico que provocou um incêndio. Uma empresa decide explorar a comoção popular decorrente da tragédia para vender seus cabos elétricos, que, de acordo com sua publicidade, são resistentes ao fogo. É uma estratégia que parece um esperto marketing de oportunidade, mas a reação do público pode ser imprevisível. No lugar de correrem às lojas para comprar os fios elétricos que os livrarão de incêndios, desenvolverão repúdio à empresa que explora de maneira tão desrespeitosa um acontecimento catastrófico como aquele.

- **Falsas promessas** – Alardear propriedades que um produto não tem ou exagerar sobre a excelência dos serviços prestados são o caminho certo para a desmoralização e descrédito de um empreendimento. Em pouco tempo ficará evidente que essas empresas desonestas estão enganando os consumidores, já que não entregam os resultados que prometem. Em um mundo como o atual, em que a mídia social apresenta um enorme poder em difundir mensagens e em acabar com reputações, empresas que fazem promessas vazias terão uma vida curtíssima.

- **Recursos suspeitos** – Faça um teste: sua empresa ou negócio é capaz de expor de maneira clara e pública a origem de todo o dinheiro que circula no empreendimento? Se você precisa esconder a origem dos recursos que fazem seu negócio girar, você não está conduzindo sua companhia de maneira ética. Caixa dois, serviços prestados sem nota e pagamento em dinheiro vivo para evitar impostos são atos ilícitos que você não conseguirá esconder de seus clientes e fornecedores. Quando outras pessoas sabem de suas irregularidades administrativas, você se torna refém delas.

- **Produto final** – Muitas empresas divulgam produtos e serviços com determinadas qualidades, mas na hora da entrega os clientes recebem algo bem diverso, e certamente com menos qualidade, do que foi prometido na hora da venda. Esse mau comportamento é o resultante do terceiro item desta lista, que trata das falsas promessas. Enganar os clientes dessa maneira irá, naturalmente, gerar insatisfação e abrirá as portas para processos legais e denúncias aos órgãos de defesa do consumidor. E o pior: um único produto ruim, que não atenda às expectativas de quem o encomendou, pode prejudicar de maneira definitiva todo o restante de seu negócio.

A prestigiosa revista inglesa *The Economist* publicou, em março de 2016, uma reportagem sobre um estudo realizado alguns anos antes pela Ethics & Compliance Initiative (ECI), uma iniciativa sem fins lucrativos de alcance global dedicada a pesquisas sobre os padrões éticos praticados em empresas públicas e privadas. O levantamento, de acordo com a revista[12], indicou que 9% dos empregados norte-americanos já haviam sofrido algum tipo de pressão de seus superiores para realizar alguma tarefa que ia contra seus princípios.

E essa pressão, em algumas empresas, seria mais bem definida como uma clara coação, informava a ECI. Uma mostra disso é que um em cada cinco empregados que denunciaram algum comportamento questionável em suas empresas sofreu represálias por parte de seus empregadores. Em algumas outras organizações, exemplifica a reportagem, como a Countrywide, uma empresa que lidava com hipotecas imobiliárias e que obrigava seus funcionários a dar informações falsas ao governo para cobrir suas perdas empresariais, todos os funcionários que se queixaram dessa ilegalidade foram demitidos.

Chefes-vampiro

Mas a informação mais surpreendente trazida pela revista na mesma reportagem dizia respeito a dois levantamentos realizados pela pesquisadora Sreedhari Desai, da Universidade da Carolina do Norte, nos EUA. Sreedhari fez suas pesquisas em empresas da Índia. O primeiro levantamento buscava avaliar se os chefes tratavam de maneira semelhante os empregados que colocavam símbolos religiosos em suas mesas – crucifixos e imagens santas, por exemplo – e os que não tinham esse costume. A outra pesquisa também visava observar se também recebiam tratamento igual os empregados que colocavam em seus e-mails e outras formas de comunicação citações virtuosas, do tipo "Melhor falhar com honra do que alcançar o sucesso com mentiras".

Ambos estudos chegaram à mesma conclusão: era menos provável que os chefes solicitassem a prática de atos antiéticos àqueles subordinados que externavam que tinham valores morais rígidos do que aos que não exibiam publicamente suas normas de conduta. Mas por que isso ocorria? Porque os chefes relutariam em colocar pessoas honestas em uma situação que as constrangeria? Ou eles teriam medo de que essas pessoas de moral definida fossem mais inclinadas a denunciá-los? Talvez, ao verem aqueles símbolos e

---

[12] https://www.economist.com/news/business/21695011-what-your-manager-may-have-common-vampire-cross-boss (conteúdo em inglês).

declarações morais, esses líderes parassem para pensar se era ou não ético o que estavam prestes a solicitar aos seus empregados.

De acordo com Sreedhari Desai, o mais provável é que todas essas possibilidades fossem levadas em conta por esses chefes pouco éticos e os fizessem refrear seus pedidos duvidosos. Mas os dois experimentos da pesquisadora mostraram que, uma vez que eram expostos a símbolos que indicavam correção moral, os gerentes e diretores se sentiam menos inclinados a dar essas ordens questionáveis de um modo geral e, muito menos, em exigir comportamentos incorretos daqueles que eram efetivamente os donos dos símbolos éticos. A revista *The Economist* conclui sua reportagem afirmando que é nesse momento que os empregados podem descobrir que seus chefes, afinal, podem ser como vampiros, que, segundo a lenda, fugiriam intimidados ao ver um crucifixo na mesa de sua vítima, quer dizer, empregado.

Neve em Copacabana

Os anos de 2016 e 2017 foram turbulentos no Brasil. Investigações colocaram sob suspeição nada menos que três presidentes da República. Um deles sofreu impeachment. Inúmeros políticos, empresários e funcionários públicos de alto escalão foram presos, acusados de corrupção. Suas fotos embarcando em carros da polícia, algumas vezes algemados, foram exibidas à exaustão. Em um país como o nosso, no qual consta que a falta de lisura dos políticos e dos que lidam com dinheiro público está presente há quase cinco séculos, essa operação contra a corrupção foi algo tão surpreendente quanto ouvir a notícia de que o Rio de Janeiro foi atingido por uma forte tempestade de neve.

Mesmo se, passada essa fase em que os negócios com dinheiro público e poder político foram lavados a jatos de investigações e detenções, as velhas e questionáveis práticas desonestas retornarem, uma verdade ficou estabelecida: já não é possível ser antiético e dormir tranquilo. Não é só o Brasil, o mundo está cada vez mais intolerante com esses atos escusos. A transparência que as mídias sociais impuseram à sociedade tornou muito mais fácil fiscalizar os malfeitos. Ok, temos de admitir, isso não deixa de ser um aspecto positivo da crescente falta de privacidade, não é?

Mas onde o *storytelling* se encaixa em tudo isso de que estou falando? Esses novos tempos, em que a ética, mesmo com idas e vindas, parece estar conquistando as mentes, exigirão que as narrativas dos profissionais liberais, empreendedores e organizações contemplem, além da contação de histórias sobre as qualidades e trajetórias de seu negócio e produtos/serviços, uma exposição honesta de seus valores e princípios éticos.

"Nós conhecemos a América Latina"

Essas temáticas já foram incorporadas às narrativas de profissionais e empresas de alguns países. Constatei isso na prática quando trabalhei na produção de um evento com uma empresa sediada em Washington, nos Estados Unidos. Uma das primeiras coisas que me disseram foi: "Nós conhecemos o mercado da América Latina e sabemos que existe muita corrupção, muita enganação, e não queremos ter isso com vocês".

Não foi exatamente agradável ouvir isso, mas entendi o cuidado, e a desconfiança, com que eles estavam se aproximando. Respondi no ato: "Isso não vai acontecer comigo." Mas aquele comentário inicial ficou na minha cabeça. Assim, durante todo o tempo em que preparamos e executamos o evento, tomei um cuidado com a transparência que chegou a ser exagerado. Abri todas as planilhas, mostrei preços, registrei o quanto as pessoas estavam pagando. Essas atitudes conquistaram a confiança desses meus parceiros, que passaram a se sentir completamente seguros em fazer negócio comigo. Tanto isso é verdade que, ao final do trabalho, eles me disseram: "Estamos com uma sobra de verba aqui e vamos mandar uma gratificação para você." Como se vê, a honestidade e a ética trazem um retorno garantido.

Por quase um ano convivi com esses parceiros norte-americanos. Nesse tempo, pude observar algumas práticas que considero mais próximas de um comportamento ético do que vemos aqui em nosso país. Um exemplo é a forma respeitosa com que eles se relacionam com seus fornecedores. Não se vê ninguém regateando o preço, pedindo desconto, longos prazos para pagar. Não é norma questionar o valor que o fornecedor sugere para a sua mercadoria ou serviço. Se o contratante considerar que aquele preço está fora de suas condições de compra, agradece e procura algum outro que eventualmente cobre menos pelo seu produto. Não consigo imaginar eles dizerem coisas como se escutam aqui, como insinuações de que o fornecedor está enganando o comprador, de que o preço é exagerado, que ele "está roubando". Ali não se parte do princípio de que as pessoas não são éticas e que querem tirar proveito umas das outras. Pelo contrário, todos são parceiros. Pelo menos até provarem o contrário. Algo invejável, não é?

Não pule a catraca

De onde vem a noção do que é ético ou não? Tenho uma resposta singela para essa questão: vem do berço, da educação que recebemos quando crianças. Sim, pode-se sempre, em qualquer idade, aperfeiçoar nossa noção do que é aceitável em sociedade, de como podemos atuar para tornar a nossa experiência nesta vida a mais harmoniosa possível. Mas acredito que os fundamentos de uma mente conscienciosa se formam quando ainda temos aquela mente elástica, permeável e atenta da infância.

Por esse motivo, fiquei feliz quando um conhecido narrou uma experiência que teve em companhia do filho, de oito anos. Os dois haviam tomado um ônibus, e quando iam passar pela catraca, o pai perguntou ao cobrador a partir de quantos anos as crianças pagavam passagem. "Até sete anos não precisam pagar", respondeu o cobrador. Meu conhecido disse então para o filho que passasse pela catraca e preparou-se para pagar. "Não precisa, diga para o seu filho pular a catraca, ninguém vai saber disso", afirmou o cobrador. Mas o pai não concordou e disse: "Meu filho sabe".

Essa é a atitude correta, responsável e amorosa de um pai por seu filho. O mesmo se aplica a qualquer outra pessoa que tenha a oportunidade de ensinar a alguém como se comportar de maneira ética e honesta. Caso aceitasse a proposta antiética do cobrador, como esse meu conhecido poderia esperar que o filho, quando adulto, se tornasse alguém íntegro, cumpridor das leis e fosse um cidadão atuante e útil para a comunidade? Se ele assiste ao pai, que os filhos (pelo menos enquanto são pequenos) admiram sem reservas e em quem se espelham como exemplo de conduta, cometendo algo condenável, certamente acharia que a melhor maneira de se comportar é procurar obter vantagens em todas situações, e que se danem os outros!

Lembrarmos de que temos um compromisso em formar as gerações mais jovens como pessoas éticas é uma atitude transformadora de consciências. Quem afirma isso, baseada em pesquisas, é, mais uma vez, a já mencionada pesquisadora Sreedhari Desai. Em reportagem produzida desta vez pela *Harvard Business Review*[13], publicação ligada à Universidade de Harvard, nos Estados Unidos, Sreedhari relata os resultados de um estudo feito em parceria com a pesquisadora Francesca Gino. O levantamento mostrou que quando adultos

---

[13] https://hbr.org/2011/09/adults-behave-better-when-teddy-bears-are-in-the-room?referral=00060 (conteúdo em inglês).

são colocados em contato com objetos que lembram crianças, como ursos de pelúcia ou lápis de cor, tendem a agir de maneira mais ética e a socializar com os outros de uma forma mais honesta.

As pesquisadoras dividiram voluntários em dois grupos, em salas diferentes. Em um dos ambientes foram colocados itens infantis, como brinquedos e aparelhos de TV exibindo desenhos animados. Os voluntários participaram, então, de jogos, para os quais deveriam desenvolver estratégias para atingir determinados objetivos. Os ganhadores eram recompensados com dinheiro. Para receber o prêmio, eles poderiam enganar e mentir para os demais participantes. No grupo que estava na sala em que havia os objetivos infantis, os participantes mentiram com 20% menos frequência do que no outro grupo no qual o ambiente era exclusivamente adulto.

As duas turmas também fizeram outro teste, no qual deveriam completar, com palavras de sua escolha, um texto. Aqueles que estavam no ambiente com brinquedos de criança tendiam a escrever palavras que remetiam para qualidades morais, como "puro" e "virtude", o que não aconteceu com o outro grupo.

Embora a pesquisa estivesse ainda em seu início à época da reportagem, a pesquisadora Sreedhari Desai arriscou um palpite do que esses resultados poderiam revelar. "Nossa hipótese tem foco na ideia de pureza. Objetos que estão relacionados com crianças parecem ativar, mesmo que de maneira inconsciente, pensamentos de bondade e nos colocar em um estado mental de pureza que não queremos poluir com pensamentos ruins", interpreta. "Podemos ver isso quando observamos como os pais se comportam de maneira diferenciada quando estão próximos a seus filhos. Eles, por exemplo, não falam palavras duras, palavrões e nem querem que outras pessoas usem esse linguajar perto das crianças."

Talvez não precisemos colocar bonecas e carrinhos em todas as empresas para tornar as pessoas mais éticas. Mas o que essa pesquisa traz de precioso é a informação de que dentro de nossa mente nos sentimos mais harmoniosos e em paz quando somos honestos e justos para com os outros. E são histórias com essa qualidade que devemos nos empenhar em contar.

Conclusão

Uma das estratégias usadas pelos comunicadores para causar impacto junto à sua audiência é a de lançar mão de frases feitas quando propagandeiam produtos, divulgam os serviços que prestam, fazem palestras motivacionais ou escrevem livros de autoajuda. São expressões retumbantes como: "O único lugar em que o sucesso vem antes do trabalho é no dicionário", ou "Prefira fazer o impossível, pois lá a concorrência é menor" e, ainda, "Uma caminhada de mil quilômetros começa com um único passo".

Há quem considere frases de efeito como essas como um recurso apelativo de retórica, algo usado por comunicadores que não têm um lastro sólido de erudição. Os críticos do uso das frases feitas – também chamadas de clichês, lugar-comum e chavões – afirmam que, apesar do brilho que elas parecem ter, costumam ser rasas em seu conteúdo.

Não sou inteiramente de acordo com aqueles que julgam ser inadequado utilizar essas expressões em qualquer circunstância. No entanto, também considero que aqueles que abusam das frases feitas em geral não têm muito conteúdo próprio. Nesse sentido, esses clichês podem ser um recurso traiçoeiro para o próprio comunicador, e quando se tornam excessivamente presentes na fala deles, revelam um discurso vazio ou, mais prejudicial ainda, dão a impressão de que quem exagera no emprego dessas frases feitas é picareta, que não têm muito a dizer.

A principal característica desses clichês é que eles reduzem pensamentos complexos sobre diferentes questões humanas em frases sonoras, fáceis de ser memorizadas e repetidas. O lado positivo dessas características é que essas frases podem servir como um gatilho mental, um atalho para conectar seu espectador ao assunto que você quer tratar. Acredito, portanto, que quando usadas em um contexto correto e com parcimônia, elas serão um competente auxiliar para fixar a mensagem que está sendo passada.

Quando foram ditas pela primeira vez, as frases feitas não eram, a rigor, "frases feitas". Eram ideias originais e marcantes, escritas ou ditas por algum escritor, músico, filósofo, enfim, um expert na comunicação. Podemos, portanto, criar frases que, caso caiam no gosto popular, ainda serão classificadas algum dia como chavões e clichês.

Arriscarei uma delas, embora esta esteja no exato contexto do momento pelo qual atravessa este livro. Aqui está ela: "O avião sempre pôde voar, até mesmo antes de ter sido inventado, pois as características atmosféricas que o permitiriam voar, já estavam lá". Parece algo hermético, não é mesmo? Difícil de entender. Mas é uma frase que..., vá lá, tem algum charme e nos faz, mesmo que por alguns poucos instantes, tentar adivinhar qual é, afinal, a mensagem que ela traz embutida.

Um ativo poderoso

Das frases feitas até o mais habilidoso *storytelling*, a comunicação oferece inúmeros recursos que podem multiplicar nossa capacidade de transmitir aos demais o quanto somos capazes de lhes oferecer. Ao longo dos capítulos até aqui, acredito, caro leitor, que a comunicação tenha agregado importantes ativos para seu portfólio. E se digo que as habilidades de se comunicar são ativos, é porque sei serem elas capazes de produzir valor e trazer conquistas para quem as possui.

De posse desse poderoso ativo, você venderá mais usando bem a comunicação, o que lhe trará melhores resultados. Suas eventuais perdas e prejuízos também diminuirão. A comunicação também será capaz de fortalecer seus relacionamentos. Ela consolidará sua imagem de líder, e, com isso, seus projetos terão continuidade e alta possibilidade de se realizar. Além disso, a comunicação tem a imbatível vantagem de ser o recurso mais barato para transformar nossa vida e os ambientes em que nos movimentamos.

Desenvolver a capacidade de usar a comunicação para nosso próprio enriquecimento interno é algo que não foi tratado de uma maneira aprofundada nestas páginas. Tal abordagem não está no topo dos objetivos deste livro. Nesta obra, pretendi destacar a relevância das técnicas de comunicação aplicadas às necessidades de profissionais liberais, empreendedores, empresários, gestores, executivos e inovadores.

CONCLUSÃO

Tecla "voltar"

No entanto, se refletirmos sobre nossa própria trajetória, perceberemos como nossa habilidade de nos comunicarmos, ou a falta dela, tem uma influência relevante sobre tudo o que fazemos. Quantos negócios perdidos, quantos relacionamentos rompidos, quantos trabalhos que precisaram ser recomeçados já não amargamos por conta de uma comunicação desastrosa que praticamos? Por esse motivo, em algum momento, certamente, já desejamos contar com uma tecla "voltar" em nossa trajetória. Era só apertá-la e iríamos desmanchando tudo o que fizemos até chegar àquele ponto, a partir do qual poderíamos reescrever nossos passos.

Mas a vida se comporta mais como um rio do que como um documento do Word. Ela está em constante movimento, nunca nos é dada a oportunidade de voltar sobre o caminho pelo qual passamos. Ninguém pode retornar. Por mais que essa realidade seja conhecida, há quem leve a vida como se esta fosse infinita. Quando chega o momento de pagarmos a conta pelas oportunidades desperdiçadas, ficamos perplexos. O resultado, além da perda do precioso tempo, é o cansaço físico e mental, o desgaste emocional e o prejuízo financeiro.

Mas esses são erros passíveis de serem evitados. E uma das formas de não cair mais em armadilhas é exatamente comunicar-se com você mesmo. Coloque suas ideias no papel e planeje. Fale com as pessoas à sua volta. Olhe e veja. Ouça e escute. Diga algo e tenha a certeza de que está sendo compreendido.

Intenção e sabedoria

Acredite na comunicação inteligente. Não há líder eficaz que não revele aos outros seus pensamentos. Não é possível atender a alguém sem ouvir as necessidades dessa pessoa. Não há venda sem a entrega de soluções. Não há bons relacionamentos sem contemplar diferentes pontos de vista. Não há motivação sem compreender o motivo da ação. Entenda e se faça entender. Comece outra vez. Comunicação é tanto o princípio como um ciclo sem fim. Acredite nas amplas possibilidades da comunicação e comece a contar sua história. Você alcançará novos e inesperados resultados. Comunique-se com intenção e com sabedoria.

Diferenças de ponto de vista e desentendimentos surgem todo o tempo. Quando isso acontece, costumamos nos sentir incomodados e até mesmo raivosos. Minha experiência me mostrou que a maneira mais eficiente de lidar com esse sentimento negativo é lançar mão da comunicação. Ouvir o outro lado e entender suas razões. Parece fácil, um lugar comum... todo mundo diz coisas como essas. Mas transformar essa intenção em ação, na pressão do dia a dia, pode não ser tão fácil assim.

Se o desejo de reduzir os inevitáveis conflitos que sempre teremos com os outros, e assim preservar nossa paz mental, não for suficiente para abrirmos mão de nossas opiniões, devemos pelo menos pensar no quanto isso será prejudicial aos negócios. Desavenças podem nos fazer perder trabalhos, desmancharmos parcerias ou, no plano pessoal, colocar fim a uma amizade ou a um casamento.

Balança imaginária

Quando surge algum ruído na comunicação com alguém, gosto de imaginar que existe uma balança na minha mente. Uma daquelas de modelo antigo, em que há dois pratos e colocamos pesos de um lado e de outro até conseguirmos equilibrá-los. Imaginando isso, e depois de deixar minha mente exaltada se acalmar, coloco em um desses pratos imaginários tudo o que já conquistei com aquela pessoa ou empresa. Depois, do outro lado, enfileiro os argumentos e os fatos que surgiram durante os momentos de desgaste e problemas entre nós.

Feito isso, verifico para que lado a balança vai se inclinar. Se o lado negativo pesar mais, sustento minha posição, mesmo se o resultado for um rompimento com aquela parceria. Mas se o prato da balança onde estão as conquistas comuns for aquele que terá mais peso, dou razão à outra pessoa, mudo talvez o tom de meu discurso ou até abro mão do que vinha expondo até então. Lembra? Não é "o que", é "como".

A comunicação interpessoal nos oferece várias possibilidades de enfrentar situações de crise. A única delas que eu nunca adotei, e com a qual nunca concordei, é a de bater o pé no que queremos e nos recusar a fazer qualquer negociação. Quando agimos assim, consideramos que podemos dizer o que nos vem à cabeça se formos confrontados com opiniões diferentes das nossas. Neste nosso mundo da mídia social, infelizmente é isso o que estamos vendo com grande frequência: bate-bocas, afirmações grosseiras, insultos e intolerância.

CONCLUSÃO

Elásticos não quebram

Posso garantir que, na minha vida profissional, sobretudo na carreira na televisão, foram nos momentos em que fui capaz de ceder e abrir mão de opiniões específicas que assegurei a continuidade de meu trabalho e boas fases profissionais. Mas nunca me foi pedido que eu desconsiderasse meus princípios. Isso jamais aconteceu. Quando cedi e negociei, agi de acordo com minhas crenças e com resiliência, que é a elasticidade que devemos ter diante de cada momento desafiador que nos é colocado pela vida. Naquelas situações nas quais não temos controle algum, ou pouco controle, sobre o que surge diante de nós, quem não é flexível pode se quebrar em pedaços quando o vento muda de direção.

Foi por pensar nessas questões, quando estava nestas últimas páginas, que considerei ser relevante tratar, mesmo que dessa maneira expressa, da importância da comunicação também como uma energia que circula internamente em nossa mente. E neste ponto em que estou, me parece mais clara a razão pela qual aquela frase feita – "O avião sempre pôde voar, até mesmo antes de ter sido inventado, pois as características atmosféricas que o permitiriam voar, já estavam lá" – surgiu como que do nada diante de mim.

O que ela significa é que as possibilidades que temos diante de nós, e da nossa capacidade de nos comunicar, são inesgotáveis. O ar, o vento, as diferenças de pressão atmosférica sempre estiveram neste mundo, como que à espera de quem, ao aprender como utilizá-los, conseguisse voar pelos céus. Da mesma maneira, as cachoeiras sempre foram fontes de energia; o solo, uma garantia de colheitas para nos alimentar; e as rochas, uma possibilidade de ser metais e ferramentas. Tudo isso antes mesmo de o homem surgir na Terra. A permissão para o progresso e para o desenvolvimento de uma vida cada vez mais confortável e longa estavam aqui, como um potencial à espera de que o trabalho e a inteligência o transformassem em realidade.

Essas possibilidades ainda estão aqui. No chão, no ar, na água, no espaço interestelar, mas, sobretudo, dentro de nós, de nossa capacidade de nos comunicar. Ficarei muito feliz se esta obra for um pequeno passo rumo ao despertar de nosso potencial comunicativo em gestos concretos, capazes de beneficiar a todos nós.

Notas Bibliográficas

Introdução

1. Nossos antepassados começaram a proferir suas primeiras palavras há mais de 100.000 anos – *Languages: A Very Short Introduction*, Stephen Anderson, pág. 107, Oxford University Press. 2012

Capítulo 3

2. Consta, inclusive, que esse movimento de uniformização adotou a pronúncia do português falado no Rio de Janeiro, embora amenizando os "ss" – *O estudo dos gestos vocais e corporais no telejornalismo brasileiro*, Cláudia Simone Godoy Cotes – Doutorado em Linguística Aplicada e Estudos da Linguagem, Pontifícia Universidade Católica de São Paulo – PUC-SP – 2008 – <http://www.pucsp.br/liaac/download/claudiacotes.pdf>.

Capítulo 4

1. O ônibus espacial Challenger explodiu espetacularmente no ar, matando os sete astronautas que o ocupavam – <https://www.youtube.com/watch?v=fSTrmJtHLFU>.
2. O interesse era motivado pela presença de Christa McAuliffe, a primeira professora a subir ao espaço – *How mission began, grew and met end,* The New York Times, pág. A2, 29/01/1986
3. O evento tornou-se ainda mais emocionalmente denso porque uma das câmeras mostrou, ao vivo, a reação de horror dos parentes dos astronautas – <https://www.youtube.com/watch?v=WDRxK6cevqw>.
4. O resultado dessa falta de comunicação foi o pior possível: mortes, prejuízo de milhões de dólares e um gigantesco dano à imagem da NASA – Report of the Presidential Comission on the Space Shuttle Challenger Accident, Chapter VI: An Accident Rooted in History – <https://history.nasa.gov/rogersrep/v1ch6.htm>.
5. No lugar daquela musiquinha de violão insossa, entrou em volume alto e de maneira pomposa aquele tema do filme *2001, uma Odisseia no Espaço* – "Assim falou Zaratrustra", do compositor alemão Richard Strauss – <https://g1.globo.com/pop-arte/cinema/noticia/2001-uma-odisseia-no-espaco-de-stanley-kubrick-completa-50-anos.ghtml>.
6. Como diz aquele antigo samba, é preciso pisar nesse chão devagarinho – "Alguém me avisou", Dona Ivone Lara – <https://www.letras.mus.br/dona-ivone-lara/45561/>.

Capítulo 8

1. O que fez a marca conquistar corações foi o instinto de comunicador de Wilsdorf. A começar por sua escolha do nome "Rolex", – "What Makes Rolex Tick?", David Liebeskind, *Sternbusiness Magazine*, 2004 – <http://w4.stern.nyu.edu/sternbusiness/fall_winter_2004/rolex.html>.
2. Os pilotos norte-americanos, que também combatiam à época na Europa, ficaram conhecendo os tão disputados Rolex – Idem.

Capítulo 9

1. Para cada grupo de 100 brasileiros, há 117,5 aparelhos ou chips capazes de acessar a internet – <http://www.anatel.gov.br/dados/component/content/article?id=283>.
2. Já ouvi a previsão de que nos próximos cinco anos os vídeos responderão por 80% de toda comunicação veiculada na internet – <https://www.cisco.com/c/en/us/solutions/collateral/service-provider/visual-networking-index-vni/vni-hyperconnectivity-wp.pdf>.

Capítulo 10

1. Um desses artigos, publicado pelo jornal inglês *The Guardian*, em agosto de 2014, me parece especialmente esclarecedor – "Science of storytelling: why and how to use it in your marketing", Brianne Carlon Rush, *The Guardian*, 28/08/2014 – <https://www.theguardian.com/media-network/media-network-blog/2014/aug/28/science-storytelling-digital-marketing>.
2. Idem.
3. Há mais um experimento publicado pela revista norte-americana *Psychology Today* que revela a força que os sentimentos gerados pela emoção exercem em nosso comportamento funcional – <https://www.psychologytoday.com/blog/inside-the-consumer-mind/201302/how-emotions-influence-what-we-buy>.
4. Nosso cérebro é estruturado para entender e reter histórias – "Science of storytelling: why and how to use it in your marketing", Brianne Carlon Rush, *The Guardian*, 28/08/2014.
5. O feito que eu considero mais surpreendente é o de a empresa (Coca-Cola) haver criado a imagem do Papai Noel – <http://www.coca-colacompany.com/stories/coke-lore-santa-claus>.
6. O francês Charles Perrault dirigia a história (do Chapeuzinho Vermelho) a um público adulto prevenindo as mulheres jovens sobre os predadores sexuais – *Little Red Riding Hood* – Charles Perrault – <http://www.pitt.edu/~dash/perrault02.html>.
7. O filósofo grego Aristóteles dizia que, para manter o interesse por uma história, seu herói deveria viver um conflito – *What characteristic does a tragic hero always have?* – <https://www.enotes.com/homework-help/what-characteristic-does-tragic-hero-always-h-387593>.
8. O marketing da empresa (M&M's) daqueles chocolates coloridos em forma de pastilhas, se apoia fortemente nos personagens representados por bonecos antropoformes – <http://www.mms.com/#character>.

NOTAS BIBLIOGRÁFICAS

Capítulo 11

1. Quer um excelente e divertido exemplo de um *storytelling* de resultado? Então assista ao filme *Joy, o nome do sucesso* – <http://www.adorocinema.com/filmes/filme-226879/>.
2. Joy abriu uma empresa, tornou-se milionária e registrou mais de 100 patentes de utilidades domésticas – <http://time.com/4161779/joy-movie-accuracy-fact-check/>.
3. QVC, um canal de TV a cabo especializado em comércio eletrônico, assistido por mais de 350 milhões de domicílios em sete países – <http://www.fundinguniverse.com/company-histories/qvc-inc-history/>.
4. Já na primeira apresentação na QVC, mais de 18 mil mops foram vendidos pelo telefone – <http://time.com/4161779/joy-movie-accuracy-fact-check/>.
5. Fiquei feliz ao ler a já citada reportagem da *Time* confirmando que o filme, dirigido por David Owen Russell, é em grande parte fiel à carreira da Joy Mangano – Idem.

Capítulo 12

1. No Natal de 2017, um vídeo daqueles que dão nó na garganta e fazem escapar algumas lágrimas furtivas viralizou no YouTube – <https://www.youtube.com/watch?v=T_tm7H60zbw>.
2. A síndrome de Down, uma disfunção cromossômica que pode provocar limitações físicas e cognitivas aos que são acometidos por ela – <http://www.fsdown.org.br/sobre-a-sindrome-de-down/o-que-e-sindrome-de-down/>.
3. As Lojas Renner, uma das maiores varejistas de vestuário do país, começou a coletar histórias reais sobre o relacionamento de seus vendedores e clientes – <https://exame.abril.com.br/negocios/para-a-renner-encantar-clientes-da-resultado/>.
4. Os melhores relatos sobre como os clientes foram beneficiados passaram a ser premiados nas convenções da empresa – Idem.
5. Os primeiros vídeos do superliquidificador (Blendtec) surgiram em 2007 – <https://www.youtube.com/watch?v=1Ct7PHluJiw>.
6. Tom Dickson colocava itens como bolas de golfe, telefones celulares, cartões de crédito, bolas de gude, Big Macs, bonecas, cubos de gelo, lâmpadas e outros objetos dentro do copo do liquidificador e ligava o aparelho – <https://www.blendtec.com/>.
7. O nome Häagen-Dazs não tem qualquer significado em dinamarquês ou em qualquer outra língua conhecida – Reuben Mattus scooped the competition with his pricey and nonsense-named Haagen-Dazs, *People Magazine* – 17/08/1981 <https://people.com/archive/reuben-mattus-scooped-the-competition-with-his-pricey-and-nonsense-named-haagen-dazs-vol-16-no-7/>.
8. Temos a tendência de concordar em pagar mais por um produto pelo simples fato de ele ser originário de um outro país – <http://www.tandfonline.com/doi/abs/10.1080/09593969.2016.1211028>.
9. Não é por acaso que o parque é o responsável por tornar essa cidade o maior destino turístico dos Estados Unidos. Em 2017, 72 milhões de pessoas visitaram a cidade – *72 million tourists visited Orlando ins 2017, a record number* – Gabrielle Russon, Orlando Sentinel – 10/05/2018 <http://www.orlandosentinel.com/business/tourism/os-bz-visit-orlando-tourism-2017-story.html>.

Capítulo 13

1. Em Dunquerque, região na costa francesa, cerca de 400 mil militares franceses, ingleses e belgas, com todo o seu equipamento de guerra, foram cercados por 800 mil soldados alemães – *Dunkirk – a few facts* – BBC – <http://www.bbc.co.uk/pressoffice/pressreleases/stories/2004/02_february/03/dunkirk_facts_figures.shtml>.
2. Churchill foi fundamental para a retirada dos soldados do inferno de Dunquerque – *Dunkerque: la derrota victoriosa de Winston Churchill* – El Mundo – 19/07/2017 – <http://www.elmundo.es/cultura/cine/2017/07/19/596ce27d46163f405d8b45cd.html>.
3. (Churchill) dono de um carisma que foi capaz de convencer milhões a seguir seu comando quando, como ele mesmo dizia, só tinha a oferecer em troca "sangue, trabalho duro, lágrimas e suor" – <http://www.arqnet.pt/portal/discursos/maio02.html>.
4. Churchill respondeu: "Minha cara, você é feia. Mais ainda, você é uma feia repulsiva. Amanhã eu serei uma pessoa sóbria, mas você continuará sendo uma feia repulsiva". – <http://www.independent.co.uk/news/uk/home-news/my-dear-you-are-ugly--but-tomorrow-i-shall-be-sober-and-you-will-still-be-ugly-winston-churchill--tops-8878622.html>.
5. Winston Churchill gritou que não atenderia: "Diga a ele que eu só posso lidar com uma m*rda de cada vez!" – Idem.
6. Um deslize maior, este com repercussões terríveis, foi o sinal verde que Winston Churchill deu para um dos mais destrutivos, cruéis e desnecessários bombardeios durante a Segunda Guerra – *Dresden: Tuesday, 13 February 1945* – Frederick Taylor – Harper Collins – 2005 – págs. 262-64.
7. Aviões britânicos e norte-americanos destruíram toda a cidade com bombas incendiárias. Winston Churchill autorizou o bombardeio – Idem.
8. Os deslizes em sua imagem e comportamento e sua postura diante do bombardeio a Dresden, que, para alguns foi um crime de guerra, são mostras de que contadores não estão livres de graves derrapadas éticas – <https://www.theguardian.com/world/2003/oct/21/artsandhumanities.germany>.
9. Um dos mais impressionantes episódios de *storytellers* que se valeram de sua vocação como narradores para mentir e enganar pessoas foi retratado no filme *VIPs* – <http://www.adorocinema.com/filmes/filme-202439/>.
10. Marcelo Nascimento da Rocha, que foi preso 12 vezes em vários estados brasileiros por aplicar golpes e cometer crimes tirando proveito de sua enorme capacidade de inventar histórias – <http://g1.globo.com/mato-grosso/noticia/2014/03/golpista-que-inspirou--filme-vips-deixa-penitenciaria-apos-quatro-anos.html>.
11. Marcelo afirmou lamentar os crimes que cometeu. Afirmou que "a vida de golpista não compensa", e garantiu: "Não faria de novo" – <http://midianews.com.br/cotidiano/ex-maior-golpista-do-brasil-hoje-vive-como-empresario-de-eventos/275827>.
12. Levantamento mostrou que 9% dos empregados norte-americanos já haviam sofrido pressão para realizar alguma tarefa que ia contra seus princípios – <https://www.economist.com/news/business/21695011-what-your-manager-may-have-common-vampire-cross-boss>.
13. Quando adultos são colocados em contato com objetos que lembram crianças, tendem a ser mais éticos – <https://hbr.org/2011/09/adults-behave-better-when-teddy-bears--are-in-the-room?referral=00060>.

Índice

Símbolos

10 pontos, 181

A

abafar os ruídos da comunicação, 82
abordagem inicial, 70
ação de comunicação, 59, 122
ações negativas, 218
adesão dos integrantes, 85
afinar o discurso, 177
agregar valor subjetivo, 132
alcance da comunicação, 129
alimentar de emoções, 190
ambiente, 60
ambiente seguro, 87
aparência da empresa, 136
apresentação, 177
    ao público, 90
apresentação ao público, 78
arruda produções, 8
arte, 64
assessoria de imprensa, 142
atitude, 73, 101
atitudes de um líder, 12
ato de comunicação, 10
autoconhecimento, 68

B

benefícios reais, 149
boa aparência, 148
boa comunicação, 67

C

capacidade de comunicação, 62, 99
caravana ecológica, 41
caso de sucesso, 197
cervejaria, 90
challenger, 57
christa mcauliffe, 58
clímax, 178
código de vestimenta, 138
coloque vilões, 184
como chegar lá, 79
como usar sua logomarca, 134
compartilhar informações, 91
comunicação, 6
    com a equipe, 91
    competente, 7
    corporativa, 220
    eficaz, 6, 92
    empresarial, 154
    espontânea, 143
    honesta, 13
    inteligente, 191
    intencional, 7, 10
    interna, 104
    mais informal, 158
    não inteligente, 12
    não verbal, 9
comunicador, 90
comunicar, 72
    com eficiência, 72
    o público, 79
    sua equipe, 79
confiança, 8

conflito, 178
conhecer seu público-alvo, 148
conquistar a audiência, 188
construção de relacionamentos sólidos, 9
construção de um storytelling, 204
contação de histórias institucional, 183
conteúdo, 140
contextualize sua história, 183
continuidade, 139
controle da comunicação, 97
criação de valor, 131
criar, 17
    empatia, 17, 182
    expectativas exageradas, 68
    produtos derivados, 184
    situações verossímeis, 183
    sua logomarca, 140
    um personagem, 182
    vínculos, 177
cuide de sua aparência, 141
cultura da empresa, 85

D

decisões racionais, 173
defina a necessidade, 181
desfecho, 178
detalhes da comunicação, 58
diferenças de repertório, 176
discurso autossabotador, 68
discurso coerente, 66
dosar a intensidade, 31

E

educação a distância, 161
efeito amplificador, 90
emissor, 25, 155, 176
emoções, 173, 199
empatia, 90, 116, 147, 205
engajamento, 116
enviar mensagens, 49
escolha, 191
    da mídia, 191
    de nomes, 212
    o veículo, 185

esfera interna, 207
espelho interno, 68
estratégia, 6
    de acompanhamento, 84
    de comunicação, 92, 102, 122, 150, 169, 220
    de persuasão, 127
    de vendas, 88
estrutura, 134
    competente de comunicação, 134
    narrativa, 177
estudar os produtos, 148
eterna vigilância, 13
evitar ruídos, 104
evite explicações complexas, 194
exército de vendedores, 145

F

faça seu site, 135
fake news, 28
falha de comunicação, 58
falsa comunicação, 11
falta de comunicação interna, 77
faturamento, 118
feedback, 12, 25, 103
    negativo, 105
    preciso, 104
ferramenta de marketing, 150
fidelizar o cliente, 149
foreign branding, 211
formadores de opinião, 89

G

gerar riqueza, 90
gerenciamento da marca, 139
gritos, 70
grupos sociais, 176

H

habilidade, 102
    de dialogar, 102
    em comunicação, 150

ÍNDICE

I

identificar o clima, 69
identifique as características, 182
insira a logomarca, 138
instinto de comunicador, 133
intenção, 7
interlocutores, 6
invista em mídia, 139
iscas mentais, 180

J

"jeitinho brasileiro", 85

L

liberdade de comunicação, 103
líder, 99
    comunicador, 100
    introvertido, 101
    zen, 101
"língua franca", 52
linguagem escrita, 59
língua portuguesa, 149
lucro, 64

M

manter o equilíbrio, 91
manter-se informado, 150
marketing, 131
    de conteúdo, 150, 155
material básico de comunicação, 140
medindo resultados, 90
meios de comunicação, 129
mensagem subliminar, 205
mensagens de ódio, 105
meta da empresa, 102
mídia convencional, 143
mídias sociais, 154
minimização de danos, 124
miracle mop, 187
mobilizar emoções, 190
momentos de crise, 103
moral duvidosa, 221
mostrar seu valor, 64
motivação, 190

N

não fantasie demais, 184
NASA, 57
necessidade do cliente, 195
necessidades individuais do comprador, 148
notícias, 115
    negativas, 124
    persuasivas, 126
    positiva, 115
novo panorama da comunicação, 154

O

objetivo comum, 92
objetivos empresariais, 92
ônibus espaciais, 57
organizar a comunicação, 32

P

padrão de roupas, 137
palavras, 7
papelaria personalizada, 134
participe de eventos, 139
percepção da mensagem, 70
performance, 6
planejamento da comunicação, 77, 82
plano geral de projeto, 102
plantão sorriso, 29
plataforma de divulgação, 140
ponto ideal, 91
possibilidades de comunicação, 7
postura do equilíbrio, 91
proatividade, 104
processo de demissão, 109
produtividade, 91
produzir seu próprio storytelling, 192
profissionais liberais, 139
público-alvo, 86, 177, 203

Q

qualidade da comunicação, 43
quatro etapas, 86
quatro passos, 78
quebra de paradigmas, 86

R

reações rápidas, 97
receptor, 7, 25, 70, 176
recursos de comunicação, 98
rede de relacionamentos, 111
relação duradoura com o cliente, 149
relacionamento da organização com seu público, 207
relações corporativas, 97
resultado, 91
ruído, 43, 92, 137, 176, 207

S

saber onde chegar, 79
script mental, 72
ser porta-voz, 66
se superestimar, 67
setorizar informações, 102
show business, 64
silêncio, 34
simplicidade, 49
sintaxe, 43
sistematização, 81
sistematizar as etapas, 85
soluções criativas, 62
storytelling, 132, 167, 171, 177, 187
subestimar-se, 67
sucesso, 85

T

tenha parceiros na comunicação, 140
teoria da comunicação, 24
timidez, 71
timing, 50, 120
tranquilidade, 8
transmissão ao vivo, 95
transparência, 91, 224
treinar a comunicação, 71
truques de improvisação, 97

V

veículo de comunicação, 36
venda convincente, 61
vendedor competente, 146
vergonha, 6
videoconferências, 160
vídeos, 154
    convencionais, 157
    institucionais, 135

CONHEÇA OUTROS LIVROS DA ALTA BOOKS!

Negócios - Nacionais - Comunicação - Guias de Viagem - Interesse Geral - Informática - Idiomas

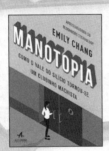

Todas as imagens são meramente ilustrativas.

SEJA AUTOR DA ALTA BOOKS!

Envie a sua proposta para: autoria@altabooks.com.br

Visite também nosso site e nossas redes sociais para conhecer lançamentos e futuras publicações!
www.altabooks.com.br

/altabooks • /altabooks • /alta_books

ALTA BOOKS
EDITORA

Este livro foi impresso nas oficinas gráficas da Editora Vozes Ltda.,
Rua Frei Luís, 100 – Petrópolis, RJ.